THE POWER
THAT
CHANGES THE WORLD

# THE POWER THAT CHANGES THE WORLD

Copyright © 2015 by Bill Johnson
All right reserved.
Published by Chosen,
a divison of Baker Publishing Group,
Grand Rapids, Michigan, 49516, U.S.A.
All right reserved.
Korean Translation Copyright © 2016 Tabernacle of David.

이 책의 한국어판 저작권은 다윗의장막미디어에 있습니다.
저작권법에 의해 한국에서 보호받는 저작물이므로 무단전재와 무단복제를 금합니다.

우리는 지금 이곳에 영원한 영향력을 끼쳐야 한다

# 세상을 변화시키는 능력

빌 존슨 지음 | 고병현 옮김

다윗의장막

| 추천사 |

나는 모든 목회자들이 캘리포니아 레딩에 있는 베델교회에 직접 방문해 봤으면 좋겠다. 나는 많은 이들이 영감과 통찰을 얻게 될 것이라고 확신한다. 또한 성령의 역사 가운데 리더십이 가르치고 치리하는 방식에서 청렴을 볼 수 있을 것이다.

이것은 빌 존슨 목사가 회중들을 인도하고 가르치는 방식의 중심에 하나님의 말씀이 있기 때문이다. 그는 하나님의 지혜를 신실하게 추구하고 진지하게 주의를 기울인다.

베델교회에서 어떤 신선하거나 "새로워진" 사역 스타일을 발견할 수도 있지만, 또한 이 교회가 두려움의 과묵과 쉽게 흥분하는 이들의 추정을 모두 피하려는 여정에 있음을 알게 될 것이다. 나는 베델에서 사역을 해 보았고 이 교회가 어떤 비평가의 주장처럼 서커스가 아니라는 것을 알게 됐기에 이렇게 논평한다. 이곳은 그리스도의 잃어버렸거나 상처 입은 양 떼가 구원받고 치유되며, 수천 명의 공동체가 예배하고 하나님의 말씀이라는 빵, 우유, 그리고 고기를 먹는 초장이다. 열정적으로 배우고 지혜와 믿음으로 사역하는 사람들이 있는 곳이다 베델교회가 "완벽"하다는 뜻이 전혀 아니다. 하지만 베델교회가 이 잠언의 말씀을 지키는 지혜롭고, 배려하며 분별력과 민감성을 가진 리더들에 의해 효과적이고 신실하게 "완벽해져" 가고 있음은 확실하다. "지혜가 제일이니 지혜를 얻으라. 네가 얻은 모든 것을 가지고 명철을 얻을지니라(잠 4:7)."

이 책이 여러분에게 "주요한 것들"을 보여 줄 것이라고 믿는다. 지혜롭게 적용하면 누구라도 잘 모아서 인생의 원칙들로 만들 수 있는 태도, 습관, 진리에 대한 시각을 얻게 될 것이다.

- 길 위의 교회 잭 헤이포드 설립 목사

| **감사의 말씀** |

도와주신 마이클 밴 틴터린, 크리스티 틸먼, 메리 버크, 주디 프랭클린 씨께 특별히 감사드립니다. 여러분이 저와 팀이 되어 주지 않았다면 제 삶이 어땠을지 상상할 수 없습니다.

| **목차** |

**추천사** — 잭 헤이포드 ——————————— 4

**감사의 말씀**

1장  온실 효과 ——————————— 9
2장  하나님의 꿈 ——————————— 25
3장  심오한 원형 ——————————— 39
4장  개혁가 ——————————— 59
5장  은사의 특성 ——————————— 77
6장  커다란 시험 ——————————— 97
7장  아름다움의 능력 ——————————— 125
8장  예수님의 설교 ——————————— 145
9장  바벨론을 사랑하라 ——————————— 173
10장  선을 지우라 ——————————— 199
11장  마귀가 없으면 문제도 없다? ——————————— 219
12장  축복의 신학 ——————————— 239
13장  깨어진 자들의 능력 ——————————— 263
14장  충만한 삶 ——————————— 277

| 1장 |

# 온실 효과

The
Power
That
Changes
The
World

여러 해 전, 네덜란드에서 열린 한 컨퍼런스에서 말씀을 전하고 있었다. 오후 쉬는 시간 중에 주최측은 네덜란드의 아름다움을 보여 주기 위해 나에게 투어를 시켜 줬다. 우리는 풍차, 수로, 제방 등 그 나라의 독특성과 경이로움에 기여한 여러 가지를 보았다. 때는 11월이라 바람도 불고, 비도 오고 추웠다. 이 때문에 투어는 그다지 유쾌하지 않았다. 관광을 이어가기 위해 우리는 튤립을 재배하는 대형 온실 하나를 보게 되었다. 네덜란드의 튤립 재배 산업은 전 세계 튤립의 80% 정도를 생산하고 있다.

  온실 안에는 여러 가지 색깔의 아름다운 꽃들이 줄줄이 구분되어 심겨 있었다. 온실 내의 날씨는 온실 밖과 전혀 달랐다. 실내라고 따뜻한 것은 아니었지만 추위에서 벗어났다는 게 너무나 좋았다. 놀라운 꽃밭 사이를 걸어가는데, 결혼식을 준비 중인 매력적인 신부와 그녀의 사진을 찍고 있는 사진사가 보였다. 신부는 인공 연못 옆에서 포즈를 취하고 있었다. 그녀를 둘러싼 몹시나 아름다운 색색의 꽃들을 배경으로, 얼마나 아름다운 웨딩 사진들이 찍혔을까 상상해 보니 경이로웠다. 하지만 어떤 면에서는 그것은 동떨어진 현실이었다. 왜냐하면 우리가 온실 내부에서 본 것들은 그 온실 바깥에서는 전혀 생존하지 못할 테니 말이다. 꽃들도 살아남지 못할 것이요 분명 그런 날씨에 웨딩드레스를 입은 신부도 없을 것이다.

  전 세계로 수출할 충분한 양의 튤립을 꾸준히 확보하기 위해, 재배자들은 악천후에서 꽃들을 키워 낼 방법을 찾아야만 했다. 이 딜레마에 대한 해답이 온실이었다. 온실은 재배자들이 온도와 빛, 습도를 통제하여 내부의 식물들이 쉽게 자라도록 할 수 있게 설계된 건물이다. 온실이 특정 식물의 성장과 발달을 가능케 하는 통제된 환경인 것과 같이, 하나님 나라의 문화도 그런 성질을 갖고 있다. 올바르게 성취되면, 하나님의 나라는 하나님의 임재와 그 나라의 가치를 잉태한 분위기로, 우리가 인생을 사는 방식에 영향을 미친다.

그 나라의 문화를 확립하는 것이 필수적인 이유는 대부분의 도시에서 사람들은 그 도시에 영향력을 미치도록 허락된 악의 세력이 자신들의 사고에 영향을 미치고 있음을 깨닫지 못하기 때문이다. 나라 문화의 역할은 사람들이 스스로 명료하게 생각할 수 있도록 도와주는 것이다. 이것은 성령께서만 하실 수 있는 일이며, 자유의 본질이다. 은혜는 진정 그것을 명확하게 보는 이들에게는 불가항력적인 것이다. 어떤 곳의 분위기에 영향을 미친다는 것은 하나님의 나라 복음에 내재된 심오한 초대에 대해 사람들이 훨씬 더 크게 반응할 수 있게 준비를 해 주는 것이다. 이것이 온실효과다.

## 말 앞의 마차

역사를 통틀어, 신자들은 구원의 메시지가 세상에 큰 영향을 미치는 데에 헌신해 왔다. 의심의 여지 없이 구원, 즉 죄의 용서와 삶의 변혁은 가장 큰 기적이다. 또한 인류에게 가장 필요한 것이기도 하다. 그에 이은 제자훈련의 과정에서 우리는 하나님께서 일상의 모든 영역 가운데 우릴 위해 두신 가치를 불어넣기 위해 노력한다. 이 가치를 경건한 삶의 방식을 통해 포용하고 나타내는 것은 우리가 예수님을 따르는지, 아니면 그냥 교회에 다니는지를 여러 가지로 드러내 준다.

대부분 신자들의 목표는 사람들을 예수 그리스도께로 인도하는 것뿐 아니라, 자신들의 가정 그리고 도시에서 삶을 사는 방식에 영향을 미치는 것이다. 우리가 사는 도시들의 가치 체계에 교회가 미치는 영향은 때로는 강하지만 때로는 거의 없는 것 같다. 우리는 그 이유를 발견하여, 우리가 속한 세상 가운데 변화와 변혁을 조성하는 원칙을 포용해야 한다. 이것이 우리가 여기 존재하는 이유 중 하나다.

참된 제자들은 공통의 가치에 지배 받는다. 예컨대, 모든 신자들의 그룹은 자녀들이 성장하여 사회에 기여하는 건강한 가족적 삶을 원한다. 또한 우리는 여성과 어린이를 학대하는 것을 미워하며, 그러한 혐오스러운 일이 사회에서 없어지기를 간절히 바란다.

우리가 크게 가치를 두는 또 한 가지는 사업이 성공하는 것이다. 사업은 진정한 아버지와 어머니들이 일어날 수 있는 환경을 만듦으로써 도시의 문화와 정체성에 영향을 미친다. 하나님 나라의 문화 속에는, 부에 흔히 딸려 오는 교만과 거만 없는 성공에 대한 갈급함이 있다. 진정한 성공은 사람들로 하여금 더 효과적으로 공동체를 섬기도록 하며, 우리는 우리 문화 가운데 그러한 가치가 높아지기를 바라 마지 않는다.

신자로서 우리는 모두 우리를 잘 대변할, 또한 더욱 중요하게는 성경이 명한 가치 체계를 실현할, 정직한 정치인이 당선되기를 원한다. 또다시 둘 중 덜 악한 것을 선택한다는 느낌이 아닌, 리더들에 대한 존경심을 가지게 되기를 바란다.

또한 언론계가 개인적 청렴으로 형성되고 진리를 향한 가치로 운동하기를 갈망한다. 명예나 수입을 위해 다른 이의 평판을 팔아넘기는 경향성은 그쳐야 한다.

그리고 의료계 종사자들이 종의 마음을 유지하면서도 탁월함으로 번영하기를 간절히 바란다. 모든 사회에 너무나 중요한 의료계가 영, 혼, 육 간의 관계를 발견하게 된다면 마치 꿈이 이뤄지는 것 같을 것이다. 그 꿈의 일부는 거룩한 지혜를 통해 모든 사람에게 의료 혜택을 제공하는 것이다.

많은 이들이 연예를 좋아하지만, 예술의 이름으로 한 사람의 타락한 아이디어들이 스크린에 올라가는 것을 보는 데에 질렸다. 하나님께서는 궁극적 엔터테이너시며, 우리 모두는 하나님의 작품에 경탄할 수밖에 없다. 주님께서는 우리의 교화, 교육, 기쁨을 위해 당신의 경이를 나타내신다. 우리는 창조적인 사람들이 창조주께로부터 배워 사회에서 필요한 자리를 차지하는 힘을 발휘하기를 원한다.

궁극의 사회와 국가가 어떠한 모습일까를 꿈꿀 때, 이러한 가치의 목록은 진실로 끝이 없다. 해답은 교회가 이 영역들을 통제하는 것이 아니다. 역사적으로 볼 때, 그런 것은 우리가 통제권을 위해 싸울 때도 도움이 되지 않았고 우리가 사회에 영향을 미치는 데에도 도움이 되지 않았다. 승진이나 진급의 기회가 오면 받아들이되 종으로서 우리의 영향력을 포용하는 일에 초점을 두는 것이 훨씬 낫다.

하나님 나라의 문화가 이 땅에 확립되는 것은 하나님의 꿈이며, 그렇기에 당신의 백성의 꿈이 되어야 한다. 믿음의 조상 아브라함도 하나님께서 설계하시고 건축하신 도시를 간절히 바랐다고 그 중요성을 묘사했다(히 11:10 참조). 아마도 그것이 믿음의 길일 것이다. 당대 종교 지도자들을 지적하셨을 때, 예수님께서는 아브라함처럼 행함으로 정체성을 증명하라고 하셨다(요 8:39 참조). 그 도시에 대한 아브라함의 꿈이 믿음을 표현하는 방식에 영향을 끼쳤을까? 그렇게 생각한다. 그 둘을 분리하는 것은 거의 불가능하다.

네덜란드에 갔던 나의 이야기는 우리 주변에서 삶을 어떻게 살아가는가에 대한 **온실효과**를 보여 주는 것이다. 문화는 특정 국가, 도시, 사회 단체 혹은 조직의 태도와 가치 및 우선순위로 구성된다. 모든 문화는 좋든 나쁘든 사회적 규범을 발달시킨다. 문화가 옳다면, **원하는 나무가 쉽게 자라도록** 한다(물론 나무는 하나님 나라의 가치, 태도와 우선 순위다). 우리가 저지른 실수는 문화를 형성하는 데에 주의를 기울이지 않고 우리가 이루려는 목표에 집중한 것이다.

다시 말해, 얼어붙는 날씨에 튤립을 재배하려 애쓰고 있는 것이다. 예컨대 그 "식물"이 쉽게 자라도록 하는 사회 속의 분위기 문제를 해결하지 않고 건강한 가정을 세우려 하는 것이다. 이것은 둘 중의 하나가 아니다. 둘 다. 우리가 문화를 형성하는 데에 성공한다면, 올바른 "식물"이 쉽게 자라는 모습이 어떨지 상상할 수 있다. 문화를 성공적으로 형성하면 건강한 가정이 표준이 된다. 하지만 가족적 가치에 영향을 미치려고 하면, 우리는 종교를 기초로 스스로의 목표를 이루기 위해 사회를 점거하려는, 속내가 있는 사람들로 보이게 된다. 하지만 종들은 전혀 다르게 본다. 사랑하겠다는 것 외의 어떤 속내도 없는 종들로 비칠 때, 우리는 이 사회의 중심에 접근할 수 있게 된다.

## 가진 것만 나눌 수 있다

주변 문화에 영향을 끼치고 싶지 않은 신자는 그다지 많지 않다. 안타깝게도 지금 이곳에서 그러한 과제를 위임받기에 우리가 하늘의 문화를 너무나 모른다. 이 때문에 먼저 당신의 나라를 구하라고 명하신 것이다. 주님의 세계는 이 땅 위에서 우리가 사는 삶과 하는 사역에 대한 본보기가 된다. **먼저**는 최고 우선순위를 의미한다. 그리고 그를 통해 우리는 주변 세상에 훨씬 큰 영향을 미치게 된다. 하늘은 하나님께서 삶에 접근하는 방식으로서 우릴 위해 준비해 두신 모델이다. 교회 생활에서 사람들이 흔히 경험하는 것들은 **기독교 문화**지만, 반드시 하나님 나라의 문화는 아니다. 책의 뒷부분에서 이에 대해서 더 자세히 설명하겠지만, 지금은 우리 기독교계 밖에서는 전혀 통할 리 없는 것들이 이 작은 세상 안에서는 되는 경우가 있다고만 해 두자. 그 때문에 우리는 하나님의 나라를 먼저, 가장 중요하게 구해야 하는 것이다. 참된 나라의 체험과 가치는 사회의 모든 부분에 전이될 수 있다.

 이것이 의심된다면 이렇게 생각해 보자. 우리가 사는 도시의 모든 이들이 거듭났다면, 놀라울 것이다. 하지만 그것만으로는 우리 도시의 문제가 해결되지 않는다. 자신이 사는 도시 안의 교회들을 보라. 현실 속에 어떤 증거가 있는가? 교회들은 미결의 문제들로 가득하며, 그것들은 우리가 "하나님 나라 스타일"을 얼마나 잘 해내느냐에 달려 있다. 문제는 계속 늘어날 뿐이다. 왜냐하면 우리가 거듭났다는 이유로 사람들에게 어떻게 살아야 하는지를 이야기할 권리가 있다고 생각하기 때문이다. 하지만 보통의 교회 이사회가 거대 기업을 떠맡게 된다면, 짧은 시간 내에 파산을 할 것이다. 나는 상처를 주려는 게 아니라, 정직하게 이야기하는 것이다. 종교적 환경에서 통하는 어떠한 시스템들은 다른 곳이었으면 일주일도 버티지 못할 것이다. 하지만 하나님 나라의 방식들을 발견하는 자들은 어떤 환경에라도 영향을 미칠 수 있다. 하나님 나라의 방식은 어디에라도 통하기 때문이다.

 우리가 누구이며 어떻게 살아야 하는지를 정의하는 하늘의 가치가 없이는, 세상의 문화에 영향을 미치는 자리에 있을 수 없다. 하나님의 나라가 교회 내에서 우리 삶을 이끌어 가는 방식에 영향을 미치지 않는다면, 하나님께서 주변 세상 문화에 영향을 미칠 능력을 주시기를 결코 기대할 수 없다. 우리는 받은 것만 나눌 수 있다. 그리고 우리는 경험을 통해 받는다.

## 가장 큰 장애물

많은 신자들이 이 문화 형성이라는 과제를 업신여긴다. 예수님께서 재림하시려면 죄와 흑암의 세력이 더 커져야 한다고 느끼기 때문이다. 죄가 늘어날 때, 많은 그리스도인들의 심령 가운데 도착된 격려감이 종종 일어나는 것은, 그것이 끝이라는 표징이며, 모두가 당연히 천국에 가고 싶어 하기 때문이다. 그들이 생각하는 것은, 하나님 나라의 가치로 문화적 변혁을 이루는 것은 천년왕국 혹은 천국에서 일어나야 하며, 지금은 아니라는 것이다. 그러한 어리석음 때문에 우리는 영향력 있는 자리에 나아가지 못했다. 우리의 생각은 우리 안에 있는 하나님의 약속보다 주변의 악의 세력에 의해 형성된 경우가 많다. 우리가 주변의 세상에 영향을 미치지 않으면, 세상이 우리에게 영향을 미친다.

바울 사도는 심오한 비밀을 하나 나누었다. "이제 교회로 말미암아 하늘에 있는 통치자들과 권세들에게 하나님의 각종 지혜를 알게 하려 하심이니(엡 3:10)." 신자들은 문화적인 변혁을 일으키는 지혜를 **지금** 나타내야 한다. 하나님의 지혜는 먼저 그것을 가진 자에게 영향을 미치고, 다음으로 그의 영향력 아래 있는 모두에게 영향을 미친다. 하지만 의도한 영향은 하나님의 지혜가 우리 안에 역사하고 있음을 천상의 영적 세계가 인식할 때까지는 완성되지 않는다! 천사들조차 우리가 가진 경건한 지혜의 본을 배울 수 있는 것은, 그것이 하나의 몸으로 함께 일하는, 구속된 인류를 통해 나타나는 것을 그들도 보지 못했기 때문이다.

우리는 종종 무언가의 결말에 대해 건강하지 않은 결론을 도출한다. 그렇게 할 때, 우리는 가정假定으로 이 세상 속에서 우리의 위치를 형성하게 하는 것이다. 마지막 때에 대한 우리의 의견은 우리의 사명을 저해하지 말아야 한다. 예수님께서는 이 땅에서 우리의 삶이 하늘에서와 같아지도록 기도하라고 하셨다. 그러한 역사는 하나님의 나라가 밝히 나타날 때 이뤄진다. 일상의 모든 영역에 대해 왕께서 주권을 가지실 때 말이다. 주님께서는 하나님 나라의 기쁜 소식을 가지고 세계 모든 족속에게로 나아가라고 명령하셨다. 마지막 때에 대해 우리가 갖고 있는 확신이 무엇이든, 그것이 우리의 과제를 완수하는 것에 대한 헌신과 소망에 잘못된 영향을 미친다면, 그 확신이 마음속에서 잘못된 자리를 차지하였다고 봐야 한다. 나는 종말에 대해 어떤 걸 믿으라고 지시하려는 것이 아니다. 여러분이 하나님의 꿈에 상응하는 자신의 과제를 이해할 수 있도록 도와주길 원하는 것이다.

명확한 예언적 계시가 없을 때 우리는 쉽게 영향력을 잃을 수 있다. 그리고 유명한 구절 "계시가 없으면 백성이 방자해지나(잠 29:18, 새번역성경)"가 그러한 의미로 주어진 말씀이다. 영어 확대번역성경Amplified Bible은 이 계시를 "하나님의 구속적 계시"라고 번역했다. 내가 가장 좋아하는 것은 패션 성경Passion Translation이다. "명확한 예언적 계시가 없을 때, 사람들은 금세 길을 잃고 떨어져 나간다." 예언적 계시는 항상 소망에 깊이 뿌리내리고 있다. 그것이 계시의 목적이다. 누군가 말했듯, 계시는 고통에 목적을 부여한다. 소망이 없으면, 우리는 주님의 꿈이 실현되는 것을 보는 데에 필요한 인내를 할 수가 없다.

## 2인자의 힘

요셉, 다니엘, 에스더는 모두 열국에 영향을 미쳤다. 하지만 그들 중 누구도 선출된 관료이거나 한 나라의 통치자의 자리에 있진 않았다. 하지만 여러 나라들의 문화와 안녕이 그들이 가진 영향력의 범위 내에 있었다. 그들의 비밀은 자신에게 주어진 지도자를 주님께 하듯 섬겼다는 것이다. 그들은 각자 자신의 역할을 진지하게 받아들였다. 지도자들이 마귀를 숭배했다는 것 등 여러 타당한 이유를 들어 그 자리를 버릴 수도 있었는데 말이다.

우리가 속해 있는 환경이 복음을 올바로 드러내기에 너무 어둡다는 생각을 할 때마다 이 세 사람이 우리에게 반대되는 증거를 보여 준다. 그들은 오늘날 우리에게 주어진 성령의 기름 부으심과 세례의 영역에 접근하지도 못했지만, 모두 성공했다. 그렇다면 우리는 핑계를 댈 수가 없다.

우리의 영향력을 선거와 투표에 달린 것으로 절하시켜 버린다면, 결코 우리를 떠나거나 버리지 않겠다고 언약을 맺으신 분께 먹칠을 하는 것이다. 그러한 정치적 영이 헤롯의 누룩을 주의하라고 하시며 마가복음 8장에 예수님께서 경고하신 누룩이다. 정치 시스템은 실제적이지만, 하나님의 나라에 비하면 철저히 열등한 것이다. 하나님의 지속적 임재의 언약은 우리로 하여금 거대한 변혁의 영향력으로 살아갈 수 있게 해 준다. 하나님의 임재가 주님의 세상의 최고 가치이며, 그것이 우리에게 영향력을 가져야만 한다.

많은 이들은 우리의 역할이 기업과 정당, 학교 등을 맡는 것이라고 생각한다. 신자들이 그런 자리에 올라가게 되는 것도 기쁜 일이다. 하지만 그렇게 해야만 영향력을 행사할 수 있다는 생각은 그른 것일 뿐 아니라, 그리스도의 몸인 신자들이 각자의 세상에 진정한 영향을 미치지 못하게 한다. 그러므로 우리는 주변 세상에 어떻게 영향을 끼치기를 원하는지 자문해야 한다. 요점은 이것이다. 소유권을 원하는가, 영향력을 원하는가? 소유권을 가지고 통치하는 능력은 영향을 미치는 능력보다 훨씬 작다.(우리 안에 있는) 하나님의 나라는 누룩과 같기 때문에, 나는 사회의 모든 영역에 하나님 나라의 영향력을 가지고 들어가기까지 주변 세상으로의 침투를 우선시하길 주님께서 원하신다고 믿는다. 영향력이 최고다. 그것이 우리 삶 가운데 일어날 수 있다고 소리치는 요셉, 다니엘, 에스더의 간증이다.

## 역사의 증언

이 변화에 대한 소망을 가지지 못한 자들에 대해 역사가 반증하고 있다. 도시와 나라들의 변화가 그렇게 일어났던 것이다. 구약과 신약 모두에 나타난다. 우리는 변화의 "증거를 지키는(신 6:17 참조)" 데에 헌신하여, 우리 삶 가운데 같은 자리에 우리 자신을 두어야 한다.

　신중하게 연구해 보면, 하늘의 가치가 이 땅의 삶을 사는 방식에 영향을 미칠 수가 있음을 알 수 있다. 필요한 것은 하나님의 세상의 성질을 탐구하여 당대에 하나님의 최선을 믿기로 하고 모든 것을 거는 사람들의 무리가 전부다. 그것이 대각성의 증거다. 실제로 과거의 초자연적 돌파가 우리에게 이 시대에도 동일한 믿음을 가질 것을 요구하고 있다. 거룩한 간섭의 역사가 우리를 미래로 부르고 있다. 이것이 우리의 사명이자 소명이다. 과거가 우리를 미래로 끌어당긴다는 것이 하나님 나라의 또 다른 역설이다. 오직 하나님의 역사만 그렇게 할 수 있다.

　1859년 7월 17일, 역사상 가장 위대한 설교가 중 하나인 찰스 스펄전Charles Spurgeon은 "하나님의 위대한 역사 이야기The Story of God's Mighty Acts"라는 제목의 메시지를 전했다. 이 설교에서 그는 과거에 있었던 거룩한 간섭이라는 기적들이 어떻게 현재를 만들어 가는 능력을 가지고 있는지를 선포했다. 그의 외침을 들어 보라.

　하나님께서 이전에 해 오셨던 일에 대해 듣고서 사람들이 하는 말 중엔 이런 것이 있다. "오, 그건 아주 오래 전 일이지…." 그 일을 하신 게 하나님 아니었나? 하나님께서 변하셨다는 건가? 그분께서는 어제나 오늘이나 영원토록 동일하신, 불변의 하나님 아니신가? 그것이 하나님께서는 한 번 하신 일을 또 하실 수 있다는 주장의 근거를 제공하는 것 아닌가? 아니다. 나는 한 걸음 더 밀어붙여 이렇게 말하고 싶다. 하나님께서 한 번 하신 일은 그 일을 다시 하고자 하신다는 예언이다…
하나님께서 하신 일은 무엇이든… 전례로 봐야 한다…우리에게 옛
조상들의 믿음을 회복시켜 주사, 옛적에 주셨던 주님의 은혜를 풍성
히 누릴 수 있기를 진심으로 구하자.[1]

주님께서 명하신 변화를 일으키지 않고 그분의 재림을 준비해야 한다는 것은 거부할 수 없는 일이다. 주님의 재림은 확실하고 영광스러울 것이다! 하지만 천국에 가는 것은 내 할 일이 아니다. 오직 주님께서만 나를 데려가실 수 있다. 내가 할 일은 기도와 급진적 순종의 행위들을 통해 하늘을 땅으로 끌어오는 것이다. 내 할 일을 무시한다는 것은 **옳은 나무**가 자라도록 분위기를 만들지 못하는 것이다. 우리가 갈구하는 개혁의 실질적 증거가 되는, **회개에 이르게 하는 하나님의 인애**의 유형적 표현이 되는 나무 말이다.

## 문화 설계자

우리는 문화의 설계자다. 매일 하나님 나라의 가치들로 형성된 문화 혹은 그러한 문화를 저해하는 것에 기여하는 결정을 내려야 한다. 주변 세상의 사고, 가치, 목적에 영향을 미치는 삶을 살아야 한다. 명

---

1 – 찰스 스펄전, "하나님의 위대한 역사 이야기," 스펄전 자료실, http://www.spurgeon.org/sermons/0263.htm.

확한 계시가 있는 사람들은 의도를 갖고 살기에 이러한 영역들에 영향력을 끼칠 가능성이 훨씬 높다. 주변의 많은 사람들은 스스로 이러한 것들에 또렷한 목소리가 없다는 결론을 내렸다. 그처럼 오도된 가치들은 실망과 아버지 없음, 죄악의 산물이다. 하지만 더 나은 길이 있다. 하나님 나라의 기이함을 그려 주는, 의도적인 목소리가 될 수 있다. 이 시대의 필요는 본보기가 뒤따르는 목소리다. 이러한 가치들을 우리 편인 사람들, 그리고 우리의 적인 사람들과의 관계 가운데 빚어 내야 한다. 두 상황 가운데 존중이 나타날 때, 우리는 말할 권리를 획득하게 된다. 그리고 우리가 말을 해야 하는 것은, 전하는 능력의 비밀이 실현되도록 하기 위함이다.

하나님께서 삶 가운데 주신 순간순간을 청지기로서 관리하는 방식으로 가치들을 나타내야 한다. 사랑과 소망이 원동력이 된 가치들은 도시가 온전히 포용하기 쉽다. 우리 하나님께서 주신 위임이 바로 이것이다.

| 2장 |

# 하나님의 꿈

The
Power
That
Changes
The
World

이 땅을 향한 하나님의 목적에 관여하고 있다면, 그분의 뜻이 무엇인지 개념을 갖고 있는 편이 유익할 것이다. 너무나 많은 경우, 주님의 뜻에 대한 우리의 정의는 거의 실질적 의미가 없다. 사랑하는 친구이자 동역자 크리스 밸러튼Kris Vallotton 목사는 이 점을 탁월한 비유로 설명한다. 어떤 이가 1995년식 쉐보레 차량이 있는데, 차가 가진 본래의 멋을 되살리고 싶다고 가정해 보자. 그리고 나는 유명한 차량 복구 센터를 갖고 있다고 하자. 그가 차를 내게 맡기면서 돈을 아끼지 말고 차를 최대한 멋지게 만들어 달라고 부탁을 한다.

이 프로젝트를 절반쯤 진행했는데, 나는 그 사람이 이 차로 자동차 파괴 경기에 출전하려 함을 알게 된다. 차들이 서로 부딪히며 모두 부서지는 가운데, 마지막까지 달리는 차가 승리하는 경기 말이다. 그 사실을 알았다는 것이 내 작업의 질에 영향을 미칠까?

당연한 이야기다. 무언가에 대한 의도된 결과는 그에 대한 우리의 계시와 소망, 그리고 우리가 그에 쏟아붓는 노동의 질과 연관성이 크다. 그리고 대다수의 교회는 마지막 때에 대해 자동차 파괴 경기와 같은 접근법을 택하고 있다. 교회가 죄로 가득하며 많은 이들이 배도하여 다가올 심판을 겨우 피하게 될 것이라고 믿는다. 당연히 소망을 가지고 사는 이들은 너무나 적을 수밖에 없다.

지난 수백 년간 교회는 어둠의 세력으로부터 구출되는 것이 유일한 소망이라는 생각으로 분투해 왔다. 우리의 믿음이 더 이상 복음의 능력에 있지 않은 것이다. 하지만 동유럽 출신의 위대한 음악가요 복음 사역자인 조지안 바노프Georgian Banov는 이렇게 말했다. "죽을 때까지 죄로부터 자유롭지 못하다면, 예수님이 아니라 죽음이 그대의 구원자다."

모든 곳이 황폐해지고 있으며, 많은 이들에게 유일한 해답은 천국에 가는 것뿐이다. 이것이 분별력 있고 영적인 것이라고 보는 이들도 있지만, 하나님의 약속에 대한 믿음이 없으며 예수님의 보혈의 능력에 대한 이해가 약함을 드러내는 것이다. 주님의 영광스러운 구속 역사는 우리로 하여금 이 땅에 있는 동안 온 인류를 위해 하나님께서 성취하신 목적을 보게 했다. **하나님의 나라가 가까이 왔다**는 우리의 메시지가 갖는 의미를 철저히 깎아 내리는 것은 현실도피적 접근이다.

종교개혁이나 두 번의 대각성은 결코 탈출해야 한다는 식의 사고에서 나오지 않았다. 우리는 이기는 자가 되도록 설계되었다. 사람들을 향한 하나님의 마음을 확신하는 이들은 **주님의** 메시지가 우월함을 확신한다. 복음은 영원을 위한 기쁜 소식이지만, 지금을 위한 것이기도 하다. "네 하나님이 어디 있느냐?(시 42:9-11, 욜 2:15-19 참조)"는 질문이 나올 때마다 지성으로 가장하는, 열등한 흑암의 신념에 맞서는 데에 복음을 써야 한다. "하나님의 지식에 맞서 일어난" 신념들은 하나님께서 지금 이 곳을 위해 우리에게 주신 약속들(고후 10:5)로부터 주의를 분산시키려는 원대한 환각에 지나지 않는다. 그리고 우리는 하나님에 대한 확신을 통해, 그리고 주님의 목적을 포용하겠다는 용기를 통해 대면해야 한다. 소망이 항상 가장 큰 소리를 내기 때문이다.

종종 우리는 성경의 위대한 약속들을 취하여, 우리에게 책임이 없는 기간에 적용시킨다. 천년왕국 혹은 천국의 영원한 때에 말이다. 최고로 교만한 표현 중 하나는 우리가 앞으로 일어날 일을 앞서 안다고 생각하며, 그것으로 인해 우리에게 주어진 목적과 소명에 있어 비효율적이 되는 것이다. 하나님께서 하실 일을 제자들이 미리 알고 이해했던 때가 언제인가? 그런 예는 찾을 수가 없다. 예수님께서는 그들에게 예언을 하셨지만, 제자들은 그 일이 있고 난 **후에만** 그 의미를 이해했다. 그들의 본을 받아 사명에 굳게 닻을 내리고 살아가면 어떨까? 우리의 불신에 맞춰 그것을 조정하지 말고 말이다. 나는 그 결과가 참된 하나님 나라의 성취가 될 것이라고 믿는다.

아무리 못해도, 우리는 성경의 비범한 약속들을 하나님께로 가져가 그것들을 우리 생애 가운데 성취해 주실 수 있는지 여쭤 봐야 한다. 우리는 **믿는 자**이기 때문에, 주변의 악의 열매를 바라보기보다는 약속에 담겨 있는 가능성을 바라봐야 한다. 이것이 **미쁜 자**의 책임이다. 그에 더해, 우리는 믿음을 따라 예언해야 한다(롬 12:6 참조). 주님의 말씀이 하나님의 목적과 계획에 대한 믿음으로 뒷받침될 때 그 말씀을 선포하는 것이 어떤지를 생각해야 한다. 그 성취를 보는 데에 믿음이 요구되지 않는, 전형적인 말씀과는 달라 보여야 한다.

## 우리가 잃어버린 것

예수님께서는 잃어버린 자를 구원하러 오셨다고 말씀하셨다

(마 18:11 참조). 분명 죄로 인해 하나님께로부터 분리된 사람들을 **잃어버렸다**는 것이다. 이 때문에 모든 이에게 구원의 메시지를 전하고자 하는 것이다. 하지만 그것이 예수님께서 하신 말씀의 온전한 의미인가? 그렇게 생각하지 않는다. 주님께서는 부분적으로만 그 일을 하러 오셨다. 주님의 구속 사역은 우리가 이해할 수 없을 정도로 범위가 큰, 완성된 일이다. 사람들이 구원을 받는 것이다. 하지만 도시와 나라, 족속과 방언도 그래야 한다. 주님께서 당신의 나라 복음을 모든 피조물에게 전하라고 명령하신다. 그것은 단지 문자가 아니다. 하나님께서는 만물이 회복되길 원하신다. 예수님의 보혈이 모든 창조 세계 가운데 나타난 저주와 죄의 결과들을 덮을 수 있을 만큼 충분하기 때문이다. 아마도 로마서 8장 19절에서 22절은 바울이 의미한 바에 그런 뜻도 있을 것이다. 하나님께서 만드신 모든 것에 대한 메시지의 여파를 언급한 부분 말이다.

사탄이 하늘로부터 쫓겨났기 때문에 어둠이 거하는 이 땅에 하나님께서는 인류를 심으셨다. 마귀는 하나님처럼 경배받고 싶어 했다가 자신이 갖고 있던 권세의 자리를 빼앗겼다. 그는 3대천사—가브리엘, 미가엘, 루시퍼(옛 이름)—의 위치를 잃고 하늘에서 쫓겨나, 이 땅에서 자리를 차지하게 되었다. 또한 그는 분명 하늘에서 자신의 휘하에 있던 천사들의 3분의 1을 데리고 내려왔다.

하나님께서 창세기 1장 28절에서 29절의 위임을 통해 인류에게 주신 권세는 하나님께서 위임하신 권세를 통해 어둠의 능력을 파하도록 하신 것이다. 우리는 하나님의 형상으로 지어진 유일한 피조물이다. 직접 어둠의 세력을 파괴하시는 대신, 하나님께서는 그 책무를 당신의 형상대로 지으신 이들에게 맡기셨다. 하지만 하나님이 아닌 마귀에게 순종했을 때, 우리는 어둠의 세력에 권세를 넘겨주고 우리가 순종한 대상의 종이 된 것이다. 주인이 종과 그의 모든 소유물을 소유하게 되기 때문에, 타락으로 인해 우리는 하나님께서 주신 권세를 상실했다.

누가복음 4장에 나오는 유혹 가운데 예수님께서 사탄과 나누신 대화의 일부가 그것이다. "이 모든 권위와 그 영광을 내가 네게 주리라. 이것은 **내게 넘겨 준 것**이므로 내가 원하는 자에게 주노라(6절)." 마귀는 예수님이 자신에게 엎드려 경배한다면 이것을 주겠다고 했다. 물론 예수님께서는 거절하셨고, 끔찍한 십자가 죽음과 뒤이은 부활을 통해 모두 되찾으셨다. 다시 한 번 말하지만, 이것은 하나님의 지혜를 보여 주는 것이다.

우리가 잃어버린 권세는 예수님께서 되찾으러 오신 목표 중 하나다. 주님께서는 어린 양으로서 우리 대신 죽으심으로 보혈을 흘리사 우리를 되사셨다. 그리고 죽은 자 가운데서 다시 살아나사 열쇠를 되찾으셨기에 하늘과 땅의 모든 권세를 갖고 계신다고 선포하셨다. **모든 권세**에는 우리가 하나님이 아닌 뱀에게 순종하여 몰수당한 것이 포함된다. 그리고 예수님께서는 당신의 위임 가운데 발견되는 **회복된 목적**을 위해 우리를 부르셨다. 하나님 나라의 복음을 전하고, 그 과정으로서 열방을 제자 삼는 것이다. 그러니까 사실상 당신의 위임된 권세를 통해 주권을 표현하는 본 계획으로 돌아감을 의미한다. 이것은 에덴 동산에서 아담과 하와에게 "생육하고 번성하여 땅에 충만하라. 땅을 정복하라(창 1:28)"며 애초에 주셨던 그 권세다.

**정복**이라는 단어는 이 땅에 이미 존재하는 반대로 발생해야 하는 갈등과 과정을 암시한다. 즉 우리가 전쟁을 위해 태어났음을 계시하는 군사적 용어다. 하나님께서는 우리를 해법이자 목적으로 창조하셨다. 그러한 갈등과 해법이라는 실제는 오늘날 우리 메시지의 심오한 본성과 능력을 통해 존재하는 가능성에 따라 사고를 맞추는 이들에게도 여전히 적용되는 것이다. 생각해 보라. 우리는 문제를 위해 설계되었다. 주님의 목적과 계획은 완전하여 부족한 것이 없고, 인류의 어떠한 질병에도 적용될 수 있다. 그리고 거기엔 정부들에 나타나는 병폐도 포함된다.

우리 기독교 문화의 대부분은 하나님께서 이 땅을 위해 갖고 계신 궁극적 가치와 목적의 부재로부터 발달해 왔다. 또한 우리 세대 이전에 성취된 것은 잊어버리는 경향이 우리에게 있는데, 사실 과거의 성취는 용기를 주게 마련이다. 그런데 오히려 우리는 종교개혁과 같은 것을 기반으로 삼아 다음 단계로 이끌어야 할 사건이 아닌, 끝을 준비하는 데에 필요했던 이상한 일로 바라본다. 두 번의 대각성과 종교개혁을 일으키는 데에 일조했던 신자들의 세대는 가만히 앉아서 '지금은 몇 명의 영혼을 구원할 때야. 그 다음엔 악의 세력으로부터 구출되어야지'라고 생각하지 않았다. 오히려 그들은 복종하는 사람들을 통해 원하시는 바를 이루실 수 있는 주님의 능력을 믿었다. 그들은 당대의 악 곧 인류가 지금까지 겪어 온 모든 병폐들 너머 하나님의 약속들 가운데 계시된 그분의 마음을 보았다.

하나님께는 해답이 있다. 그렇다. 그것은 예수님이다. 그분의 구속적 역사가 이 땅과 그 위에 사는 사람들, 그리고 주님의 목적이 회복되게 했다. 예수님께서 가능하게 하신 일들을 실질적으로 적용하면 사람들의 삶을 괴롭히는 지옥 같은 상황이 해결된다. 대위임에 따르면, 우리의 메시지는 하나님 나라를 전파하지 않고는 불완전하다. 이 나라에는 왕이 있고, 그분께서 **가까이** 계신다. 그것은, 왕과 그분의 나라가 **지금** 있으며, 손 닿을 수 있는 곳에 있음을 뜻한다.

**나쁜 소식이 잘 팔린다**는 사실만 봐도 우리 주변의 세상, 그리고 안타깝지만 교회 내에도 존재하는 욕구를 드러내 준다. 주변의 문화를 형성하는 대신, 우리는 모두 문화에 의해 형성되고 있다. 베스트셀러를 쓰고 싶다면, 하나님의 심판에 의한 국가나 경제의 붕괴, 혹은 민족 집단의 멸망에 대해 쓰라. 그리고 그보다도 더 잘 팔리는 것은 악이 우리 사회를 집어삼켜 적그리스도가 오기까지 궁극의 멸망으로 밀어넣을 것이라는 책들이다.

하나님께서 심판자가 아니시라거나 심판의 날이 오지 않는다는 이야기를 하는 것이 전혀 아니다. 그저 나쁜 뉴스에 대한 우리의 욕구가 불신으로 인한 끔찍한 결과를 깨닫는 데에 전혀 도움을 주지 않는다는 말이다. 악은 흔히 진정 의로운 기준이 없을 때 융성한다. 불신에 눈 멀어, 우리는 하나님의 초월적 은혜의 풍요가 아닌 악의 끔찍한 능력에 대한 확신을 갖는다. 그러면 불신이 우리의 종말 신학을 조각하게 된다. 슬픈 현실은, 이 세대에 일어난 모든 악이 우리가 바라보는 가운데 벌어졌다는 사실이다. 그리고 그 중 어떤 것도 하나님의 뜻 혹은 의도가 아니었다. 악은 필요하지 않다.

하나님께서는 악한 생활 방식으로부터 오는 죄와 오류, 파괴적 결과를 식별하신다. 스스로를 악에 넘겨주는 사회에 닥치는 여파가 있다. 그렇지 않다고 이야기를 하면 호도일 것이다. 하지만 너무나 자주 교회가 제시하는 해결책을 들어보지도 못하고 나쁜 소식만 듣는다는 것이다. 하나님께는 모든 문제에 대한 실용적이고 실행 가능한 해법이 있다. 이 땅을 향한 계획을 세우셨을 때, 주님께서는 우리의 죄와 연약, 무지를 감안하셨다. 그것들로 인해 겁먹지 않으셨다. 지금은 어둠이 가장 깊어 하나님의 은혜가 풍성히 드러나는 때다. 필요한 것은 자원하는 그릇 뿐이다. 하나님의 나라가 가까이 왔음을 담대히 선포하고 그 실재를 드러내보일 사람들 말이다. 아마도 예수님께서 세상을 위해 기도하지 않는다고 말씀하신 이유가 그 때문일 것이다. 반대로 주님께서는 제자들에게 일꾼을 위해 기도하라고 지시하셨다. 세상은 진짜를 보여 주기만 하면, 자신들의 사활을 걸 수 있는 메시지를 들을 준비가 되어 있다.

## 하나님께서 보시는 방식

우리는 복음이 우리 개개인을 위한 것이라고만 생각하는 경향이 있다. 주님의 구속하심을 충만하게 바라보지 못하기 때문에 때로는 이해가 약화된다. 우리가 기도하고 계획하는 복음 전도에는 도시와 나라들이 포함되어야 한다. 성경은 큰 그림을 향한 하나님의 마음을 자주 보여 준다. 주님께서 요나 당시에 보여 주신 자비는(하나님의 정의에 따른) **큰 도시** 니느웨를 향한 것이었다. 주님께서는 종종 선지자들을 통해 당신의 메시지를 도시와 나라들로 향하게 하셨다. 계시록 2장과 3장에 나오는, 교회들에 보내진 그리스도의 편지는 사실 한 도시 전체를 맡은 천사에게 쓰여졌다. 복음서들을 보면, 예수님께서는 가장 많이 사역하셨던 세 도시 고라신, 벳세다, 가버나움을 꾸짖으셨다. 당신께서 나라를 보여 주셨음에도 회개하지 않았기 때문이다.

요점은 이것이다. 하나님께서는 단지 개개인이 아니라, 민족 집단의 측면에서 생각하신다. 예수님의 피로 주어진 구원조차 집안 전체에 임하기 위한 것이었다. "너와 네 온 집이 구원 받을 말씀을 네게 이르리라(행 11:14)." 그리고 구원에 있어 하나님께서 할아버지가 되신 적은 없지만(즉 자신이 직접 믿어야만 구원에 이름), 하나님께서는 단순히 개개인의 구원만이 아닌 더 큰 그림을 보신다.

우리의 마음을 주님의 마음이 있는 곳에 두는 것은 진실로 자유와 능력이 된다. 우리는 종종 주님께서 우리에게 주시는 영향력을 생존적 사고로 절하시켜 버리는 실수를 저지른다. 주님의 창조 의도를 따라 승리자가 되는 것이 아니라 말이다. 아마도 이 때문에 시편 기자가 78편 41절과 56절에서 하나님의 백성들이 그분을 제한함으로 시험했다고 기록했을 것이다. 이스라엘 백성이 어떻게 하나님을 제한했는가? 주님께서 불가능을 침노하시는 하나님이심을 잊어버렸던 것이다. 주님의 기적의 증거들을 잊어버렸다.

다시 말해, 하나님께서는 불가능한 문제들을 해결하시는 분이시다. 그렇게 하시되, 많은 경우 당신의 백성과의 동역을 통해 역사하신다.

## 믿음의 역사

사람들이 정말 삶 가운데 죄의 생활 방식과 그 결과로부터 자유로워질 수 있을까? 의심의 여지도 없이 그렇다. 누군가가 자유로워진다면, 분명 가정 전체가 자유를 찾을 수 있다. 한 가정이 예수님께서 값을 주고 사신 자유 가운데 살 수 있다면, 그 일가친척도 그 은사를 누릴 수 있다.

그렇다면 그 가족의 이웃은 어떨까? 나는 그 증거를 보았다. 가정과 가정이 줄이어 하나님의 선하심을 맛보더니, 한 동네가 통째로 하나님의 목적 안에 거하게 된 것이다. 그러한 변혁이 하나님의 마음속에 있다. 그리고 그러한 역사가 한 동네에서 일어날 수 있다면, 분명 확산되어 도시 전체를 이 놀라운 하나님의 은혜 가운데 둘 수 있다.

거룩한 추론을 해 보면, 한 도시에서 일어날 수 있다면 두 번째, 세 번째 도시로 계속해서 번질 수 있다는 것이다. 그러면 이 도미노 효과가 이어져, 나라 전체가 완전하신 아버지의 통치 영향력 하에 들어올 수 있는 것이다. 필요한 일이고, 가능한 일이며 **임박한** 일이다.

사업체가 하나님 나라의 원칙대로 운영되고 경제적 치유와 번영의 자리로 들어가는 것이 가능할까? 소유주가 사회 전체에 축복이 될 정도로 말이다. 물론 가능하다. 이런 일은 수도 없이 일어난다. 하나님께서 한 기업을 치유하실 수 있다면 두 번째, 세 번째만이 아니라 계속하실 수 있다. 하나님께서 한 개체를 대상으로 이루신 역사는 모두를 위해 하시고 싶은 일의 증거다. 한 기업의 재정적 치유는 한 도시나 나라의 경제를 치유하시고자 하는 하나님의 의도를 대언하는 것이다. 이것이 하나님의 마음이다. 우리 시대에 당신의 목적을 이루실 준비가 된, 크고 강력한 마음이다. 그리고 우리는 큰 그림을 포함할 수 있도록 우리의 사고를 바꿔야 한다.

도토리 나무가 도토리 안에 있다. 불가능하다고, 힘에 부친다고 생각하는 것들 중 다수가 이미 우리가 경험한 돌파 속에 존재하고 있다. 응답받은 기도라는 그 씨앗은 하나님의 목적이 이 땅 위에 성취되는 것을 볼 수 있도록 하는 하늘의 DNA를 내포하고 있다. 엘리야 선지자는 손바닥만 한 구름을 보고 다가올 비를 피해 숨었다(왕상 18:44 참조). 그는 그 순간이 갖는 잠재력을 알았다. 하나님의 순간이었기 때문이다. 하나님의 약속들로부터 삶에 접근할 때에 우리는 많은 이들이 가당치 않다고 하는 돌파에 이르게 된다. 입술로 예수님의 이름의 능력을 고백할 때 비이성적인 것들이 굴복하게 되는 생명 안에 우리는 태어났다.

예수님께서는 하나님 나라가 가까이 왔다고 말씀하셨다. 이제 우리는 당신의 세계 곧 하늘의 신비를 풀게 될 것이다. 그것을 우리에게 유업으로 주기를 기뻐하심을 우리는 알고 있다(마 13:11 참조). 주님의 지혜와 이해라는 은사를 통해 우리는 의도적으로 세상의 가장 어두운 곳을 향하여 살며, 주님의 세상의 실재 가운데 발견되는 해법을 제시하는 영광을 누릴 것이다. 주님의 뜻이 하늘에서와 같이 땅에서도 이루어지게 하소서!

| 3장 |

# 심오한 원형

THE
POWER
THAT
CHANGES
THE
WORLD

열두 살쯤 됐을 때 한 친구와 나눴던 대화가 생각난다. 무엇이든지 가질 수 있다면 무엇을 고르겠냐고 친구에게 물었다. 친구는 전형적인 열두 살짜리답게 대답했는데, 뭐라고 했었는지는 기억이 안 난다. 나는 열두 살짜리로서 흔하지도, 나에게 정상적이지도 않은 대답을 했다. 지혜를 갖고 싶다고 말한 것이다.

아주 어린 나이에 온전한 가치관을 가진, 대단히 영적인 아이였던 것처럼 들릴지 모르겠다. 하지만 현실은 전혀 그렇지 않았다. 내가 주일학교에서 배운 것들 중 기억하는 거라곤 하나님께서 솔로몬이라는 왕한테 "한 가지 소원"을 들어주시겠다고 해서, 아주 일이 잘 풀렸다는 것뿐이었다. 그의 선택은 아주 좋아 보였다. 지혜가 무엇인지 확실히 알지도 못했지만 말이다.

우리가 보기에 무의미한 고백과 기도들을 취하사, 하나님께서 우리의 인생을 형성하는 데에 사용하시는 것을 보면 흥미롭다. 나는 주님과의 급진적이고, 인생을 변화시키는 만남들을 사랑하고, 그 가치를 믿는다. 나에게도 그런 경험이 있고, 다른 사람들의 삶 가운데 그러한 만남이 미친 영향을 연구해 보기도 했다. 최근 나는 그러한 만남들에 관해 〈**결정적 순간들**Defining Moments〉이라는 제목으로 책 한 권을 썼다. 놀라운 만남들이다. 그 순간들과 달리 내가 친구들과 보낸 순간은 전혀 화려할 것이 없었다. 하지만 어쨌든 그 순간들이 내 인생을 이루었다. 그리고 지혜는 지금까지도 내가 추구해야 할 대상으로 남아 있다.

그 결정적 순간 이후, 나는 살면서 솔로몬이 삶에 대한 가장 비범한 원형을 우리에게 보여 준 사람임을 깨닫게 되었다.

## 실용적 추구

약 15년 전, 나는 **문화**와 그것이 도시, 주, 국가를 형성하는 방식에 주의를 기울이기 시작했다. 그 즈음, 한 이단의 본산으로 알려진 미국의 한 도시를 방문하게 되었다. 그 종교 집단이 자신들이 속한 환경의 문화를 어떻게 형성했는지를 주목해 보니 참 흥미로웠다. 그곳에 사는 사람들 대부분은 이들이 가르치는 것을 믿지 않는데도 말이다. 외형상, 시민들 대부분은 그 집단에 속하지 않았다. 내면적으로 보면, 그들은 그 집단과 같이 생각하고 유사한 가치관을 가졌다. 나는 그 도시나 전 세계의 다른 모든 곳에서 마찬가지로, 사람들이 만연한 악의 문화와 대치를 하든지 거기에 영향을 받든지 둘 중 하나임을 알게 되었다. 중간 지대는 없다.

그 도시의 예를 생각해 보라. 거짓말을 조장하는 한 무리가 그처럼 효과적으로 문화를 형성할 수 있다면, 하물며 진리를 포용하고 선포하는 이들에게 있어 문화 형성은 얼마나 실행 가능한 목적이겠는가? 진리는 모두가 갈망하는 열매를 맺는다. 예수님께서는 말씀하셨다. "지혜는 자기의 모든 자녀로 인하여 옳다 함을 얻느니라(눅 7:35)." 즉 참된 진리는 그 영향력과 가치의 열매가 풍성함으로 증명이 된다는 뜻이다. 주님의 제자로서 우리의 목표는 사람들이 어떻게 생각하는가, 사람들이 무엇에 가치를 두는가, 그리고 궁극적으로 우리가 사회 구성원으로서 어떻게 사는가에 영향을 미치는 것이 되어야 한다. 종교적 강압을 통해 이것을 성취할 수는 없다. 이웃을 잘 섬기고 주님의 길이 최고임을 몸소 보임으로써 성취할 수 있을 것이다. 지혜로운 자들은 자신들이 섬기는 사람들의 가치 체계를 형성하도록 부르심 받았다.

우리 베델교회 스태프들은 우리가 사는 도시에 변화의 촉매가 되기 위해 지혜와 이해를 구하기 시작했다. 우리가 하는 공부, 기도, 토론의 대부분이 이것을 중심으로 하고 있다. 자주 일어나는 일이지만, 내 친구들과 동료들 중 다수가 내가 지시한 것도 아닌데 동시에 이 주제를 연구하기 시작했다. 이것은 성령께서 지휘하신 주제라는 것이 분명해졌다. 교회의 다양한 구성원들로부터 유사한 강의들이 나오는 것을 보고 놀랐다. 하지만, 한편으론 놀라지 않았다. 주권자이신 우리 하나님께서 이러한 방식으로 일하시는 것을 전에도 보았기 때문이다. 우리들끼리 사전에 서로 협의하지 않았는데 동시에 같은 이야기를 하는 모습을 볼 때, 옳은 방향으로 가고 있음을 스스로 확신하는 계기가 된다.

우리의 표적은 단순히 지역 교회를 섬기는 데서부터 우리 도시를 섬기는 것으로 서서히 옮겨 갔다. 교회의 성장과 무관하게 도시에 유익을 끼칠 수 있도록 말이다. 사실, 도시로 나아가 그들에게 감동을 주고자 하지 않은 적은 한 번도 없었다. 항상 우선순위였다. 하지만 이번에는 달랐다. 사람들이 우리가 가진 것의 유익을 누리기 위해 우리 교회로 찾아오는 것이 아니라, 그들이 하나님의 만지심을 받기를 원했다.

우리 성도들의 교제 공동체에 참석하기를 원하지 않는다는 뜻이 아니다. 그렇게 한다면 기꺼이 환영할 것이다. 단지 교회로서 성공의 척도를 바꾼 것이다. 주일 참석자 수 증가에서 도시의 변화된 태도와 가치 체계로 말이다. 성경적으로 볼 때, 그렇게 측정하는 것이 하늘의 실재가 땅에 영향을 미친 것을 제대로 보여 줄 것이다. 우리가 사람들의 사고 방식, 그들이 가정과 직장, 사업체와 오락 시설에서 어떻게 생활하는지에 영향을 미치는 가운데 말이다. **하나님 나라의 문화는** 교회의 예배 밖에서도 충분히 역사하며, 이것은 모두가 갈망하고 있는 것이다.

## 제자들의 기도

예수님께서는 몹시 실용적이고 실행 가능한 것이 아니면 한 번도 명령하지 않으셨다. 주님께서는 제자들을 단순히 "바쁘게 굴리기 위해서" 구멍을 파고 다시 메우라고 명하시는 분이 아니셨다. 번잡함은 참된 나라 체험의 적이다. 주님께서 하라고 하신 모든 일은 지금 이곳에 구속적 영향을 미치기 위한 것이지만, 동시에 궁극적으로는 영원에도 영향이 있다.

내가 알기로, 제자들이 예수님께 가르쳐 달라고 했던 유일한 주제는 기도다. 역사상 가장 유명한 기도는 당연히 마태복음 6장에 나오는, 흔히 주기도문이라고 불리는 그것이다. 따지고 보면 이것은 **제자들의 기도**라고 불러야 한다. 왜냐하면 예수님께서는 어떤 죄도 짓지 않으셨는데 죄의 고백이 담겨 있기 때문이다. 주님께서는 당신이 아닌 제자들을 위해 기도를 가르쳐 주신 것이다.

주님의 기도 전체가 아버지 앞에 나아갈 때 신경 써야 할 것들에 대한 본보기가 되지만, 특별히 한 구절이 이번 장에서 나누고 있는 내용을 보여 준다. "하늘에서와 같이 땅에서도." 하늘이 땅의 모델이다. "이 땅에서도 하늘에서와 같이" 되려면, 실용적이고 실행 가능해야 한다.

제자들이 한 그 부탁이 이 **사도들의 기도**를 만들어 냈다. 많은 교회들이 **사도**라는 용어를 사용하기를 거부하는데, 그것은 많은 이들이 그 직분이 오늘날도 존재함을 믿지 않기 때문이다. 하지만 **사도**라는 타이틀이 추구할 만한 것이 되었다고 보는 이들도 있다. 특히 교회 내에서 "계층적 서열" 상승을 원하는 이들에게 그렇다. 그러한 인정을 받는다는 것이 하나님 안에서 강력하고 의미 있는 것이라고 느끼게 된다. 하지만 성경에서 사도는 영적 피라미드 꼭대기에 있는 존재가 아닌 가장 작은 자다.

하지만 오늘날 이 기도로부터 교훈을 얻기 위해 사도라는 존재를 반드시 믿어야 하는 것은 아니다. 예수님 당시에 **사도**라는 말이 어떤 의미였는지 생각해 보라. 예수님께서 로마인들에게서 차용하신 것인데, 로마는 또 이것을 헬라로부터 가져왔다. 예수님께서는 실용적이셨고, 이 말이 이 땅 위의 당신의 교회 가운데 세워 가고 계신 그것을 가장 잘 묘사해 줌을 아셨다. 그것은 사도적 운동이었다. 로마의 용어로는, 함대를 이끄는 함선을 가리켰다. 그 배에 탄 많은 수의 사람들이 맡은 책임은 새롭게 정복한 땅 가운데 로마의 문화를 새롭게 창조해 내는 것이었다. 그들은 로마의 교육 체제와 언어, 예술, 도로 건설 기술 등 로마에서 성공적이었던 수많은 문화적 특징과 가치를 도입함으로 그 일을 했다. 로마가 파송한 사도적 팀의 의도는 새 땅을 로마와 대단히 유사하게 만들어, 황제가 방문할 경우 마치 로마에 있는 것과 같은 편안함을 느끼도록 하는 것이었다.

이것은 예수님께서 가르쳐 주신 기도의 목적을 훨씬 명확하게 이해할 수 있도록 도와준다. 주님께서 "하늘에서와 같이 땅에서도"라고 말씀하신 것은, 정말 말 그대로다. 주님께서 이 창궐한 흑암으로부터 우리를 구하러 돌아오실 때까지 영적인 활동들로 분주하게 만드시려는 것이 아니었다. 주님께서는 하늘 즉 당신께서 집과 같은 편안함을 느끼실 장소가 이 땅에 있기를 갈망하신다. 기도와 급진적 순종이 그러한 장소를 만들어 낸다.

이것이 우리에게 주신 위임의 근간이다. 건강한 가정을 세우는 것부터 복음을 전하는 것까지, 병자를 위한 기도로부터 사람들을 그리스도께 인도하는 것까지, 우리가 하는 모든 일은 이 영광스러운 과제를 완수하기 위한 것이다. 이 세상이 주님의 세상처럼 보이고 생각하고, 행할 때까지 기도하고 순종하라.

## 감춰진 열쇠

　약 10년 전, 나는 문화 변혁에 대한 통찰을 위해 솔로몬의 생애를 바라보다가 특별한 감동을 받았다. 그의 저작과 체험에 초점을 맞추면 열쇠를 찾을 수 있을 것이라는 생각이 들었다. 거기서 도시와 국가를 변혁시키는 비밀 혹은 감춰진 열쇠를 찾을 수 있을 것 같았다.
　이 주제를 이해하는 데에 도움이 될, 솔로몬의 생애 가운데 여러 가지 명백한 것들을 열거할 수도 있었지만, 나는 주님께서 내게 보여 주시고자 하는 모든 것을 배우기 위해 충분히 질문을 할 준비가 되지 않은 상태였다. 그래서 문화의 변혁과 솔로몬이 줄 수 있는 교훈에 대해 알아보기 위한 여정이 시작된 것이다. 그렇게 지난 10년은 성경 가운데 발견한 것들을 테스트하는 거대한 실험의 시간이었다. 그것이 최고의 학습법이다. 그런데 내가 배운 것들 중 하나는, 참된 하나님 나라의 통찰력은 전 세계 어느 나라나 문화권에라도 적용된다는 점이다. 하지만 그것들이 표현되는 방식은 장소마다 다를 것이다.
　솔로몬의 생애로부터 유익을 얻으려 할 때, 문화 변혁에 대한 새로운 이 방향은 또한 마음의 변화를 요구한다. 나는 거의 평생 동안 우상숭배를 했다는 이유로 솔로몬에 대한 경멸감을 갖고 있었다. 그것은 변하지 않았다. 하지만 그 오류들로 인해 그의 성공을 보는 눈이 가려졌었다. 이제 전혀 새로운 차원에서 **고기는 먹고 뼈는 발라내야** 하는 때를 맞은 것이었다. 내가 일반적으로 보지 않을 곳에 하나님께서 비밀들을 감춰 두셨음이 다시 한 번 분명해졌기 때문이다.

때로 우리가 가장 원하는 것들은 우리가 가장 경멸하는 것들의 그림자에 가려져 있다. 이 현실은 과도하게 신중한 이들로 하여금 하나님의 더 큰 보물들을 찾지 못하게 한다. 주님께서 어둠 속에 숨으실 때라도 우리는 그분을 **전심**으로 찾아야 한다는 사실을 확증해 주는 것이다(시 18:11 참조). 여기서 **전심**이라는 것은 전적이고 완전한 포기로부터 순종으로 나아가 구해야 함을 의미한다. 우리의 순종은 보통 우리의 편견들이 얼마나 영적이든 상관 없이, 그것을 거슬러 나아가겠다는 의지로 측정될 때가 많다. 사람들은 이스라엘이 솔로몬의 우상숭배로부터 회복되는 데에 300년이 걸렸다는 이야기를 한다. 거기엔 좋은 것이 없었다. 하지만 사자의 사체 속에서 꿀이 발견되었던 것(삿 14:8 참조)과 마찬가지로 나는 변혁의 보물이 솔로몬의 생애 가운데서 발견될 수 있음을 알게 됐다. 하나님의 백성의 국가 전체를 오염시킨 바로 그의 생애에서 말이다.

## 도와주세요, 저는 목회자예요

내가 기억하는 한, 신자로서 내가 지킨 가장 높은 가치는 하나님의 백성이 세워지고 그들이 용기를 얻는 것이었다. 나는 지역 교회를 사랑한다! 그것이 내가 자란 가정에서 가장 많이 본 가치다. 우리 부모님은 목회자였다. 부모님은 사람들을 진실로 사랑했고, 그들의 인생에 영원한 변화가 나타나도록 커다란 헌신을 했다. 부모님의 마음은 다른 이들을 섬기고, 모두가 하나님의 의도대로 살아가도록 만들어 주는 데에 있었다. 나는 부모님의 본을 통해 많이 배웠다.

나는 **교회**가 건물이나 교단, 혹은 주일 모임이 아님을 인식하며 성장했다. 교회는 사람들이었다. 그런 배경에서, 나는 내 생애 가장 높은 소명이라고 생각된 것을 받아들였다. 그것은 곧 지역 교회를 섬기는 것이었다. 동시에 나는 우리의 환경 가운데 변화가 찾아드는 것을 보았다. 모든 신자가 주님께 제사장으로 부르심 받았음이 점점 더 명확해졌다. 이 진리를 발견한 즉시로 우리는 이것을 예배에 적용했다. 주님께 감사와 찬양, 경배로 섬기는 것이 우리의 소명이자 영광이었다. 우리는 큰 기쁨으로 이 일을 행했다.

하지만 주님께서 우리 모두를 제사장으로 부르셨다는 것이 무슨 의미인지 풀어 주셨을 때, 우리는 이 위대한 진리가 함께 모여 있을 때 즉 지역 교회에서만이 아닌, 우리 각자의 역할에도 적용됨을 알게 되었다. 이 발견의 무게감은 약의 한 종류인 **지효성**(遲效性) **캡슐**과 유사한 것이었다. 이번에는 모든 신자들이 하나님의 사역자라는 단순한 진리를 풀어내는 데에 수십 년이 걸린 것이었다. 우리는 교회 활동 바깥의 삶에 접근하는 방법에 대해 필요한 통찰력을 온전히 발견하기 위해, 배운 것들 중 무효화해야 할 것이 많았다. 제사장들은 사역에 있어서 이중적 역할이 있었다. 하나님께뿐만 아니라 사람들에 대한 역할도 있었던 것이다. 그제서야 우리는 이 영역 안에 있는 하나님의 목적과 계획이 무엇인지 이해하기 시작했다.

하나님께서는 모든 사람을 제사장(사역자)으로 부르시지만, 강대상

위에 오르는 사람은 몇몇밖에 없다. 안타깝게도, 설교 사역은 오랜 시간 그리스도께 대한 참된 헌신의 척도가 되어 왔고, 더 심한 경우에는, 영적 성숙도로 비쳐 왔다. 지금 이 말을 하는 의도는 선교사, 전도자, 목회자 등에 두는 가치를 격하시키고자 함이 전혀 아니다. 오히려 하나님께서 주신 소명에 두는 가치를 격상시키고자 하는 것이다. 그 소명이 어떤 형태로 우리의 삶에 나타나든지 말이다. 치과의사, 변호사, 주부, 자동차 정비공 등 모두가 하나님의 정체를 이 사회 가운데 더 기능적이고 건강하게, 충만하게 나타내기 위해 그 일을 하도록 하나님께 부르심을 받은 것이다. 이것을 교회로서 나타내기 위해 우리는 **한 몸의 지체로** 부르심을 받았다. 이 개념은 또한 한 도시가 기능하는 방식을 설명하는 데에도 적용될 수 있다. 각 사람은 그 사회에 살고 있는 이들을 위해 하나님의 온전한 목적과 계획을 완수하는 데에 고유하고 필요한 역할을 하게 되어 있다.

 그래도 지역 교회를 우선시하지만, 나의 마음은 점점 더 도시를 향하고 있다. 진정한 성공이 주일에 교회에 출석하는 사람 수로 측정될 것(그것이 아무리 좋아 보여도)이 아니라는 것을 깨닫는다. 하나님께서 보시는 성공은 내가 사는 도시, 지역, 나라의 사람들이 어떻게 생각하고 사는가에 미치는 하나님 나라의 메시지의 영향력이다. 아주 실제적으로 말하면, **하나님께서 우리 도시에 거하러 오시면 얼마나 편안함을 느끼실까**로 나타난다는 것이다. 그리고 이것이 비실용적이라고 느끼는 이들도 있겠지만, 나에겐 차차 몹시 실용적인 것이 되었다. "하늘에서와 같이 땅에서도"는 교회의 위임이다.

## 영향력의 산들

  최근 몇 년간 내가 동역하는 교회들 가운데 각광받게 된 비유 중 하나는 영향력의 일곱 산들이라고 불리는 것이다. 이 비유는 사람들의 이성과 가치에 영향을 주는 사회의 다양한 영역들을 묘사한다. 분명 사회 내의 이러한 조각들에 하나님 나라의 가치가 없다면, 그 영향력은 본질상 파괴적이다. 그러므로 이 영역들 각각은 하나님 나라의 가치를 가진 사람들의 영향력을 크게 필요로 한다.

  부흥이나 갱신 같은 운동은 보통 심령이 가난하고 마음이 깨어져 절실한 자들로 이뤄진 풀뿌리 단계에서 시작한다. 벽을 밑동부터 꼭대기까지 태워 버리는 불을 상상해 보라. 이것은 하나님의 운동의 본성을 나타낸다. 하지만 문화는 위로부터 아래로 형성된다. 풀 뿌리 운동이 꼭대기 계급(실제 사고방식을 주조하는 자들)까지 **거슬러 올라가 태워 버리지 않을 때**, 이 운동은 제자리에 머물러 그 잠재력에 이르지도 못하고 효과를 내지도 못하는 현실을 맞게 된다. 이것을 삼림 전문가들은 **통제된 불**이라고 한다.

  위로부터 아래로 문화를 형성하는 자들에게 닿지 못하면, 개혁의 씨앗은 유산流産된다. 반대로, 이 시도를 성공시키면, 심령이 가난하고 깨어진 자들의 성공에 영향을 받아 엘리트 계층의 사고와 가치가 새로이 형성된다. 하나님의 능력으로 변화되는 것이다. 그러면 그들은 사회 전체의 가치와 사고에 영향을 미치게 된다. 진실로 문화를 형성하는 데에 있어 우리의 역할은 이 작전을 성공시키는가에 많이 달려 있다.

이 영향력의 일곱 산들은 오늘날의 선교지라고 하는 사회 영역들이다. 이들은 와서 섬기는, 탁월함을 갖춘 이들을 반긴다. 각 영역은 하나님 나라가 임하기를 갈망한다. 영향력의 우두머리(사고방식 주조자들)가 인식을 하든 못 하든 말이다. 골자는 모두가 예수님과 같은 왕을 원한다는 것이다. 그래서 그분을 만국의 보배라고 부르는 것이다(학 2:7 참조).

그리고 각 영향력의 산은 하늘의 청사진이 충만하게 나타나거나 표현되기 위한 완벽한 타깃이 된다. 사회의 영향력의 산들에 대해 이렇게 강조할 때 모든 신자가 사역자라는 말의 문자 그대로의 의미에 대한 우리의 헌신을 더욱 강화해 준다. 그런 면에서, 각 영역은 하늘의 성질이 실용적 의미에서 실현되는 것을 갈망하는 곳이다. "하늘에서와 같이 땅에서도"라는 우리의 위임을 강화한 것이다.

도시와 주도, 국가들 가운데 변혁이 일어나는 것을 보기 위해서는, 하나님 나라의 영향력이 사회의 모든 영역에 나타나야 한다. 신자들이 이 영역들을 다 맡아야 한다는 것은 아니다. 요셉은 두 나라를 구했지만, 어느 쪽에서도 지도자가 아니었다. 그는 파라오를 섬기는 사람이었다. 우리는 2인자의 역할을 과소평가한다. 성경에서 하나님의 나라를 누룩에 비유한 걸 보면, 하나님 나라 스타일로 삶을 사는 이들은 이러한 환경에 배치되기만 하면 영향력을 가질 수 있다.

수년 전, 우리는 교회 식구들이 도시와 지역의 변혁을 위해 더 효과적으로 기도할 수 있도록 하기 위해 이 개념을 기도 카드에 담았다. 몇몇 다른 이들이 같은 주제로 만든 리스트와 우리의 것은 조금 달랐다. 우리의 것이 낫기 때문이 아니라, 한 몸으로서 우리가 생각하고 기능하는 방식을 더 정확하게 묘사해 주기 때문에 그것을 소개하려 한다.

## 영향력의 일곱 산들

### 가정

우리가 이 영역 안에서 기도하고 섬기는 것은, 언약의 관계와 개인의 정체성이 하나님 나라의 원칙 위에 확립되도록 하기 위함이다. 이것은 사회의 주요한 구성 요소다. 부모의 양육 스타일, 독신, 고아 돌봄, 성별 문제, 결혼, 성생활, 이혼과 노령화는 모두 그리스도의 생각의 영향력 하에 있어야 한다. 이 영역들은 하나님 나라가 어떻게 기능하는지를 보여 주는 좋은 기회가 된다.

### 종교

우리가 이 영역 안에서 기도하고 섬기는 것은, 우리의 믿음과 행위가 궁극적 진리 안에 닻을 내리기 위해서다. 이 산 위의 많은 목소리들 가운데, 교회는 하나님께서 누구신가와 예수님께서 온 창조 세계를 구속하시기 위해 하신 일을 선포한다. 소망이 중심 주제가 된다. 가장 큰 소망을 가진 자들이 가장 큰 영향력을 가질 것이기 때문이다. 이 영역은 수치 상의 성공을 위해 우리 사회를 좀먹을 것이 아니라, 사회의 안녕을 위해 헌신해야 한다.

### 경제

우리가 이 영역 안에서 기도하고 섬기는 것은, 부를 생산하고 분배, 소비하는 시스템이 하늘의 가치를 염두에 두고 그렇게 할 수 있도록 하려는 것이다. 하나님 나라의 성공이 너무나 흐뭇한 것은, 단순히 수입과 소유가 아니라 그 영향력으로 측정되기 때문이다. 사업, 금융, 관리, 사회 정의, 자본주의, 사회주의, 번영, 가난 등은 모두 하늘의 시민들과 관련된 큰 문제와 실용적 해법이 수반되는 논제들이다. 하나님의 나라는 지금 이 곳에 영향을 미치며, 이 영역의 질서를 회복하려면 경제를 이용해야 한다.

### 교육

우리가 이 영역 안에서 기도하고 섬기는 것은, 이 영향력의 영역으로 부르심 받은 이들이 하늘의 가치에 굳건히 닻을 내릴 수 있도록 하기 위함이다. 하나님의 세상의 절대적 가치들은 우리가 다음 세대에게 가르치는 "누가, 무엇을, 언제, 어디서, 왜, 어떻게"를 정의하는 지적 호기심의 시험을 견뎌 낼 것이다. 공립과 사립 학교, 교과서, 문맹, 주입과 교육, 대학 이 모든 것들은 사역자들이 이 선교지에서 섬기도록 부르심 받은 목표들이다. 우리는 태어난 목적대로의 존재가 되고자, 능력을 덧입기를 갈망하는 세대를 섬긴다.

**정부**

우리가 이 영역 안에서 기도하고 섬기는 것은, 우리가 다스리고 다스림 받는 시스템과 다스리는 자들이 함께 하나님 나라의 가치들을 모든 면에서 드러내기 위함이다. 정치, 법률, 법정, 세금, 교도소, 군사, 관료제, 시민의 의무, 애국심과 능동주의 등은 우리가 사회가 통치되어야 하는 방식에 대해 하나님께서 갖고 계신 놀라운 생각들을 충만하게 보여 줘야 한다면 포용해야 하는 영역들이다. 정부는 시민을 보호하기 위해 존재한다. 또한 그러한 보호의 분위기 속에서, 자신들이 설계된 목적에 이르도록 시민들을 만들어 주기 위해서 존재한다. 정부는 시민을 대가로 번영하기 위한 것이 결코 아니다. 시민이 번영할 때 번영하는 것일 뿐이다.

**예술과 미디어**

우리가 이 영역 안에서 기도하고 섬기는 것은, 우리의 창조적 생각, 이야기, 음악, 게임, 달란트들이 하나님의 창조적 성품을 정확하게 반영하도록 하기 위함이다. 연예, 언론, 스포츠, 소설, 신화, 인터넷, TV, 음악은 어떤 사안에 대한 하나님의 마음을 이해하도록 우리를 열어 주거나 사람들에게 힘, 용기, 소망, 생기를 줄 때 모두 놀라운 선물이다. 이 영역들은 일차적으로 흑암의 능력의 표적이 된다. 왜냐하면 소통에 있어 최고의 도구이기 때문이다. 이 때문에 하나님께서는 당신의 백성들에게 이 영향력의 영역들 가운데 사랑하고 섬길 수 있도록 크나큰 용기를 주고 계신 것이다.

**과학과 기술**

우리가 이 영역 안에서 기도하고 섬기는 것은, 창조와 창조주, 디자인과 디자이너에 대한 지식이 우리가 사는 방식에 더 분명하게 증거되도록 하기 위함이다. 그로써 우리는 살아 있는 이유를 더 온전히 이해할 수 있게 된다. 창조주라는 개념을 제거할 때 우리는 디자인이라는 개념을 없애는 것이다. 디자인이라는 개념을 잃어버리면, 목적이라는 개념을 잃는다. 목적이라는 개념을 잃어버리면, 데스티니의 기초가 무너지는 것이다. 데스티니에 대한 이해가 사라질 때 책임 인식이 더 이상 없게 된다. 하나님 앞에서 우리의 인생에 대해 설명하게 되리라는 것은 존재와 살아가는 이유에 핵심적인 것이다. 건강, 의료, 혁신, 위생, 출판, 컴퓨터, 무기 등은 구속적 방식으로 사용되면 인류에게 선물이 된다. 이 땅의 인류의 목적을 섬기고자 한다면, 하나님께서 이 영역들을 어떻게 보시는가를 배워 잘 사용하는 것이 열쇠다.

**다스릴 때**

패션 성경의 잠언에서 역자 브라이언 시몬스Brian Simmons는 이 주제를 명쾌하게 잡아냈다.

지혜의 목소리가 들리지 않는가? **영향력의 산** 꼭대기에서 영광스러운 도시의 입구를 향해 말하고 있다. 이해를 전해줄 준비를 하고 들어

오는 모든 이들에게 큰 소리로 외치며 들을 모든 자들에게 설교하되 좁은 길들이 서로 만나는 곳에서, 여러 출입문에 서서 외친다. "아담의 아들들아, 너희를 부르고 있다. 그렇다. 네 딸들도 부르고 있다. 내 말을 들으면 신중하고 지혜로워질 것이다. 어리석고 미미한 자들조차 속사람을 바꿔 줄 이해의 마음을 받을 수 있다. 내 말의 의미는 네 안에서 **삶을 다스릴** 계시를 풀어놓을 것이다. 내 노랫말은 네게 옳은 것을 따라 살 수 있는 힘을 줄 것이다."

잠언 8:1-6

옛적 에스더와 같이 우리는 이와 같은 때를 위해 태어났다. 하나님의 세상이 어떤 것인지 배워 세상을 섬길 특권을 포용하기만 한다면, 지금은 우리의 가장 밝은 시간이 될 것이다. 거기서부터는 단순한 실행이다. 우리는 하늘을 모델로 삼아, 이 땅 위의 문제들에 침투하여 해결하도록 설계되었다. 그것이 **사역자로서 모든 신자가** 받은 사명이다. 그리고 우리 생애 가운데 하나님의 목적을 온전히 드러내기 위해서는, 지혜가 그 열쇠다.

| 4장 |

# 개혁가

The
Power
That
Changes
The
World

손에 잡힐 듯 평화가 충만한 도시를 상상해 보라. 사람들로 하여금 스스로 생각하고 꿈꾸며, 생을 축하할 수 있도록 해 주는 평화의 분위기가 짙고 강렬한 곳. 소망이 실제적이고 눈에 띄어, 무엇이든 가능하다는 태도가 지배적인 곳을 상상해 보라. 모든 시민들이 번영의 혜택을 입고, 어떠한 부족도 없는 도시를 상상해 보라. 결핍이 없을 뿐 아니라, 어딜 보든지 창조성과 아름다움, 경탄할 만한 디자인이 있는 곳을 상상해 보라. 사람들이 만든 것들에 하나님의 성품이 나타나는 가운데 번영이 목적성을 갖게 되는 곳. 시민임을 자랑스럽게 만드는 정부를 상상해 보라. 전 세계의 고위 관리들이 내가 사는 곳의 지도자를 만나기 위해 찾아오면 어떨지 상상이 되는가? 내가 사는 곳의 지도자를 만나려는 국제 지도자들이 너무나 많아, 도시 전체가 자존감을 공유할 수 있다는 것이 상상되는가? 그러면서도 최선을 다해 그 사회를 섬기는 것이다. 이것이 솔로몬 통치 당시 한동안 예루살렘에 성취되었던 일이다.

이러한 모델 도시에 대한 묘사는 그 백성들이 향유했던 삶의 지극히 일부만을 보여 주는 것이다. 이것은 완벽하다거나 문제가 없었다는 의미가 아니다. 변화된 문화조차도 사람들로 하여금 옳은 일을 하도록 강제하진 않는다. 그저 옳은 일을 추구하려는 마음이 있는 이들에게 거기에 쉽게 다가갈 수 있게 해 주는 것이다. 문화는 기회를 제공한다. 개인의 자유 의지를 앗아 가는 것이 아니다. 그랬다면 하나님의 설계를 위반하게 될 것이다.

이것을 감안할 때, 예루살렘은 역사상 가장 변화를 겪은 도시요 이스라엘은 가장 변화된 나라였다고 할 수 있다. 하지만 이 모든 것은 솔로몬의 아버지 다윗의 심령으로부터 시작되었다. 그는 하나님의 임재를 가장 위대한 은사로 여기도록 훈련을 받았던 것이다. 도시에 임한 모든 혜택과 축복은 바로 그 한 가지의 영향으로 말미암은 것이다.

그러한 이상은 이생에서 사실이라 하기엔 너무 좋음을 안다. 하지만 예루살렘은 이것이 실상 믿는 모든 이들에게 가능함을 증거해 주기 위해 지금도 서 있다. 위에 언급한 변화는 옛 언약 하에서, 하나님의 백성들이 그들 안에 또 그들을 통해 살아 계신 성령을 오늘날처럼 충만히 누릴 수 없었던 때에 성취되었다! 그러한 곳이 너무 천국 같은 소리라고 생각하는 이들이 있을 텐데, 나도 동의한다. 그래서 "하늘에서와 같이 땅에서도"라는 우리의 과제가 성취되는 것이다.

## 하나님께서 사람을 세우심

사람이 도시를 세우기 전에 항상 하나님께서 사람을 세우신다. 이 경우엔 하나님께서 의도하신 바를 행하기 위해 두 세대가 요구됐다. 다윗과 솔로몬은 삶과 사역을 통해 하나님의 다양한 의도를 독특한 방식으로 나타냈다. 둘은 역사상 가장 흥미로운 조합이다. 인성이나 소명에 있어 아주 달랐지만, 둘은 다른 사람들이 보여 줄 수 없는 방식으로 신자의 삶의 면모들을 보여 주었다. 그들은 서로에 대한 완벽한 보완이 된다.

하나님께서는 솔로몬에게 꿈으로 나타나셨다. 이것은 하나님께서 육신으로 방문하시는 출현은 아니었다. 꿈이었으며, 그 꿈 속에서 솔로몬은 자신의 삶의 방향과 온 이스라엘의 데스티니를 바꾸는 결정을 내렸다. 이 일이 그가 자는 중에 일어났다는 사실에 나는 매료되었다. 하나님께서는 그가 잠들어 있을 때 이 일생일대의 결정을 할 수 있을 것이라 믿으셨다.

솔로몬은 잠에서 깨고 나서야 한밤중에 하나님과 대면의 시간을 가졌음을 깨달았다. 그는 아가서 5장 2절에서 이 원리를 이렇게 기록했다. "내가 잘지라도 내 마음은 깨었는데." 영의 사람은 자지 않는다. 끊임없이 하나님과 교제할 수 있다. 이 이야기에서 더 중요한 부분은, 솔로몬이 인생의 "한 가지" 즉 자신을 향한 하나님의 목적에 너무나 헌신되어 있어, 자는 동안 이렇게 중요한 결정을 할 수 있을 정도로 신뢰를 얻었다는 사실이다. 이 점이 흥미로운 이유는, 주님께서 밤에 방문하시기를 좋아하시기 때문이다. 사실, 우리에게 일어나는 가장 심오한 만남 중에는 자는 동안 일어나는 것들이 있다.

깨어 있는 동안 그와 같은 수준의 만남을 갖게 되었다면 우리는 교만해질 것이다. 그래서 하나님께서는 밤중에 우리를 찾아오신다 (욥 33:15-18 참조). 하나님께서는 우리의 삶을 당신으로 채우기를 갈망하신다. 하지만 그렇게 하셔서 우리가 독립이나 교만으로 향하게 된다면 그리하지 않으신다. 주님께서는 진정 당신의 은혜의 궁극적 관리자시다. 온전히 우리의 유익을 위해서 말이다.

## 자기 조절

많은 이들이 자기 조절을 삶 가운데 주의를 산란케 하는 모든 것들을 거부할 수 있는 능력이라고 정의한다. 어느 정도는 맞는 말이지만, 이 덕목은 "한 가지"에 너무나 전적으로 헌신되어서 다른 어떤 것에도 주의를 빼앗기지 않을 수 있는 능력으로 보는 것이 더 좋다. 솔로몬은 자신의 삶의 목적에 너무나 전적으로 헌신되어, 이 "한 가지"에 대한 그의 헌신이 다른 모든 것에 대한 매력을 잃게 만들었다. 이러한 접근은 항상 우선순위를 철저히 지키기 위해 싸워야 한다는 생각으로부터 자유롭게 해 준다. 더 이상 그 싸움이 없다는 의미가 아니라, 이런 식으로 할 때 무언가에 맞서서가 아니라 무언가를 위해서 싸우게 된다는 것이다.

솔로몬은 자신의 목적에 너무나 흠뻑 잠겨서, 이 강렬한 초점을 잠자리까지도 끌고 갔다. 하나님께서 이 의심 없는 젊은이에게 나타나사 인생 최대의 결정, 곧 다른 모든 결정이 빛을 잃게 만드는 선택을 하게 하신 것은 우연이 아니었다.

예수님께서는 이 개념을 "눈은 단 하나이나 온 몸이 빛으로 가득할 것이요(마 6:22, KJV)"라는 말씀으로 가르치셨다. 흥미로운 가르침 아닌가? 여기서 "단 하나"라는 개념은 두 단어로 구성되어 있다. 첫 번째 단어는 **하나**다. 두 번째 단어는 **여정**이다. 우리 마음이 **한 여정**에 맞춰져 있다면, 우리 몸은 빛으로 가득할 것이다. 다시 말해, 우리 스스로를 한 가지 목적 혹은 인생의 여정에 100퍼센트 헌신하면, 사실 삶의 다른 모든 영역에까지 빛이 비춰게 된다는 것이다.(이 비유가 **신성한 건강**이라는 신비한 영역에 열쇠를 줄 수 있는 우리 몸에 대한 것임에 주목해 보라. 마지막 때가 되었는데, 신성한 건강을 체험한 유일한 세대가, 거듭나지도 못한 광야의 이스라엘뿐이라면 비극적일 것이다. 우리도 지금 그것을 누릴 수 있을까? 나는 그렇다고 믿는다!)

## 다윗의 성공

솔로몬의 부친 다윗은 가정에서 크게 성공하지 못했다. 위대한 왕이요 놀라운 전사였지만, 아빠로서는 자주 실패했다. 죄에 관하여 아들들을 훈육하는 문제를 두고 어려워했으며, 그로 인해 가정에 불신과 혼란이 늘어났다. 가족 상황은 이 위대한 인물의 생애 가운데 가장 슬픈 부분이다. 이 한 가지 영역은 그 자체로 **가정을 세우지 못하는 법**에 대한 엄청난 통찰력을 주는 공부가 된다. 다시 한 번 우리는 위대한 사람들이 삶의 어떤 영역에서는 눈부신 성공을 하지만, 가장 중요한 영역 즉 가정에서는 완전히 실패함을 깨닫게 된다. 이것이 사실이지만, 너무나 슬픈 것은 그러한 실패가 참으로 불필요한 것이기 때문이다.

허나 다윗이 아버지로서 성공한 때가 잠시 있었다. 그것은 아내 밧세바가 낳은 아들 솔로몬과 있었던 일이었다. 다윗과 밧세바의 이야기는 하나님의 은혜에 대한 심오한 증거를 보여 준다. 주님께서는 다윗이 간음과 살인으로 얻은 아내를 통해 사랑하시는 다윗의 나라를 확장시키셨다. 오직 하나님께서만 그러한 죄와 비극을 취하사, 생명을 낳는 그림으로 반전시키실 수 있다. 먼저는 온 나라를 위해, 또 온 세상 나라들을 위해서 말이다. 메시아께서 이 혈통을 통해 오셨다.

다윗은 자신의 아들에 대한 비전이 있었다. 그것은 하나님께로부터 잉태된 비전이었다. 이것은 흔히 아빠가 자신이 이루지 못한 꿈을 자녀가 대신 이루도록 계획이나 데스티니를 강요하는 그런 상황이 아니었다. 오히려 정반대였다. 다윗은 솔로몬에게 통치 훈련을 시켰다. 왜냐하면 그는 하나님의 손이 아들의 삶에 함께 하심을 감지했기 때문이다. 다윗은 아주 어려서부터 솔로몬에게 목적을 갖고 훈련하고 **지혜**라는 필수 영역에 대해 가르쳤다. **생명 안에서 다스릴 수 있**도록 해주는 도구 말이다. 솔로몬은 잠언 4장 3절에서 9절에 다윗과 밧세바 밑에서 자란 자신의 어린 시절을 이야기한다.

나도 내 아버지에게 아들이었으며 내 어머니 보기에 유약한 외아들이었노라. 아버지가 내게 가르쳐 이르기를 "내 말을 네 마음에 두라. 내 명령을 지키라. 그리하면 살리라. 지혜를 얻으며 명철을 얻으라! 내 입의 말을 잊지 말며 어기지 말라. 지혜를 버리지 말라. 그가 너를 보호하리라. 그를 사랑하라. 그가 너를 지키리라. 지혜가 제일이니 지혜를 얻으라. 네가 얻은 모든 것을 가지고 명철을 얻을지니라. 그를 높이라. 그리하면 그가 너를 높이 들리라. 만일 그를 품으면 그가 너를 영화롭게 하리라. 그가 아름다운 관을 네 머리에 두겠고 영화로운 면류관을 네게 주리라" 하셨느니라.

솔로몬은 어려서부터 다른 무엇보다 지혜를 선택하도록 훈련받았다. 우리가 아는 한 그만이 옳은 선택을 하도록 훈련받은 사람이기 때문에 하나님께서 오직 그에게만 이 일생의 선택을 하게 하셨을까? 대단히 가능성이 높다고 본다. 그것이 사실이라면, 다음 세대를 가르치는 우리가 여기서 찾을 수 있는 유사성은 무엇일까? 믿음 충만한 훈련을 통해 우리가 젊은이들의 삶에 전하려는 것은 무엇인가? 우리는 어떤 식으로 다가올 세대를 일으키고 있는가? 그들에게 하는 우리의 예언적 선언이 실제로 하나님께로부터 기회를 끌어올 수 있다. 하나님께서는 그들이 가장 자주 통과할 문을 열어주시는, 궁극의 관리자시다.

아이들이 어렸을 때, 나는 매일 밤마다 이 두 가지 임무를 반복하여 말하며 재웠다. "기억하여라. 너희는 이곳에서 세상을 바꾸기 위한 팀에 속해 있다." 그리고 "오늘밤 잠이 들 때, 하나님께서 너희가 하기를 원하시는 불가능한 일이 있는지 여쭤 봐라." 이것은 한계를 모르는 아이들로 양육하려는 나의 노력이었다.

그것은 나의 자녀든, 손주든 혹은 우리 교회나 청소년 모임에 들어오는 새 신자든 전혀 상관이 없다. 초자연적 데스티니를 열어 주는, 신성한 순간을 맞도록 그들을 준비시켜야 한다. 이 신성한 순간들을 우리 마음대로 해 버릴 것이 아니고 어떤 식으로든 지휘할 것도 아닌, 귀중한 보물로 관리해야 한다. 우리는 당신의 자녀들을 상상할 수 없을 정도로 사랑하시는 아버지를 그저 섬길 뿐이다. 주님께서는 각자가 불가능해 보이는 자신들의 목적을 발견하게 되기를 갈망하신다. 우리가 돌보아야 하는 이들을, 믿음을 따라 훈련함으로 준비시키는 역할을 할 수 있다는 것은 특권이다.

슬프게도 많은 이들이 현실이라는 이름으로 젊은이들의 꿈을 묵살한다. **"우리는 이 젊은이들이 실망으로 무너지는 것을 원하지 않는다"**는 생각으로 말이다. 아마도 지금은 우리가 시간이나 믿음이 없어 전혀 가지 못한 곳에 갈 세대를 준비해야 할 때일 것이다. 위험을 감내하고 해야 할 일들이 분명히 있다. 꿈을 꾸고 실패하는 것이 아예 꿈을 꾸지 않는 것보다 나을 것이다. 꿈을 좇을 때 사람 속에는 다른 방식으로 자라날 수 없는 힘이 생긴다. 그리고 그 힘은 그 사람의 꿈이 온전히 실현되는 시기에 한몫을 해낼 것이다.

### 하나님께로부터 말미암은 갈망

갈망은 인간의 삶 가운데 가장 존귀한 부분 중 하나이다. 그것은 우리를 다른 모든 피조물과 구별되게 하는 하나님의 선물이다. 에덴동산은 모든 면에서 완벽했는데, 하나님께서 아담과 하와를 동산에 두셨을 때, 주님의 첫 번째 계명은 **생육하고 번성하라**는 것이었다. 생육하라는 말은 자녀를 낳으라는 의미가 아니다. 그 개념은 번성하라는 계명에 내재되어 있다. 생육하라는 것은 생산적이 되라는 뜻이다. 에덴 동산은 완벽했지만 미완성이었다. 아담과 하와 고유의 창조적 표현을 통한 표시가 빠져 있었다. 갈망이 주도하는 그들의 충만한 결실은 이 완벽하도록 아름다운 곳에 표시를 남길 것이었다.

우리의 갈망을 하나님의 목적과 정렬시키고 하나님 나라의 가치를 향하도록 할 때, 불가능한 일은 없다. 우리는 목적을 활용하여 우리의 심오한 데스티니를 확보하게 된다. 하지만 보이지 않는 현실의 가치에 따라 그 갈망들을 이끌고 지휘해야 한다. 다윗이 솔로몬의 삶 가운데 옳게 행한 일이 이것이다. 먼저 예배자였던 다윗은 아들이 보이지 않는 세계에 애착을 가질 수 있도록 도왔다. 이 세상보다 어떠한 면에서도 비할 수 없이 우월한 그 세계에 말이다.

신약에서는 이 가시可視와 불가시不可視의 원리를 산상 수훈에서 찾을 수 있다. "너희는 먼저 그의 나라와 그의 의를 구하라. 그리하면 이 모든 것을 너희에게 더하시리라(마 6:33)." 나라는 **왕의 지배** 혹은 그의 **통치**의 영역을 말한다. 이는 우리가 먼저 보이지 않는 실제를 구해야 하며, 그러면 그것이 가시적 세계에 영향을 미치고 나타나게 될 것이라는 의미다. "이 모든 것을 너희에게 더하시리라." 예수님께서 말씀하신 것은 보이지 않는 것을 먼저 구할 때 우리가 보이는 상을 받으리라는 의미임에 이견의 여지가 없다. 이것은 완전히 맞다. 아주 실질적인 면에서, 이것은 솔로몬이 해야 했던 선택이다. 보이지 않는 영역을 추구하는 것이 훨씬 더 가치가 높다고 솔로몬은 생각한 것이다. 이 영역이 솔로몬 주변의 보이는 세계에 막대한 영향을 끼친 것이다. 보이지 않는 것에 대한 그의 가치 평가는 모든 것에 영향을 미쳤다. 하나님의 임재를 생명 자체보다—보이는 것보다 보이지 않는 것을—더 가치 있게 여겼던 사람이 이처럼 심오한 결정을 하도록 아들을 양육했다는 것은 적절해 보인다.

하나님께서는 과정에 상을 주신다. 주님께서는 개인적 손해가 있을지라도 원칙을 포용하는 이들을 영화롭게 하신다. 그러한 선택 위에 인격이 세워질 수 있기 때문이다. "대저 지혜는 진주보다 나으므로 원하는 모든 것을 이에 비교할 수 없음이니라(잠 8:11)." 우리가 이것을 믿는지 알 수 있는 유일한 방법은 어떤 대가가 있을지라도 지혜를 선택하는 것이다.

## 성공을 위한 준비

다윗은 아들이 모든 면에서 성공할 수 있도록 놀랍도록 준비를 시켰다. 하지만 가장 중요한 것은, 여전히 솔로몬의 결정에 모든 것이 달려 있었다는 점이다. 하나님께서는 자는 중에 그에게 나타나사 원하는 모든 걸 주겠다고 제안하셨다. 그리고 지혜가 그 결과였음을 안다. 하지만 실제로 솔로몬이 직접적으로 구한 것은 그게 아니었다. 솔로몬의 선택은 이랬다.

> 누가 주의 이 많은 백성을 재판할 수 있사오리이까? **듣는 마음**을 종에게 주사 주의 백성을 재판하여 선악을 분별하게 하옵소서.
>
> 열왕기상 3:9

솔로몬은 **듣는 마음**을 부탁드렸다. 이것은 어린 솔로몬에게 지혜를 추구하라고 한 다윗의 명령의 결과였다. 솔로몬은 단지 이해력을 구한 것이 아니라 듣는 마음을 구한 것이었다! 그렇게 함으로 그는 하나님의 과정 가운데 잘 준비되기를 구한 것이다.

하나님께서 솔로몬에게 주신 대답은 정말 놀랍다.

> 네가 이것을 구하도다. 자기를 위하여 장수하기를 구하지 아니하며 부도 구하지 아니하며, 자기 원수의 생명을 멸하기도 구하지 아니하고 오직 송사를 듣고 분별하는 지혜를 구하였으니, 내가 네 말대로 하여 네게 지혜롭고 총명한 마음을 주노니 네 앞에도 너와 같은 자가 없었거니와 네 뒤에도 너와 같은 자가 일어남이 없으리라. 내가 또 네가 구하지 아니한 부귀와 영광도 네게 주노니 네 평생에 왕들 중에 너와 같은 자가 없을 것이라.
>
> 열왕기상 3:11-13

이 말씀을 다시 풀자면 이렇다. 솔로몬은 듣는 마음을 구했고, 하나님께서는 '**좋다. 네게 지혜를 주겠다**'라고 하신 것이다. 그러니까 지혜는 이미 모든 해답을 갖고 있는 사람에게 주어지는 예치금 같은 것이 아니라는 뜻이다. 하나님의 음성을 들을 수 있는 능력이 지혜의 열쇠임을 암시하는 것이다. 그러므로 지혜는 관계적 열매다.

지혜의 열쇠가 하나님의 음성을 듣는 것이라면, 흥미롭게도 믿음이 지혜와 유사한 말이라는 의미가 된다. 믿음이 들음에서 남을 우리는 알고 있다(롬 10:17 참조). 들었음에서 나오는 것이 아니다. 믿음의 핵심 성질은 하나님을 듣는 과정 가운데 있는 우리의 현재형 관계를 암시한다. 단순히 하나님께서 과거에 하신 말씀에 기초한 관계가 아니다. 지혜도 유사한 성질을 갖고 있어, 지혜가 계속 기능을 하려면 하나님과의 지속적 관계를 가지고 삶 가운데 그 음성을 듣고자 하는 갈망이 있어야 한다. 이것은 이 대화 가운데 하나님께서 솔로몬에게 주신 나머지 말씀과도 상통한다.

"네가 만일 네 아버지 다윗이 행함 같이 내 길로 행하며 내 법도와 명령을 지키면 내가 또 네 날을 길게 하리라(왕상 3:14)." 다시 말해, 하나님께서는 이렇게 말씀하신 것과 같다. "**우리의 관계를 항상 유지하면 내가 너의 큰 성공을 보장하겠다.**"

## 커다란 예외

역사를 통틀어 위대한 개혁가들은 항상 위대한 원칙이 있었다. 그들에게 주어진 책임을 온전히 받아들이고, 하나님 나라의 가치에 따라 살며 그 가치들을 자신이 섬기는 이들에게 전하는 것은 지극히 중요한 일이었다. 그들은 참을성이 있었으며, 자신들이 사는 도시의 시민들에게 진리의 장기적 효과가 나타나는 데에 필요하다면 터벅터벅 걷기도 마다하지 않았다. 그들은 진리의 능력에 대한 확신이 있었다. 선포된 진리에는 능력이 있다. 실천으로 뒷받침되고 선포된 진리는 무한한 잠재력을 갖고 있다. 실제로 진리는 매력적인 것이다. 부정직한 딜러에게서 차를 사고 싶어 하는 사람은 없다. 마찬가지로 모두가 정직, 궁극적으로는 진리를 갈망한다. 사람들이 원하지 않는 것은, 종교 기관과 압도적인 지지자들에 의해 통제되는 것이다. 하지만 모든 심령은 어느 정도 진리를 갈망한다.

인류 역사의 흐름에 영향을 미치기를 갈망하는 사람이 스스로의 자격이 충분하다고 느끼기는 어렵다. 더구나 다윗, 솔로몬, 다니엘, 요셉, 에스더 등 믿음의 영웅인 선배들과 한 줄에 서면 말이다. 하나님께서 밤중에 솔로몬에게 나타나사 구하는 모든 것을 주겠다고 하셨을 때와 같은 결과를 가질 수 있다고 생각하는 것은 벅찬 일이다. 일반 신자들이 흔히 경험하는 것이 아니다. 하지만 솔로몬은 역사상 아무도 하나님과 겪어 보지 못한 경험을 하는 기회(원하면 무엇이든 가질 수 있는)가 있었던 것이 사실이지만, 여기에는 커다란 예외가 있다. 예수님께서 당신을 따르는 모든 이들에게 동일한 약속을 주셨던 것이다.

> **너희가 내 이름으로 무엇을 구하든지 내가 행하리니**, 이는 아버지로 하여금 아들로 말미암아 영광을 받으시게 하려 함이라. **내 이름으로 무엇이든지 내게 구하면 내가 행하리라.**
>
> 요한복음 14:13-14

> 너희가 내 안에 거하고 내 말이 너희 안에 거하면 **무엇이든지 원하는 대로 구하라. 그리하면 이루리라.** 너희가 열매를 많이 맺으면 내 아버

지께서 영광을 받으실 것이요 너희는 내 제자가 되리라.

요한복음 15:7-8

그 날에는 너희가 아무 것도 내게 묻지 아니하리라. 내가 진실로 진실로 너희에게 이르노니 **너희가 무엇이든지 아버지께 구하는 것을 내 이름으로 주시리라.** 지금까지는 너희가 내 이름으로 아무 것도 구하지 아니하였으나 구하라. **그리하면 받으리니** 너희 기쁨이 충만하리라.

요한복음 16:23-24

이 일은 예수님께서만 하실 수 있는 일이다. 구약에 나타난, 한 사람이 평생 할 수 있는 일의 최고 수위선을 올려놓으신 것이다. 제자들 각자에게 인류를 위해 자신의 "한 가지 소원"을 활용할 수 있는 기회를 주심으로써 말이다. 이것은 주님께서 자신을 진정으로 따르는 이들과 맺으신 지속적 언약의 약속이다. 이것이 제자의 데스티니적 생활 방식이다. 사람들이 이 땅에 기도와 급진적 순종을 통해 당신의 목적을 실현하도록 도우시려는 디자인인 것이다.

우리가 원하는 모든 것을 가질 수 있다는 엄청난 기회를 발견하는 데에 도전이 되는 것은 우리 개인의 제국을 쌓아 올리는 것이 아닌 사회의 안녕을 위해 이 특권을 써야 한다는 것이다. 우리 개인의 필요가 주님의 약속 가운데 포함되어 있지 않다고 하면 틀린 말이다. 열방의 구원과 제자화라는 비전에 접근할 수 있게 됐는데 그 도구를 새 차를 받아 내는 데에만 사용한다면 너무나 옹졸해 보인다. 기억하

라. 한 나라를 변혁시킬 수 있는 기회가 자신이 섬기는 백성을 위해 하나님께서 주신 순간을 사용했던 이에게 주어졌다. 하물며 우리가 도시와 나라를 위해 우리의 순간들을 쓴다면 하나님께서 얼마나 더 많은 것을 주실까 기대가 된다.

## 참된 지혜

솔로몬은 역사상 전무후무한 지혜를 가지게 됐다. 하지만 그는 다른 분께 그것을 받은 것이다. 그분의 이름은 예수다. 우리의 중생 체험은 심지어 솔로몬이 가졌던 것보다 더 위대한 지혜에 접근할 수 있게 해 준다. "너희는 그리스도 예수 안에 있고, 예수는 하나님으로부터 나와서 우리에게 지혜가 되셨으니(고전 1:30)."

기쁜 소식은 예수님께서 우리의 지혜시라는 것이다. 그리스도의 내주하시는 임재가 전과 비할 수 없는 지혜에 대한 즉각적 접근권을 준다. 그뿐만 아니라, 영적 은사들을 열심으로 구해야 한다고 권고하는데, 여기에는 지혜가 포함된다. 하나님께서는 구하는 자에게 지혜를 후히 주신다고 약속하셨다.

요점은, 솔로몬이 하나님께 엄청나게 선물을 많이 받았지만, 우리는 그보다도 더 많은 것에 대한 접근을 허락받았다는 것이다. 우리에겐 전혀 핑계의 여지가 없다.

이것들을 염두에 두고 다가올 날들에 대한 소망과 약속의 마음을 지키며, 이 시간 우리 자신을 하나님의 목적에 온전히 드릴 수 있다면, 불가능은 없을 것이다. 우리는 이 특권의 순간에 살아 있는 것이다.

| 5장 |

# 은사의 특성

The
Power
That
Changes
The
World

교회 안에서나 밖에서나 지혜는 자주 다뤄지는 주제가 아니다. CEO나 정부 지도자, 보건 전문가 등이 지혜를 필요로 한다는 이야기를 거의 듣지 못한다. 교회에서 지혜에 대해 이야기하는 것을 조금 들어 봤지만, 그것조차 아주 아득하고 추상적인 개념이다. 그래도 지혜는 하나님께서 우리 모두가 따라 살도록 만들어 주신 가장 필요한 은사 중 하나다. 이상하게도, 지혜는 사람들이 가장 갈망하는 것이지만 그에 대한 언어가 없는 듯하다. 아마도 무엇을 필요로 하는지에 대한 이해가 없어서 그럴 것이다. 하나님께서 주신 이 은혜를 나타내는 것은 사람들 안에 잠복 중인 지혜라고 하는 이 값진 것에 대한 갈망을 깨우는 것이다.

솔로몬 당시, 위대한 지도자들이 그의 발치에 앉아 배우기 위해 자신들이 다스리는 곳을 떠났다. 오늘날 우리로서는 통치자가 자신의 권세와 편안과 안전의 자리를 떠나 다른 왕의 영역에 들어가 학생이 되려면 어떤 대가가 요구되었는지 알기 어렵다. 오직 하나님께서 주신 지혜에 대한 갈망만이 그러한 용기 있는 결단을 가능하게 했을 것이다. 확신하건대 모든 사람에게는 이와 유사한 지혜에 대한 갈망이 어느 정도 존재한다. 믿는 자로서 우리의 할 일은 종으로서 지혜라는 영역에서 탁월함을 나타내, 우리 주변의 세상이 주님의 인애를 누리고 볼 수 있도록 함으로 그들을 회개와 주님과의 관계로 이끄는 것이다.

## 멀리 내다보는 지혜

지혜는 그 본질상 예언적이다. 마치 이런 식이다. 거실에서 벽을 바라보는데, 나무 못에 박혀 있는, 석고 보드에 발라져 있는 부드러운 페인트 색이 보이는 것이다. 내가 볼 수 있는 것은 페인트와 석고 보드뿐이다. 하지만 나는 볼 수 없는 무언가에 의해 달려 있기 때문에 석고 보드가 고정이 됨을 안다. 지혜는 그러한 지각을 갖고 있어, 명백한 것들 너머 어떤 논점, 문제, 설계의 내부 작용을 들여다본다. 지혜의 본성은 지각적이고 문제의 구조, 원인과 결과, 그 성질을 이해한다. 그러니까 쉽게 말해 볼 수 있는 은사인데, 구체적으로는 생각을 볼 수 있는 것이다.

사람들이 무언가를 명확하게 보거나 이해할 때, 해당 환경에 대해 강력하게 이바지하는 존재로 자리하게 된다. 이 때문에, 지혜로운 이들은 어떤 환경에서도 가장 큰 영향력을 가지는 곳에 올라가게 되는 것이다. 탁월한 번역인 패션 성경에서 브라이언 시몬스는 지혜와 그 목적에 대한 통찰력을 밝히 보여 준다. 잠언 번역 서문에서 그는 이렇게 기록한다.

잠언은 히브리어로 **마샬**이라고 하는데, 여기엔 두 가지 의미가 있다. 첫 번째는 알다시피 "비유, 상투적 어구, 은유, 지혜를 표현하는 함축적인 말"이다. 하지만 두 번째 의미는 흔히들 간과한다. 동음이의어인 **마샬**은 또한 "다스리다, 지배권을 취하다, 권능으로 다스리다"라는 의미를 가질 수 있다!

신성한 기름 부으심으로 편찬된 이 잠언 안에는 우리가 생명 안에서 다스리고 데스티니 가운데 성공하도록 해 주는 깊은 지혜의 샘이 있다. 하나님께서 우리가 받게끔 설계하신 지혜는 우리가 뛰어날 수 있도록, 이 땅과 영적 영역의 통치자가 될 자들로 일어날 수 있도록 만든다. 하나님의 나라는 우리가 잠언에 나타난 천상의 지혜를 실행할 때 이 땅에 임한다![2]

나와의 개인적인 대화 가운데, 브라이언은 지혜의 목적과 잠언서가 우리로 하여금 생명 안에서 **다스릴 수** 있도록 해 주는 것이라고 생각한다고 했다. 전적으로 동의한다. 이러한 이해는 **그리스도의 생각**이라는 아름다운 융단을 구성하는 많은 느슨한 부분들을 묶는 데에 도움이 되었다. 또한 지혜의 더 실용적인 표현을 이해하는 데에도 도움이 되었다. 다른 무엇이 아닌 지혜를 선택한 이 12세 아이를 결코 이해할 순 없었겠지만, 이제 이 퍼즐 조각이 값을 매길 수 없는 것임을 안다. 그것은 **생명 안에서 다스린다**는 개념인데, 구약의 개념만이 아니다. 로마서 5장 17절에도 등장한다. "더욱 은혜와 의의 선물을 넘치게 받는 자들은 한 분 예수 그리스도를 통하여 생명 안에서 왕 노릇 하리로다."

생명 안에서 왕 노릇 한다는 것은 사람들을 다스림을 의미하지 않

---

2. 브라이언 시몬스, 《패션 성경—잠언: 하늘로부터의 지혜》(도서출판 THE PASSION)

는다. 그리스도인들이 모든 능력을 갖게 되고 온 세상이 우리를 섬긴다는 식의 발상이 전혀 아니다. 오히려 반대다. 다른 이들을 잘, 효과적으로 섬길 수 있는 능력을 갖게 된다. 종의 마음으로 다스리며 왕의 마음으로 섬기되, 모두 우리 주변 사람들의 유익을 위해 그렇게 한다. 하나님 나라의 통치자들은 결코 스스로를 위해 다스리지 않는다. 항상 다른 이들을 위한 것이다.

지혜의 의미에 대한 이 놀라운 해석은 정확히 그 본질을 가리켜 준다. **우리는 생명 안에서 다스려야 한다.** 빚이나 탐욕을 통해 돈이 나를 통치하지 못한다는 것이다. 내가 내 재정을 다스린다. 삶 가운데 겪는 갈등으로 인해 내가 정의되거나 제한되지 않는다는 것이다. 오히려, 하나님 말씀의 지혜에 대한 순종을 통해 다스린다. 내 관계들이 하늘의 실제를 거울처럼 비춰 낼 때까지, 아니면 최소한 하나님의 마음을 올바로 전달할 때까지. 상황이 나를 다스리지 못한다. 내가 상황을 다스려, 하나님 나라의 유익을 위해 사용한다. 지혜는 다스릴 능력을 준다.

## 총애의 옷

지혜에 대한 더 독특한 묘사 중 하나가 바울 사도가 에베소 교회에 보낸 서신에 나온다.

> 이는 이제 교회로 말미암아 하늘에 있는 통치자들과 권세들에게 하나님의 각종 지혜를 알게 하려 하심이니 곧 영원부터 우리 주 그리스도 예수 안에서 예정하신 뜻대로 하신 것이라.
>
> 에베소서 3:10-11

이 구절에서 **각종**은 "다채롭다"는 의미다. 이것은 여러 색으로 된 요셉의 겉옷을 떠올리게 하는데, 그 아버지의 요셉에 대한 총애가 가진 아름다움을 말해 준다. 그것이 바로 지혜다. 지혜는 그 원천의 아름다움을 지니고 있어, 우릴 향한 아버지의 총애를 보여 준다. 이 경우엔 교회가 지혜를 나타낼 때, 보이지 않는 영적 영역이 하나님의 지혜를 배운다는 것이다. 그들은 예수님께서 인류의 구원을 통해 하신 투자가 지혜롭고 결실 있는 선택이었음을 직접 볼 수 있다.

하지만 교회는 지금 이곳에서 지혜를 보여야 할 뿐 아니라, 우리가 나타내는 것들로부터 배우는 모든 영적 세계를 생각할 때, 이것은 우리의 영원한 목적이다. 영원히 지혜 안에 사는 것은 바울이 에베소 교인들에게 전한 이 말씀의 최소한의 논지다.

천사의 입장에서 본 인류의 구원이 어떨까 상상이 되는가? 부서지고 잃어버린 바 된 인류가 영원히 저주를 받았다가, 구속이 된다. 구속될 뿐 아니라, 또한 생명 안에서 다스리게 된다. 그 구속된 이들이 천사들에게 예수님을 떠올리게 할 정도의 다스림인 것이다. 지혜는 생명 가운데 다스리는 구속된 자들에 의해 알려진다.

## 지혜의 세 가지 표현

잠언을 읽어 내려가면서 나는 지혜의 성질을 나타내는, 반복적으로 드러나는 몇 가지 주제에 주목하게 되었다. 그 중 세 가지가 이 책의 주제에 적합할 텐데, 그것들은 창조성, 탁월성, 청렴성이다. 이 세 영역은 우리가 사회 생활 가운데 실용적 측면에서 지혜를 내보여야 하는 상당한 맥락을 지속적으로 제공한다. 세 가지를 더 자세히 들여다보자.

### 창조성

모든 어린이는 예술가다. 하지만 성장 과정에서 무슨 일이 생긴다. 예술은 극소수의 사람들만 탁월할 수 있는 것으로 정의가 바뀐다. 이러한 예술의 재정의는 스스로를 예술적이라고 생각하며 자란 어린이를 얽매게 된다. 자신이 생각하거나 보는 것을 표현하는 데에 늘 위험 부담을 감수하려 했던 아이들이 말이다. 그 결과, 어린이들은 창조적 자유라는 불꽃을 잃어버리게 된다. 대부분의 어린이들은 자신의 부모 혹은 교육 체제가 정의한 창조성의 기준에 부합하지 못한다. 이것이 비극적인 이유는, 우리 삶의 모든 부분에서 창조성, 예술, 아름다움이 필요하기 때문이다. 모든 사람이 그림을 그리거나 노래를 할 수 있는 것은 아니지만, 우리 모두는 삶 속에서, 또 삶을 통해서 하나님의 성품의 이러한 측면을 창조적으로 표현하도록 설계되었다. 이것이 지혜다. 이것이 예수님께서 우리 삶에 주시는 자유다.

잠언 8장에서, 지혜는 의인화되어 나타난다. 이 "지혜"라는 사람은 창조의 날에 하나님과 함께 있었다. 이 장에는 주목해야 할 것이 많다. 지혜는 사람들 안에서 기뻐한다. 창조 과정 중에 협력자로서 있었다. 번영과 풍요가 지혜에 끌린다. 그리고 그 소유주 위에 하나님의 총애를 늘린다. 잠언 8장에서만도 더 많은 통찰력을 얻을 수 있지만, 이 책의 목적을 위해 기억해야 할 기본적인 내용은 지혜가 창조 과정의 동역자라는 것이다.

지혜는 살아 있는 모든 사람이 필요로 하는 강력한 창조력이다. 변호사, 교사, 의사, 주부, 목사 모두 각자의 창조성이 주는 자유 가운데 살아가야 한다. 생명에 대한 접근에 있어 우리 모두가 진심과 진정성을 갖는 것은 필수적이다. 물론 성경적 위임의 맥락 안에서 말이다. 흥미롭게도 우리가 가장 창조적으로 스스로를 표현할 수 있는 자유를 누리는 것은 성경적 위임이라는 틀 안에서다. 하나님께서 자신을 만드셨음을 발견한 사람은 누구라도 다른 사람이 되고 싶어 하지 않는다.

내게는 사업하는 친구가 있는데, 그는 사업을 하는 것이 전혀 영적인 분깃이라고 생각하지 않았다. 그 느낌 때문에 그는 자신이 맡은 임무에 올인하지를 못했다. 하지만 자신을 부르신 분께서 그 임무의 성질과 상관 없이 자신을 얼마나 소중히 여기시는지를 깨달았을 때, 그는 주님께 하듯 사업에 헌신하기 시작했다. 이제 그가 번영하는 속도는 상상을 초월한다. 하지만 그에게 있어 모든 것은 예수님을 위한 것이다. 모든 것이 하나님 나라이다. 즉, 자신의 영향력 아래 있는 모든 이들은 이 사람 가운데 거하는 하나님의 총애를 인해 더 나아졌다.

　최근 죽어 가는 사람들과 평생을 보낸 여인이 쓴 글을 하나 읽었다. 생의 마지막 시간을 보내고 있는 사람들과 함께 해 보면 그들은 마음 가운데 오랜 시간 지니고 있었던 것들을 털어놓고 이야기함을 알 수 있다. 그녀가 언급한 한 가지가 와 닿았는데, 그것은 너무나 많은 사람들이 정말 내면의 자아가 되지 못했다는 사실을 후회한다는 것이었다. 그저 다른 사람들의 기대에 부응하려 애쓰는 삶만 살았다는 것이다. 이것이 극도로 비극적인 이유는, 우리 주변 세상이 우리의 진짜 모습을 갈망하고 있기 때문이다. 그리스도 안에 있는 자유는 우리로 하여금 세상 속에서 최고가 될 뿐 아니라 세상을 **위한** 최고가 될 수 있도록 만들어 준다. 두려움은 너무나 많은 이들이 하나님께서 창조하신 목적을 성취하지 못하게 한다. 하나님께서 그 많은 걸작품들을 만드셨는데, 오직 사람에 대한 두려움 때문에 타협하며 살아가는 모습은 비극적이다.

　창조성은 염려에 영향을 받지 않는 모든 신자들에게 정상적인 것이다. 신앙의 가장 순수한 표현은 종종 우리가 생명에 접근하는 독특한 방식으로 나타날 수 있다. 그것은 완전하신 사랑의 아버지에 대한 인식으로, 생명의 불가능성이 우리의 입술을 통해 예수님 이름 앞에 엎드리는 것을 보고자 뛰는 심장으로 다가가는 것이다. 우리는 이 땅의 문제들에 대한 하늘의 해법에 접근 권한을 가지고 살아간다.

　우리는 창조하기 위해 창조되었다. 우리는 생명의 밭에서 동역하기 위해, 우리가 살아가는 세상의 성질을 정의하는 데에 일조하기 위해 부르심을 받았다. 하나님께서 동물들의 이름을 지으라는 과제를 아담에게 주신 것을 생각해 보라. 이름은 무언가의 성질을 계시한다. 예컨대 **이삭**은 "웃음"이라는 뜻이다. 그는 가장 불가능한 상황 가운데 주어진 약속의 아들이었다. 아담이 동물들에게 이름을 지어 줄 때, 그는 각 피조물들에게 그 이름을 상징하는 본성을 부여하든지 본성을 분별하여 그에 걸맞은 이름을 지어 줬다. 둘 중 어떤 식이든, 그는 자신이 살아야 할 세상을 정의하는 데에 있어 공동 창조자였다. 에덴 동산은 흠이 없었다는 의미에서 완벽했다. 하지만 완성도 측면에서는 그렇지 않았다. 인간의 창조적 터치가 그 안에 표출되기 전까지 말이다.

하나님께서는 창조적으로 해답을 제시할 수 있는 엄청난 능력을 주셨다. 세상의 크나큰 문제들에 대한 해법뿐만 아니라, 사람들의 갈망에 대한 해답까지도 말이다. 우리를 이 땅을 향한 하나님의 목적 안으로 더 멀리, 더 깊이 인도해 줄 수 있는 해답. 우리 하늘 아버지의 마음은 당신의 백성들이 마음속에서 외치는 부르짖음을 만나려는 것이다. 애플 컴퓨터의 공동 창립자 스티브 잡스Steve Jobs는 항상 사람들은 누군가가 보여 줄 때까지 자신이 원하는 것을 알지 못하는 상태라고 확신하며 살았다. 그는 사람들이 그것이 존재한다는 사실을 알기만 하면 원할 상품을 창조하기 위해 꿈꾸고 일했다. 헨리 포드Henry Ford는 이런 말을 한 것으로 알려져 있다. "사람들에게 무엇을 원하냐고 물어본다면, '더 빠른 말'이라고 대답할 것이다." 이 두 명의 발명가가 보여 준 것처럼, 지혜는 창조적인 것이다. 하나님의 선하심과 지혜를 더 깊이 체험할 수 있는 곳으로 인류를 이동시켜 주는 해법과 창조적 표현을 알려 준다.

예수님께서는 아버지께서 당신의 나라의 신비를 우리에게 알려 주시기를 기뻐하신다고 가르치셨다. 신비는 우리가 모르지만 하나님의 자녀라면 적법하게 접근할 수 있는 모든 것이다. 이제 인류가 하나님의 선하심을 표현할 수 있는 방식으로 도움을 줄 생각들과 재치 있는 발명들이 임하도록 기도해야 할 때다. 또한 음악, 공연, 예술, 미디어 및 다른 소통의 수단들을 통해 새롭고 창조적인 표현들을 활용하는 법을 배워, 도시들에 우리를 사랑하시는 하늘 아버지에 대한 인식을 전해 줄 때다. 그리스도인으로서 우리는 삶의 문제들에 대한 유일한 해답이 죽어서 천국에 가는 것이라는 생각을 버려야 한다. 오해하지 말라. 천국은 실재고 상상을 초월할 정도로 좋을 것이다. 하지만 이 땅으로부터의 탈출이 우리가 사는 유일한 이유라는 식의 태도는 예수님의 보혈의 능력과 구속의 목적에 대한 모욕이다.

창조성은 하나님의 나라에서 사치스러운 것이 아니다. 필수적인 것이다. 스가랴서 1장 18절에서 21절은 영적 전쟁의 무기로 묘사된다.

내가 눈을 들어 본즉 네 개의 뿔이 보이기로 이에 내게 말하는 천사에게 묻되 "이들이 무엇이니이까?" 하니 내게 대답하되 "이들은 유다와 이스라엘과 예루살렘을 흩뜨린 뿔이니라." 그 때에 여호와께서 대장장이 네 명을 내게 보이시기로 내가 말하되 "그들이 무엇 하러 왔나

이까?" 하니 대답하여 이르시되 "그 뿔들이 유다를 흩뜨려서 사람들이 능히 머리를 들지 못하게 하니 이 대장장이들이 와서 그것들을 두렵게 하고 이전의 뿔들을 들어 유다 땅을 흩뜨린 여러 나라의 뿔들을 떨어뜨리려 하느니라." 하시더라.

네 뿔은 하나님의 백성을 멸하기 위해 세워진 영적 세력이다. 그에 대한 하나님의 대응이 정말 놀랍다. 대장장이들을 보내신 것이다. 이 대장장이들은 예술가들로, 도시가 누릴 수 있는 세상의 성질을 설계하고 정의하는 데에 일조한 창조적인 사람들이었다. 하나님께서 전쟁에 나아가는 군대에 앞서 성가대를 보내셨기 때문에, 심히 비이성적인 일을 하신 것이 아니다. 하지만 진짜 지혜를 이해하지 못하고 지혜의 근본 시스템이 또 다른 세계에 있는 것을 깨닫지 못하는 이들에게는 비이성적으로 보일 수도 있다.

### 탁월성

나는 지혜의 표현으로서의 탁월성을 아주 귀히 여긴다. 사람들이 스스로 생각하여 눈 앞에 있는 것과 전심으로 씨름하는 모습이 너무나 좋다. 그 결과가 많은 경우 모든 사람의 주의를 사로잡기 때문에 매력적인 것이다. 이렇게 보나 저렇게 보나 모든 사람은 탁월성의 결과를 보고 싶어 한다. 이 가치의 표현은 자동차 수리공, 의사, 주부 등 누구에게서 나와도 상관이 없고, 분명히 하나님께 영광을 돌리고 참된 지혜의 본성을 증거한다.

하나님께로부터 오는 이 **은혜의 선물**을 묘사하는 데에 쓰이는 단어들 중에는 **걸출, 위대, 훌륭, 우위, 양질**이 있다. 이 단어들 각각은 탁월성에 헌신된 마음을 표현한다. 이 은혜는 생산성, 언어, 관계에 영향을 미친다. 사실 우리 삶의 모든 영역에 영향을 미치기 위한 것이다. 이러한 탁월성이라는 하늘의 가치 안에서 성숙한 사람은 그것을 자의로 켜고 끌 수 없다. 존재와 사고 방식의 일부가 되는 것이다.

탁월성이 있는 삶을 사는 것은 하나님께 드리는 헌신이다. 무언가에 있어 세계 최고는 아니라도, 항상 주어진 일에 주님의 영광을 위하여 최선을 다할 수 있다. 우리가 하는 모든 일은 **주님께 하듯** 해야 하며, **온 힘을 다해** 해야 한다. 이는 우리가 맡은 업무 가운데 하나님을 예배할 수 있는 눈부신 기회를 준다. 수고가 봉헌이 될 때, 그것은 마치 엘리야가 드린 제물과 같이 된다. 하나님의 불이 떨어진 제물 말이다. 그리고 **항상 제물에 불이 떨어지기** 때문에 우리의 수고를 하나님께 제사로 드리는 것은 그분이 특별히 강한 능력으로 어떤 환경으로 다가가시는지를 알 수 있다. 열심히 일하는 헌신에 주님께서 거하신다.

선지자는 선포했다. "너희는 보습을 쳐서 칼을 만들지어다. 낫을 쳐서 창을 만들지어다. 약한 자도 이르기를 '나는 강하다' 할지어다 (욜 3:10)." 이 구절은 하나님께서 어떻게 우리의 자연적 수고라는 도구를 사용하셔서 영원한 효과를 갖도록 바꿔 놓으시는지 보여 준다. 영적 전쟁의 무기로 만드심으로써 말이다. 꽤나 추상적인 이 개념은 앞서 인용한 뿔(거짓 권세)과 대장장이(장인)의 예에서 더 많이 나타난다. 이

장인들이 보여준 창조적 표현이 탁월하지 않았다면 사회에 큰 영향을 미치지 못했을 것이다. 탁월함으로 할 때 우리의 창조적 표현은 영적 전쟁에 유익이 된다. 하나님께서는 성결해진 우리의 수고가 어둠의 세력의 목적과 역사를 파하는 데에 초자연적 효과를 갖게 하신다. 아마도 이것이 영의 세계로 하여금 주님의 지혜를 배우도록 교회가 지혜의 본을 보이는 방법일 것이다(엡 3:10 참조).

주님께 드려진 일은 성화된 일이다. 주님의 영광을 위해 구별되어, 주님의 현저한 임재를 그 환경 속으로 끌어당긴다. 우리가 전력을 다해 한 일은 탁월한 일로 분류된다. 그리고 우릴 통해 흐르는 주님의 성품에 대한 표현이 된다.

이 주제에 관련된 성경 구절 중 내가 가장 좋아하는 것은 잠언 22장 29절이다. "네가 자기의 일에 능숙한 사람을 보았느냐? 이러한 사람은 왕 앞에 설 것이요. 천한 자 앞에 서지 아니하리라." 이 말씀은 인생에 대한 두 가지 심오한 교훈을 준다. 첫 번째, 왕들에게는 탁월함을 찾는 욕구와 더불어 자원이 있다는 것이다. 그들은 하나님께서 주신 가치를 여기에 두기에, 이것이 하나님께서 그 환경 속에 영향력을 끼치도록 주신 도구인 것이다.

두 번째 교훈은 탁월성이 승진으로 향하는 길임을 밝혀 주는 것이다. 탁월성은 사람들이 자신의 일반 영역 밖에서 영향력을 가질 수 있는 도구다. 우리 문화 속에서 "왕들"은 보통 사업, 정치, 연예 등 언급된 모든 영역 가운데 영향력의 산꼭대기에 있다. 이 사람들에게 평범한 사람들이 영향력을 미치기는 어려우나, 탁월성이 이를 가능하게 한다.

### 청렴성

창조성에 대한 대단한 은사가 있고 인생으로부터 나오는 것이 탁월한데 성품이 부족하다면, 모든 것을 잃어버리게 된다. 성품은 지혜의 생명을 제자리에 붙여 주는 접착제와 같아, 창조성과 탁월성을 매력적이고 효과적이게 해 준다.

탁월성에 대한 부분은 탁월성이 왕들 앞으로 이끌어 줄 수 있다는 잠언 구절로 끝났다. 그 이야기는 잠언 23장 1절에서 3절에 이어진다. "네가 관원과 함께 앉아 음식을 먹게 되거든 삼가 네 앞에 있는 자가 누구인지를 생각하며 네가 만일 음식을 탐하는 자이거든 네 목에 칼을 둘 것이니라. 그의 맛있는 음식을 탐하지 말라. 그것은 속이는 음식이니라." "네가 관원과 함께 앉아 음식을 먹게 되거든"이라는 부분에 주목하라. 통치자(관원)와 함께 앉는다는 것은 일을 탁월하게 하는 사람의 위치라고 볼 수 있다. 탁월성은 상업적인 의미에서만 통치자에게 전달력이 있어, 그가 만드는 제품을 사고 싶어 하는 것이 아니다. 그보다 훨씬 초월적이다. 통치자가 그 일꾼이 가진 탁월성의 특질에 끌려, 그가 왕과 함께 밥을 먹을 수 있게 되는 것이다.

이것은 너무나 충격적인 장면이며 역사적으로도 드문 일이다. 나는 요셉의 이야기가 이것을 아름답게 보여 준다고 생각한다. 요셉은 보디발의 아내의 유혹을 거부하며, 자신의 청렴을 보였다. 그리고 꿈의 해석이라는 자신의 은사 안에서 탁월했다. 그 결과 그는 통치자의 꿈을 해석하도록 파라오 앞에 서게 되었다. 우리가 상상할 수 있듯, 요셉이 하루아침에 감옥에서 통치의 자리로 승진되기 위해 파라오에게 비범한 은혜를 보였음에 틀림 없다. 요셉은 이집트 전체에서 2인자의 자리에 오른다.

허나 지혜 가운데 살기를 원하는 이들은 잠언 23장에 나오는 이 경고를 완전히 받아들여야 한다. 삶에 있어서 고도의 탁월성을 가진다면, 우리는 친구 및 지인들의 틀 밖에 있는 이들 앞에 서게 될 것이다. 새로운 이 환경은 우리가 전에 노출되어 보지 못했던 수준의 부요와 능력, 총애와 명성으로 가득할 것이다. 지혜로운 자들에게 주어진 경고는 이것이다. "네가 만일 음식을 탐하는 자이거든 네 목에 칼을 둘 것이니라."

다시 말해, 자신의 약점이 어떤 것인지를 아는 것이 지혜라는 뜻이다. 지속적으로 갖고 있는 것보다 더 가지려 하는 경향이 있다면, 스스로에게 제한을 둔 상태로 왕을 알현하라는 것이다. 존경심을 가지고 왕을 바라보고, 그가 소유한 것에 주의를 빼앗기지 말라.

왕 앞에 섰을 때 청렴성이 나의 생각과 야망에 영향을 주지 못한다면, 새롭게 발견한 영향력의 자리를 왕의 소유에 빼앗기고 말 것이다. 영향력을 끼칠 수 있는 기회를 개인적 이득과 바꾸고 마는 것이다. 청렴만이 탁월성으로 얻은 자리를 지킬 수 있게 해 준다.

**청렴**의 정의는 그림처럼 생생하다. "깨어지지 않은 온전함, 아무것도 부족하지 않은 전체성, 그리고 도덕적 건전성." 도덕적 건전성이 청렴성의 척도. 이것이 이 주제와 관련하여 일반적으로 사용되는 정의이며, 지혜와 관련이 있다. 하지만 다른 두 정의는 청렴성이 부족할 때 생기는 일에 대해 조명해 준다. 청렴성이 없다면, 삶 가운데 너무나 필요한 것이 빠져, 깨어지고 불완전한 모습으로 계속 무언가를 원하게 된다. 청렴성은 필수적 덕목이며, 증명되고 따라 갈 수 있는 측면이 있어야 한다. 그들의 도덕적 가치관, 돈을 다루는 방식, 언행 및 다른 사람과의 관계를 관찰함으로 삶 가운데 측정될 수 있다. 청렴성은 삶을 완전하고 전체적이고, 전적으로 안정적이게 한다.

청렴성은 창조성과 탁월성 모두의 자리를 인정한다. 그리고 이러한 요소들이 잘 자랄 수 있는 환경을 정의할 수 있도록 돕는다. 안타깝게도 사회는 우리에게 청렴성 없이 창조성과 탁월성만 갖춘 예를 많이 보여 주었다. 이것들은 더 나을 수 있었을 것들의 조악하고 야단스러운 예다. 하지만 창조성, 탁월성, 청렴성이 함께 있어야 하나님의 마음을 잘 보여 준다.

## 사랑을 통해 흐르는 지혜

지혜를 통해 하나님의 마음을 세상에 가장 잘 표현할 수 있는 방법을 생각해 볼 때, 하나님을 사랑하는 방법을 가르쳐 주신 누가복음 10장 27절의 계명을 떠올릴 수밖에 없다. "네 마음을 다하며 목숨을 다하며 힘을 다하며 뜻을 다하여 주 너의 하나님을 사랑하고."

이 계명은 우리의 모든 존재를 활용하여 가장 중요한 것 즉 하나님을 사랑하는 일에 적용할 수 있는 능력에 대해 말씀한다. 우리 존재의 모든 부분, 그러니까 영, 혼, 육은 우리가 그것들을 통해 하나님을 사랑하는 방법을 배우는 도구다. 그리고 지혜는 주님을 향한 우리의 사랑을 통해 세상으로 흘러간다.

우리 주변 세상은 하나님을 향한 우리의 사랑이 그분께서 주신 지혜를 통해 우리가 다른 이들을 섬김으로써 나타나기를 갈망한다. 매일 지혜를 적용함으로 그분을 향한 우리의 사랑이 실질적인 것이 될 때, 사람들은 주님께서 어떤 분이신지, 또 그분의 세상이 어떤 것인지를 조금이라도 맛볼 수 있을 것이다. 하나님의 지혜가 그분을 향한 우리의 사랑을 통해 세상으로 흘러 들어가게 할 때, 우리는 지금 이곳에 "하늘에서와 같이 땅에서도"를 이뤄 낼 수 있을 것이다.

| 6장 |

# 커다란 시험

The
Power
That
Changes
The
World

우리는 인생을 살면서 온갖 시험을 겪는다. 어떤 시험은 우리 마음 속에 무엇이 들어 있고 하나님께서 우리 내면에 어떻게 역사하실 것인지를 보여 준다. 어떤 시험은 많은 경우 우리가 깨닫지 못한 가운데 하나님께서 이미 하신 일을 보여 준다. 바퀴에 바람이 빠진 자전거를 고치는 일에 이것을 비교해 보자. 먼저 자전거 수리점 직원이 부풀린 내부 튜브를 물에 넣어 새는 곳을 찾는다. 튜브를 수리한 뒤에는 바로 자전거에 다시 끼우는 것이 아니다. 다시 바람을 넣은 뒤 물에 넣는다. 이번 시험은 목적이 다르다. 땜질이 제대로 됐는지를 보기 위한 것이다.

우리가 삶 속에서 마주하는 시험들은 이렇게 두 가지 범주에 속한다. 우리 안의 무엇이 바뀌어야 하는지를 보여 주는 시험과 하나님께서 이미 우리 안에 성취하신 바를 증명해 주는 시험. 한 가지 예외는 있다. 우리가 받고 있는지 모르는 시험이다. 나는 농담 반으로 사람들에게 시험을 받는지 알고 있다면 쉬운 시험이라고 이야기한다. 왜냐하면 오픈북 시험이기 때문이다. 시험을 받고 있는지 모르는 시험이 정말 어려운 것이다.

열왕기하 13장 18절을 보면, 엘리사 선지자가 이스라엘 왕에게 화살로 땅을 치라고 말한다. 왕은 화살을 집어 땅을 세 번 친다. 선지자는 화를 내며 땅을 대여섯 번 쳤더라면 적을 멸절할 수 있었으리라고 말한다. 하지만 이제 이스라엘은 세 번의 한시적인 승리를 누리게 된 것이었다.

왕이 선지자가 무엇을 보려는지를 알았더라면 분명 다시 한 번 시험을 치르고 싶다고 말했을 것 같다. 당연히 화살로 땅을 치는 것은 어려운 일이 아니다. 필요하다면 백 번이라도 칠 수 있다. 하지만 선지자는 왕이 땅을 칠 수 있느냐 없느냐를 본 것이 아니었다. 자신에게 주어진 과제에 대한 왕의 열정을 재려고 했던 것이다. 그에 대한 이유를 듣지 않고도 말이다. 선지자는 자세한 설명 없이 왕에게 시험 과제를 주었다. 이 과제 가운데 왕의 마음속에 있는 것이 무엇이든 표면으로 드러날 것을 알았기 때문이다. 열정 없는 지도자는 그를 따르는 모든 이들을 희생시킨다.

## 세상을 보호하시는 하나님

나는 우리 도시의 모든 이들이 거듭나기를 원한다. 진심으로 각 사람이 예수님께서 주시는 소망을 알기를 원한다. 구원은 가장 중요한 기적이다. 또한 가장 긴급한 것이기도 하다. 하지만 우리 도시에 사는 모든 영혼의 회심은 도시가 마주하고 있는 모든 문제를 해결하지 못할 것이다. 우리에겐 여전히 갈등과 이혼, 자녀 양육의 어려움, 사업의 실패, 교육 제도의 문제가 있을 것이다. 믿어지지 않는다면, 우리 도시에 있는 모든 교회들을 보라. 내가 목회하는 곳도 마찬가지다. 이 모든 문제들이 교회에도 있다. 교회 안에도 하나님의 나라가 없는 만큼 이러한 문제들이 있는 것이다.

다시 말하지만, "하나님의 나라"는 왕께서 다스리시는 영역이다. 주님의 지배권(주 되심)이 시행되는 곳에는 항상 그분의 세계가 표출된다. 우리 교회 안에 문제가 있는 이유는 우리가 모두 악한 사람들이기 때문이 아니다. 왕의 길과 그분의 나라를 충분히 배우지 못해, 삶의 모든 영역에서 생각하고 사는 방식에 영향을 미치지 못한 것일 뿐이다.

차에 문제가 있다면 나는 최고의 자동차 수리공을 찾을 것이다. 가장 먼저 해야 하는 질문은 그 사람이 신자냐 아니냐가 아니다. 그의 솜씨의 수준일 것이다. 마찬가지로 건강에 위기가 왔다면, 내가 찾을 수 있는 최고의 의사를 찾을 것이다. 믿는 의사라면 더 좋겠지만, 언제라도 나는 좋은 마음보다는 탁월함을 선택할 것이다.

조금 무례하게 들릴 수도 있겠지만, 어떤 면에서 나는 하나님께서 세상을 교회로부터 지켜 주신다는 생각을 한다. 물론 놀라운 구원의 메시지를 듣지 못하도록 하신다는 의미가 아니다. 우리에겐 구원의 복음으로 세상을 섬기는 데에 필요한 것이 있다. 가장 위대한 기적인 구원은 분명 **위대한 메시지**다. 문제는 우리가 **여생**에 대해 스스로 안다고 생각하는 것만큼 많이 알지 못한다는 것이다. 우리는 정치직에 믿는 사람을 두면 그가 나라의 모든 문제를 해결하리라고 쉽게 생각한다. 그랬으면 좋겠다. 하지만 다시 이야기해야 할 것은, 그러한 사고 방식이 우리에게 어떤 열매를 가져다줬는지 교회들을 보라는 것이다. 열매가 없다. 대부분의 교회에서 우리는 음악 스타일, 카페트 색, 주일 저녁 예배가 필요한지 여부를 두고서도 의견을 모으지 못한다.

나는 세상의 거대한 기업들과 높은 정치직들을 교회의 통제로부터 보호하시는 분이 주님이시라고 믿는다. 그 이유는 하나님의 나라에 대한 우리의 이해가 충분히 자라지 않아, 우리에게 그러한 능력과 영향력의 자리를 맡기실 수 없기 때문이다. 다시 말하자면, 우리가 교회 "사업"을 경영하는 방식으로 기업을 경영했더라면 대부분의 회사가 무너졌을 것이다. 그 말은, 악한 사람들이 교회 내에 연루되어 있다는 것도 아니고 우리가 하는 방식이 안 된다는 것도 아니다. 작은 교회의 환경에서는 통할 어떤 것들이 더 큰 곳에서는 안 통할 것이다. 단지 우리에게 잘되는 모든 것이 반드시 하나님의 나라로부터 말미암은 것은 아니라는 말이다.

도시를 위한 순수한 목적으로—우리의 사역, 교회 출석 혹은 도시 전체의 교회 출석자 수조차도 아닌—도시를 섬기기로 헌신할 때, 더 큰 영향력의 문이 열리는 것을 볼 것이다. 솔직하게 보자. 지역사회들은 사람들이 구원받기를 바라는 우리의 갈망 배후에 우리도 그냥 그런 속내가 있는 종교 집단이라는 느낌을 흔히 갖는다. 그들은 우리의 열심을, 목적과 가치를 실행하기 위해 정치 체제를 점령하려 하는 종교 집단의 열심으로 바라본다. 그리고 그들이 이런 연쇄적 사고를 하는 데에는 이유가 있다. 우리가 변화를 일으키기 위해 정치 체제를 이용하려 하는 때가 많은 것이다.

표면적으로는 괜찮아 보일 수 있지만, 거기엔 항상 부작용이 있다. 한 상황에서는 **정치의 영**을 사용하면서 다른 상황에서 그것으로부터 자유로울 수 없다. 정치의 영은 두려움과 속임수를 사용하여 사람들로 하여금 특정한 사고 방식을 지지하게 한다. 그러한 사고 방식은 하나님 나라적 사고 방식에 배치되는 것임이 분명하다. 하나님 나라에서는 그런 식으로 일이 돌아가지 않는다. 세상 정치 체제 내에서 일하는 이들은 보통 우리의 왕과 다르게 생각하며, 주님의 나라는 그들과 전혀 다르게 작용한다. 우리가 정치적 세력을 사용하여 나라 가운데 중요한 변화를 일으키도록 애쓸 수도 있겠지만, 그리스도를 모르는 이들과 동일하게 조종하는 도구를 사용할 수는 없다. 결과가 수단을 정당화하지 못한다. 그들과 같은 방식으로 일할 때 우리는 의도와 다르게 영적 영역에서 연합하게 되며 그 영역은 사실 우리가 어느 통로에 있든지 별로 신경 쓰지 않는다. 한 사람에 대해 적대적으로 불명예를 안겨 주기만 하면 되는 것이다. 예수님께서는 마가복음 8장에서 헤롯의 누룩에 대해 경고하셨다. 이 경고는 당신의 백성들의 심령 가운데 분열된 충성을 만들어 내는 올무에 대해 눈을 뜨라고 하신 것이다. 이 올무들은 오늘날까지도 작용하고 있다.

 순전히 도시 자체를 위해 섬긴다는 것은 필수적이다. 그리고 나는 이런 식으로 살기로 선택하는 모든 이들이 시험을 받을 것임을 증언할 수 있다. 우리가 섬기겠다고 하는 바로 그 사람들이 우리를 가장 많이 시험하는 이들이다. 다시 말하지만, 그들에겐 이유가 있다. 우리 도시들은 수십 년 동안 숨은 종교적 의도에 대한 두려움을 가지고 살아왔다. 하지만 우리를 통해 보여지는 진실된 사랑은 환영한다. 다른 이들을 위해 나타내는 진짜 지혜 말이다.

 그러한 진실된 사랑이 우리의 환경 가운데 어디에 제시를 하더라도 환영받음을 알게 되었다. 나는 최근 몇 년 동안 도시를 위해 순전한 마음으로 섬길수록—사랑 외에 전혀 다른 속내가 없이, 그리고 우리가 살기로 선택한 방식을 통해 주님을 영화롭게 함을 아는 것 외에 어떠한 개인적 유익도 없이—도시가 우리가 전하는 메시지에 대해 더 열림을 알게 되었다. 심오하면서도 쉽다. 우리 왕의 세계가 돌아가는 방식을 더 많이 알수록, 이 세상의 문화 형성에 대해 갖는 영향력도 커진다. 참된 하나님 나라의 가치와 생활 방식을 동기로 하여 섬기는 데에 헌신할 때, 하나님께서는 그러한 영향력을 행사할 준비가 되지 않은 신자들로부터 도시를 보호하기 위해 지어 두신 보호막을 들어 올리신다.

## 시험의 영역

지금 우리 도시는 내가 평생 본 것 중 가장 어려운 도전과 문제들로 가득하다. 믿는 자들이 빛을 발할 때다. 우리가 평생 종으로 살며 솔로몬의 생애 가운데 본 것과 같은 지혜를 보여 주려 한다면 말이다. 많은 영역에서 시험을 받고 있지만, 이 다음 시기에 하나님께서 우리에게 맡겨 주사 영향력을 행사하게 하실 것이 특별히 3가지가 있다. 이 세 가지 주요한 영역들은 **총애, 권세, 자원**이다. 이 영역에서 우리가 어떻게 행하는지가 앞으로 수십 년간 우리의 영향력을 결정지을 것이다.

**총애**

다윗과 솔로몬 모두 많은 사람들이 상식적으로 알아야 할 총애에 대한 무언가를 배웠다. 다윗은 하나님께서 이스라엘을 사랑하셨기 때문에 자신에게 큰 총애를 보이셨다고 들었다. 이것은 스바의 여왕이 다윗의 아들 솔로몬에 대해서도 똑같이 인정했던—하나님께서 이스라엘을 사랑하시기 때문에 그를 특별히 아끼셨다고(왕상 10:9 참조), 이 왕가에 주어진 너무나 분명한 축복이었다. 여기에는 심오한 암시가 있다. 하나님께서 사람들에게 총애를 주시는 것은 그들의 영향력 아래 있는 이들을 사랑하시기 때문이다. 즉, 누군가에 대한 총애가 그 총애로 인해 다른 사람들이 축복받고 유익을 누리기 전까지는 의도된 목적에 이르지 못한 것이라는 뜻이다.

사람들은 흔히 자기 자랑을 하는 데에 총애를 잘못 사용한다. 삶 속에서 자신의 위치를 높이는 데에 쓰면서 가끔씩 다른 이들에게 넘쳐흐르는 유익을 주는 것이다. 총애를 통해 개인적 유익을 실현할 수 있지만, 그것은 총애의 초점도 그 이유도 아니다. 하나님께서 내게 총애와 같이 개인적인 것을 주신다는 것과 그것이 의도된 목표에 다다르기 위해 내보내야 한다는 사실은 놀랍다.

스바의 여왕이 한 말이 암시하는 바를 생각해 보라. 하나님께서 한 사람에게 총애를 주사, 그로 하여금 극도로 능력 있게 하셨는데 그 이유는 오로지 그 주변 사람들을 향한 주님의 사랑이다. 여기에는 하나님의 나라가 어떻게 역사하는가에 대한 중요한 계시가 담겨 있다. 내게 총애가 주어졌다면, 그것은 내 주변 사람들에게 유익을 미치기 위함이다. 그래야 **총애에 대한 청지기 역할**을 바로 한 것이다. 나 자신의 입신立身과 스스로의 나라와 사역을 키우기 위해 이용하는 총애는 끊어지고 말 것이다. 나로 시작해서 나로 끝나기 때문이다. 모든 것이 흘러 들어오지만 아무것도 나가지 않는 사해死海가 되는 것이다. 그것이 아니라, 내가 총애를 받았을 때는 내 영향력 아래 있는 모든 사람들이 좋아져야 한다. 내가 그들의 삶 속에 있다는 이유만으로 말이다.

그러면 하나님께서는 왜 다른 사람을 위한 것을 내게 주실까? 왜냐하면 내가 주는 것은 하나님의 성품 안에서 나누는 것이기 때문이다. 베푸는 삶이 하나님 나라의 생활 방식이다. 하나님의 나라 안에서 나 개인의 **자존감**은 내가 순전히 다른 사람들을 위하여 무엇을 하는가에 의해 정의된다.

또한 당신의 자녀를 향한 하나님의 갈망이 그들이 무언가를 소유하는 것이라고 말할 수도 있다. 이 때문에 예수님께서 이렇게 가르치신 것이다. "너희가 만일 남의 것에 충성하지 아니하면 누가 너희의 것을 너희에게 주겠느냐?(눅 16:12)" 이것이 청지기의 신분이다. 다른 사람에게 속한 것을 옳게 사용할 때, 우리는 우리 스스로의 것을 가질 자격을 얻는다. 정말 놀랍다. 나는 예수님께 속했고 내 모든 소유가 그분께 속했음에도, 주님께서는 나만의 것으로 내게 상주기를 원하신다. 중요한 것은, 선한 청지기의 자세가 하나님의 것들 가운데서 자라 가는 길이라는 것이다.

총애는 우리가 거의 추구하지도 연구하지도, 이해하지도 않는 하늘의 것 중 하나다. 하나님께서 모든 이를 똑같이 사랑하신다고 말할 수 있지만, 모든 사람이 같은 수준의 총애를 받지는 않는다. 그래서 한 사람은 다섯 달란트, 또 한 사람은 두 달란트, 또 한 사람은 한 달란트를 받은 것이다. 달란트는 일정 금액의 돈이었음을 기억하라. 그러니까 마태복음 25장 14절에서 30절에 나오는 달란트 이야기는 하나님 나라의 성질과 기능에 대한 통찰력을 주는 사업적 예다. 태만이나 오용은 심각한 개인적 손실을 낳는다.

총애는 예수님께서도 필요로 하셨을 정도로 중요한 것이다. "예수는 지혜와 키가 자라가며 하나님과 사람에게 더욱 사랑스러워 가시더라(눅 2:52)." 예수님께 왜 사람의 총애가 필요했을지 이해가 된다. 사람들의 집에 가서 식사하시고, 도시를 찾아가 말씀을 전하시고 그들을 제자로 삼으셨던 것이다. 그런데 어떤 죄도 없이 완벽하게 사신 분께서 하나님의 총애가 필요하셨을까? 확실한 이유는 모르겠지만, 예수님께서 필요로 하셨다면 내게도 필요하다는 것은 분명히 깨닫게 된다!

솔로몬의 이야기 중에서 가장 놀라운 부분은 그가 왕으로서의 자리를 옳게 사용하여 다스리기 시작했다는 것이다. 하나님께서는 그에게 총애를 베푸사, 원하는 것은 무엇이든 주겠다고 하셨다. 솔로몬은 자신의 "한 가지 소원"을 백성들을 위해 사용했다. 그가 생각하기에, 백성들은 하나님의 음성을 들음으로써 의로운 결정을 내리는 왕을 가질 자격이 있었다. 이는 백성들을 안전하게 지키고 그들이 번영할 수 있는 분위기를 만드는 결정이었다. 분명 이런 생각이 하나님께 드린 요청에 있었다. 또한 이것은 그의 왕위 중에도 결과로 나타났다.

일부 신자들은 주어진 총애를 갖고 자신들이 중보해야 할 대상들을 비난하는 실수를 저지른다. 세상의 죄악을 지적하며 그들에게 임할 하나님의 심판을 선언하는 것은 전혀 믿음이 없어도 할 수 있는 일이다. 죄는 접촉하는 모든 것을 파괴시킨다. 심판은 논리적으로 당연한 것이다. 하지만 축복을 받을 가치가 없는 이들, 축복을 얻어 낼 수가 없는 이들을 축복하기 위한 기도의 자리에 서는 것이 총애를 주신 목적이다.

나는 모두에게 총애를 보이기를 좋아하지만, 특별히 아주 무작위로 극도의 총애를 베풀기를 좋아한다. 때때로 나는 전혀 다른 총애를 보일 수 있는 사람을 집어낸다. 내가 그 사람을 잘 알지 못하거나, 삶 가운데 어떤 일이 있는지 전혀 모르더라도 말이다. 그 결과로 일어나는 일들이 엄청나다. 믿는 자들이 다른 사람에게 극도의 총애를 건넬 때, 그 사람은 생명의 자리에 훨씬 더 빠르게, 훨씬 더 효과적으로 다다르게 된다. 그 사람은 이전에 없었으며 평생 올 것이라고 생각하지도 못했던 열린 문을 만나게 되는 것이다. 그리고 이 일은 사람들이 내가 누군가에게 총애를 베푸는 것을 보고 따라 한다고 해서 일어나는 일이 아니다. 종종 나에 대해, 혹은 내가 어떤 사람에 대해 보인 친절에 대해 아무것도 모르는 사람이 내가 선택한 그 사람을 높이려 하는 경우가 있다. 총애는 총애를 끌어모은다.

사람들에게 총애를 보이고, 다른 방식으로는 그들에게 임하지 않았을 인생의 상황들을 끌어다 줄 수 있는 특권이 우리에겐 있다. 총애는 하나님 나라 안에서 성공하는 데에 가장 필요한 구성 요소 중 하나다. 그것을 잘 사용하면 더 크게 나아갈 수 있게 된다.

바울 사도가 우리에게 하는 말씀을 보라. "무릇 더러운 말은 너희 입 밖에도 내지 말고 오직 덕을 세우는 데 소용되는 대로 선한 말을 하여 듣는 자들에게 **은혜를 끼치게** 하라(엡 4:29)." 내 말을 신중하게 고르고 다른 사람들에게 힘을 줄 수 있도록 섬김으로써 나는 **은혜**를 끼친다. 이것은 엄청난 것이다. 말로 다른 사람에게 힘을 주기로 선택함으로, 나는 은혜 지급기가 되는 것이다. 은혜는 **신성한 총애**다. 내가 주님의 총애를 비춰야 겠다고 생각하는 사람에게 하나님께서 당신의 총애가 나타나도록 나를 동역자 삼으시는 것이다. 그렇게 행하신다! 이것이 총애의 올바른 사용법이다. 다른 사람의 삶 가운데 하나님의 총애가 더해지도록 하는 것이다. 다시 한 번 말하지만, 총애는 다른 사람을 위하여 주어진다. 그리고 그렇게 사용될 때, 총애는 총애를 끌어모은다.

결코 자신의 삶 가운데 총애가 있는 것을 미안해하지 말라. 총애는 옳은 사람들을 나에게 이끌어 줄 것이요, 그것이 아니었다면 내 편이 되었을 사람들의 불안을 노출시켜 줄 것이다. 불안은 "잘못된 안정의 노출"이다. 함께 일하고 사역하는 사람들이 하나님께서 나에게 주신 소명에 진정한 힘을 보태려면, 그들의 불안을 올바로 처리하는 것이 중요하다.

한편 다른 사람들의 총애를 본다면, 그것에 불안으로 반응하지 않도록 마음을 지키라. 아무리 그들이 운수대통인 것 같아 보여도 말이다. 그리고 나에게 있는 총애에 대해 나쁘게 반응하는 사람이 있다면, 그저 그 총애를 가지고 종으로서 할 일을 해야 한다. 그렇게 하면 사람들이 영원히 거절하기 어려워진다. "사람의 행위가 여호와를 기쁘시게 하면 그 사람의 원수라도 그와 더불어 화목하게 하시느니라 (잠 16:7)."

예수님 말고도, 엄청난 수준의 총애가 그의 어머니 마리아에게 임했었다. 성경은 마리아가 **큰 은혜를 입었다**고 말씀한다. 우리는 그녀의 삶에서 총애에 대한 아주 중요한 교훈을 얻을 수 있다. 하나님께 커다란 은혜를 입는다고 해서 반드시 사람들의 총애가 크다는 뜻이 아니라는 것이다. 때로는 하나님의 총애가 다른 사람들로 하여금 질투와 비난을 일으킬 수 있다. 심지어 마리아와 약혼한 요셉까지도 하나님께서 자신을 잉태하게 하셨다는 마리아의 말을 믿지 않았다. 천사가 그에게 나타나 설득시켜 준 후에야 하나님께서 마리아에게 주신 총애를 인정했다. 그러나 거듭 말하지만, 총애를 인하여 결코 미안해할 필요는 없다. 잘 사용하고, 설득이 필요한 사람은 하나님께서 설득시키시도록 하라.

### 권세

모든 사람에게는 일정 수준의 권세가 있고 또한 모두가 권세 하에 살아간다. 우리가 사용하는 권세는 하나님께서 우리 위에 두신 이들에게 어떻게 반응하느냐에 따라 주신 것이다. 많은 신자들은 "모든 권세"가 있다고 자랑하지만, 삶 가운데 증명할 수 있는 것은 거의 없다. 우리는 우리에게 주신 것으로 되어 있는 것과 우리가 가진 것의 차이를 알아야 한다. 모든 것이 내게 주어졌고, 내게 주신 것으로 되어 있다(요 16:15 참조). 하지만 내가 하나님의 목적에 복종하여 받을 자격을 얻은 만큼만 사용할 수 있다. 나는 주님의 최고 임무mission에 복종하는 만큼만 사용할 수 있는 "의뢰co-mission"를 받는 것이다.

이것은 자녀들의 막대한 유산을 적은 분량으로 나눠, 그것을 잘 활용할 수 있을 정도로 성숙하였음을 증명하거나 일정 연령에 달하였을 때마다 주도록 하는 것과 같다. 유산은 어느 시점에라도 자녀들의 것이지만, 언제나 자신들이 쓰고 싶은 대로 쓸 수 있는 것은 아니다. 마찬가지로 예수님께서 소유하신 모든 것은 우리에게 주어졌지만, 우리는 사용할 수 있는 성숙을 갖춘 만큼만 소유하고 있다.

우리의 권세를 활용하여 주어진 상황 가운데 하나님의 기준을 지키거나 회복해야 한다. 그 때문에 스스로 목소리를 내지 못하는 이들을 위해 사용하도록 우리를 종종 부르시는 것이다. 하나님의 마음, 그리고 지혜의 마음은 정의에 상당히 기울여져 있다. 그리고 정의는 권세를 잘 사용할 때 나타난다. 솔로몬이 한 가지 소원을 통해 이것을 다시 한 번 아름답게 보여 준다.

이에 하나님이 그에게 이르시되 "네가 이것을 구하도다. 자기를 위하여 장수하기를 구하지 아니하며 부도 구하지 아니하며 자기 원수의 생명을 멸하기도 구하지 아니하고 오직 송사를 듣고 분별하는 지혜를 구하였으니 내가 네 말대로 하여 네게 지혜롭고 총명한 마음을 주노니 네 앞에도 너와 같은 자가 없었거니와 네 뒤에도 너와 같은 자가 일어남이 없으리라."

열왕기상 3:11-12

다른 사람들을 위하여 공의로운 결정을 입증하고 정의를 지지하기 위해 사용할 때 권세도 마찬가지로 엄청나다. 흥미로운 것은, 솔로몬이 해결해야 했던 첫 번째 문제가 두 음녀와 관련된 것이었다는 사실이다. 두 여자에게 다 신생아가 있었는데, 한 아기가 간밤에 죽었다. 그 아기의 어머니는 다른 아기와 자신의 아기를 바꿨다. 솔로몬은 지혜를 써서, 누가 그 살아 있는 아기의 진짜 어머니인지를 찾아냈다. 더 중요한 부분은, 살도록 허용되지 말았어야 할 사람에게 정의를 베풀었다는 것이다. 음녀들은 이스라엘의 율법 아래 돌에 맞아 죽어야 했다. 지혜는 정의 가운데 자비를 나타낸다.

모든 권세는 하나님께로부터 임한다. 권세를 잘 사용하려면, 하나님을 정확히 나타내야 한다. 사람들이 주님을 너무나 다르게 보기 때문에 총체적인 문제들이 생긴다. 노하신 독재자로 주님을 바라보고 그렇게 나타내는 이들이 있다. 항상 "성경적으로" 정당화하면서 말이다. 주님의 마음과 성품에 대한 최소한의 기본적 이해가 있어야, 도시와 나라들을 변혁시키라고 하신 우리의 과제를 성취할 수 있다. 어디서부터 시작할까? 완벽한 신학이신 예수 그리스도로부터 시작해야 한다.

예수님께서는 사람들을 놓아 주는 데에 당신의 권세를 사용하셨다. 여기에는 스스로 난장판으로 살아가는 이들도 있었다. 주님께서는 포로와 죄수들을 구해 주셨다. 포로들은 다른 이들이 행한 일로 묶인 자들이다. 죄수들은 스스로 한 일 때문에 묶인 자들이다. 예수님께서는 두 무리를 모두 자유롭게 하셨다. 자유는 참된 권세의 산물이다.

많은 이들이 다른 이들을 통제하고 조종하기 위해 권세를 사용한다. 그래서 하나님께서 이스라엘 백성이 다른 나라들과 같이 왕을 원하는 것에 대하여 경고하셨던 것이다. 주님께서는 왕들이 자신들의 제국을 쌓아 올릴 목적으로 사람들을 학대하고 통제하고, 위협하는 데에 권세를 사용할 것을 아셨기 때문이다(삼상 8장 참조). 비극적이게도, 이 전술은 때때로 교회에서 개인적인 사역의 "유산"을 세울 목적으로 사용된다.

일부 교회 지도자들은 사람들이 죄를 짓지 못하도록 하는 데에 자신의 권세를 사용한다.(이들은 역사적으로 여러 왕들이 사용했던 것과 동일한 통제와 학대, 위협의 도구들을 사용한다.) 좋은 목적을 위한 것이라고 보기 때문에, 여기에 긍정적인 가치를 매긴다. 하지만 사람들의 선택의 자유를 앗아가는 것은 권세의 오용이지 올바른 사용이 아니다. 그것을 덕으로 여기는 사람들이 있을 때, 그러한 오용을 바로잡긴 어렵다. 권세는 사람들을 섬기는 데에 사용되어야 한다. 토를 달아선 안 된다. 성령의 모든 은혜는 자유를 준다. 내 영향 아래 있는 사람들의 자유는 내가 권세를 올바로 사용한다는 증거가 된다.

권세는 하나님께서 주시는 선물이다. 권세의 주요 기능은 사람들이 악과 파괴로부터 안전하도록 보장하는 것이고, 그 안전한 자리에서 각 사람이 자신의 데스티니를 이룰 수 있는 기회를 주는 것이다. 이것이 통치의 주요 역할이다. 가정이나 교회나 국가나 마찬가지다.

**종의 마음으로 다스리고, 왕의 마음으로 섬기라.** 예수님께서도 이렇게 권세를 사용하셨다. 제자들의 발을 씻기셨을 때나 고통받는 자에게서 귀신을 쫓으실 때나 다른 이를 위해 당신의 권세를 사용하셨다.

**종의 마음으로 다스릴 때**, 내가 가진 위치가 다른 사람을 위한 것임을 이해하게 된다. 그러한 관점에서 나는 내가 사용할 수 있는 기회들을 다른 사람들의 삶을 개선하는 데에 사용하고자 한다. 내가 어떠한 다스림의 위치에 있든지, 다른 사람들이 잘되도록 다스린다. 여기에 초자연적 요소를 더할 때, 우리는 섬기도록 기름 부으심 받은 왕들처럼 포로들에게 자유를 전해 주고 눈먼 자가 볼 수 있도록 해줌을 깨닫는다. 다시 말해, 우리의 권세가 인간적인 한계로 제한되지 않는다는 뜻이다. 이것이 예수님의 본을 받아 권세를 잘 사용하는 것이다. 하늘과 땅의 모든 권세를 가지신 그분을 따라서 말이다.

**왕의 마음으로 섬길 때**, 주변 사람들을 위해 쓸 수 있는 나의 자원이 끝이 없다는 것을 인식하게 된다. 온전한 정체성을 가지고 섬길 때, 우리 안에는 다른 이들을 높이는 역할을 저해할 불안 요소가 없어진다. 하나님의 나라에 사는 왕족으로서 우리는 하나님 안의 영역들에 접근할 수 있다. 스스로 누구인지를 알기 때문이다. 자아도취에 빠지는 이 세상의 왕들과는 다르게, 종 같은 왕들은 지혜와 계시, 이해 가운데 하나님의 창고로 나아간다. 거기엔 다른 이들이 삶 가운데 탁월함을 보일 수 있도록 해주는 데에 필요한 자연 자원들도 있다.

### 자원

예수님께서는 돈과 부에 대해 정신이 번쩍 드는 가르침을 주셨다. 마가복음 10장 23절에서 부자가 하나님의 나라에 들어가기가 어렵다고 말씀하신 것이다. 또한 주님께서는 돈을 사랑함이 모든 악의 뿌리라고 하셨다(딤전 6:10 참조). 정말로 눈이 번쩍 떠진다. 하지만 부자가 하나님 나라에 들어가는 것이 어렵다는 말씀에 덧붙여, 예수님께서는 그것이 믿음의 문제라고 하신다. 그래서 문제는 얼마나 돈이 많아야 너무 많은 것인가다. 세계 정치 지도자들은 그 기준을 세우려 하고 있다. 하지만 하나님의 관점에서 보면 이것은 간단하다. 너무 많은 돈이라는 것은, 우리의 믿음을 대체하는 정도의 돈이다.

지혜는 돈, 총애, 기회, 통찰력, 계시, 지식 등 여기에 다 열거할 수 없는 온갖 종류의 부를 끌어모으기 때문에, 이것이 중요하다. 하나님의 설계에 따라 끌어모으는 것이다. 축복의 목적을 알고 바르게 사용하는 것이 순종하는 삶의 진짜 시험이다. 예수님께서는 제자들에게 당신을 따르기 위해 모든 것을 버리는 자는 **현세에서** 포기한 것의 백 배까지도 받을 것이라고 말씀하셨다(막 10:29-30 참조).

너무나 흥미롭다. 예수님께서는 마치 이렇게 말씀하시는 것과 같다. "조심해라. 돈이 너희를 죽일 것이다. 그런데 너희가 나를 따르기 위해 돈을 버리면, 나는 다시 너희를 죽일 돈을 백 배나 돌려 줄 것이다."

약간 과장이라고 할 수 있지만, 그렇게 논조를 벗어난 것은 아니다. 순종은 증대를 가져온다. 그리고 복종과 순종의 마음을 유지해야, 돈에 파괴 당하지 않고 더 많은 돈을 다룰 수 있다. 예수님께서는 "세상을 사랑하지 않을" 사람들을 찾고 계신다. 세상을 그들에게 맡기시려는 것이다. 예수님께서는 당신을 더 닮도록 우리를 훈련시키신다. 하지만 또한 당신의 축복이 우리를 죽이지 않도록 훈련하신다.

영성이 수입이나 소유의 풍성함으로 증명된다는 생각은 기만이지만, 가난이나 부족으로 증명된다고 생각하는 것 역시 그만큼 잘못된 것이다. 교회는 둘 중 하나를 선택하는 극단을 강조하는 시절들을 지나왔다. 오류에 대한 대응은 거의 예외 없이 또 다른 오류를 만들어 낸다. 교회는 가난과 부족이 영적인 것이라고 품는 시절을 지나왔다. 그리고 그에 대한 반응으로 하나님의 총애의 증거라며 부를 추구하는 시절이 왔다.

이스라엘은 이런 면에서 심오한 무언가를 보여 주었다. 이집트에서 약속의 땅으로 나아갈 때에 그들은 40년을 광야에서 보냈다. 그들의 여정이 처음부터 40년이 될 것은 결코 아니었지만, 그들이 마음의 문제를 다루지 못했기에 하나님께서는 결코 새로운 땅을 유업으로 주실 수가 없었다. 광야가 먼저 하나님께 대한 전적인 신뢰의 장소가 되어야 했다.

이집트를 떠났을 때, 이스라엘 백성들은 온갖 금을 함께 가져갔다. 이것을 하나님께서 주신 큰 축복이라 여겨야 했다. 그런데 광야에서 그 부를 어떻게 쓰려 했을까? 그들은 이 엄청난 양의 금을 금송아지로 바꿔 버렸다. 하나님께서 주신 모든 축복은 주님 안에서 우리의 목적에 대한 재정이 되든지, 우리가 숭배하는 대상이 된다.

이스라엘 백성들은 만 40년 동안 하나님의 임재의 구름을 따랐다. 그러다가 마침내 유업의 땅에 들어섰다. 그들은 **따라가는 것**이 필수적임을 배웠다. 그것이 공급과 안전의 열쇠였던 것이다. 만나가 땅에 떨어져 먹을 수 있었다. 바위에서 물이 나와 마실 수가 있었다. 구름은 낮의 더위로부터 시원하게 지켜 주었고, 불 기둥은 밤에 따뜻하게 지켜 주었다. 이 구름을 따르는 한, 옷이 해지지도 않았고 건강도 유지되었다. 이는 신뢰를 배워 가는 아름다운 이야기다. 하지만 광야는 그들을 향한 하나님의 목표가 아니었다. 신뢰가 목표였다. 그들의 데스티니는 번영을 유업으로 받을 약속의 땅이었다. 이미 세워진 도시, 집과 곡식과 완전히 개발된 땅을 각 지파가 나누면 되는 것이었다. 하나님께서는 당신의 백성을 향해 풍성한 것을 계획하고 계셨다.

이스라엘은 신뢰 없이 갔다가 신뢰를 배웠고, 신뢰를 통해 자신들의 데스티니에 이르렀다. 예수님의 제자들도 신뢰 없이 갔다가 신뢰를 배웠다. 하지만 예수님께서는 떠나시기 전에 그들에게 검을 가지고 갈 것을 지시하셨다. 사람들이 사용할 수도 없는 검을 가지는 것보다 소유를 올바르게 사용하는 법을 잘 설명해 주는 것은 없다. 한번은 베드로가 검을 잘 사용하려 했다가, 잘못 하여 예수님의 꾸짖음을 들었다. **백 배나 더**가 그들의 데스티니였지만, 신성한 목적을 위해 그것을 써야 했다.

우리는 청지기로서 돈과 기회라는 자원을 잘 관리하는 법을 배워야만 한다. 우리 스스로가 번영하지 않고 기업계의 지도자들을 제자훈련한다는 것은 불가능하다. 하지만 우리의 번영은 신성한 목적에 붙들려야만 한다. 이는 우리가 돈을 쓰는 방식에 달려 있다. 예수님께서는 비유를 통해 이에 대한 주요 개념들을 가르쳐 주셨다. **달란트와 므나**는 모두 예수님께서 사용하신 화폐다. 마태복음 25장 14절에서 30절과 누가복음 19장 11절에서 27절을 보면, 예수님께서 종들을 모아 과제를 주는 사업가에 대해 말씀하신다. 각각의 경우에서, 종들은 사업가의 돈을 맡아 투자를 잘하여, 사업가가 긴 여정을 마치고 돌아올 때까지 수익을 많이 남겨야 했다. 주인에게 많은 수익을 남긴 종은 칭찬과 상을 받았다. 투자하지 않고 받은 돈을 지키고 있었던 종은 비난을 받았다. 수익을 내지 않고 돈을 되가져 왔기 때문이었다. 이 비유들은 돈보다 훨씬 큰 의미를 갖고 있지만, 영적인 의미를 갖기 전에 자연적인 것이 진리여야 한다. 증대는 괜찮은 것일 뿐만 아니라, 기대되고 요구되는 것이다.

**므나** 이야기는 하나님의 나라를 여러모로 풍성히 계시해 준다. 예수님께서는 제자들이 가진 생각에 대한 대답으로 이 이야기를 들려주셨다. 그들은 하나님의 나라가 즉각적으로 이 땅에 침노하기를 바랐다. 예수님을 왕으로 바라본 것은 옳았지만, 자신들이 상상한 이 나라에서 서로 주님의 좌우편에 앉겠다고 다투고 있었다. 그들에게는 하나님의 나라가 세상의 도시와 나라들을 다스리는 지상 나라였던 것이다. 로마가 마침내 제자리로 돌아가고, 이스라엘이 마땅히 산들 가운데 가장 높이 솟아야 하는 것이었다. (선지자들은 열방을 가리켜 **산들**이라)

는 표현을 자주 썼다.)

그러한 사고에 대하여, 예수님께서 돈 이야기를 하신 것이다. 그 이야기에서 종들은 돈을 투자했다. 투자에 성공한 이들은 도시의 지도자가 되었다. 이것은 성경에서 가장 비범한 승진 중 하나다. 한 종은 100만원을 1,000만원으로 불려, 열 개 도시가 있는 지역을 다스리는 자가 되었다. 하나님 나라의 가치와 목적에 따라 자원을 관리하면 세상 도시들에 대한 하나님의 통치를 보여 준다. 그것이 자원을 잘 관리하는 청지기적 태도의 결과다. 청지기의 책임인 것이다. 나는 개인적으로 베푸는 경향이 있는데, 이 이야기는 수익을 위한 투자를 높이 사고 있다.

간단하게 말하자면, 지혜가 우리의 자원에 어떻게 영향을 미치는지를 이야기할 때, 세 가지 기본 주제에 초점을 맞추면 좋겠다. **관대, 소유, 투자**. 세 가지 영역에 대해 하나씩 자세히 살펴보자.

**관대**에는 지역 교회 및 전 세계의 사역을 위한 십일조와 헌금, 그리고 가난한 자들을 돌보고 다른 사회적 필요에 기여하는 것이 포함된다. 세계에서 가장 부유한 사람들 몇몇이 세계의 가장 큰 필요들에 자선을 베푸는 위대한 움직임을 이끌고 있음은 기쁜 일이지만, 사실은 교회가 이 영역을 선도해야 한다. 우리에게 이 일을 하라고 하나님이 위임하셨기 때문이다. 우리의 문제는 베풀고자 하는 의지가 아니라, 필요에 걸맞은 정도로 베풀지 못한다는 것이다.

다시 말해, 이 문제들은 목적이 있는 번영을 통해서만 다룰 수 있다. 가난의 문제는 돈을 던져 준다고 해결될 수 있는 것이 아니다. 하지만 돈을 주지 않고 해결될 수 있는 것도 아니다. "가난한 자는 밭을 경작함으로 양식이 많아지거니와 불의로 말미암아 가산을 탕진하는 자가 있느니라(잠 13:23)." 자원을 가진 자들은 여러 세대에 걸쳐 가난한 자들이 목적과 데스티니에 다다르지 못하도록 묶어 둔 제도적 가난을 깨뜨릴 수 있게, 부정의 문제를 해결하는 법을 알아야만 한다. 또한 가난한 사람들이 사회에 공헌하는 자가 되도록 하여, 존엄성을 회복하는 것도 필수적인 일이다.

**소유**는 우리가 가진 것에 관련된 말이다. 우리는 옷, 집, 차 등을 산다. 지혜는 우리의 구매에도 명백히 드러나야만 한다. 아마도 이는 지혜가 어떤 모습인지를 스스로에게 상기시켜 주는 기회가 될 것이다. 창조성, 탁월성, 청렴성 말이다. 이 세 가지 기준을 삶 가운데 두면 우리는 분명히 우리를 소유하지 않는 것들을 소유할 수 있게 될 것이다. 소유자가 된다는 것은 합법적일 뿐 아니라 필수적인 것이다. 잘 소유함으로써 우리는 삶의 또 다른 세상에서의 통치에 마음의 닻을 내리고 이 세상의 삶을 성공적으로 사는 법에 대한 본보기를 보일 수 있다.

예수님의 절대적 주 되심은 아무런 딸려 있는 근심 없이 축복을 가질 수 있도록 보장해 준다(잠 10:22 참조). 부를 추구하는 것은 엄청난 근심이 예정된 덫이다. 예수님의 주 되심을 떠난 증대에는 항상 가격표가 달려 있기 때문이다. 많은 이들이 가정, 친구들의 신뢰, 명성, 평판 등 많은 것을 잃는다. 그럴 만한 가치가 없다. 결국엔 우리가 얼마나 가졌는가, 통장에 돈이 얼마 있는가가 중요하지 않기 때문이다. 가족과 친구들, 그리고 주님의 목적을 따르는 삶으로부터 나오는 자족하는 마음이 중요하다.

다른 사람들이 어떻게 생각할까 신경 쓰며 스스로 좋아하는 차를 몰지 않는 사람들이 있다. 얼마나 가난한 생활 방식인가! 다른 이들의 낮은 기대에 맞춰 자신의 삶을 절하시켜 버리다니. 사치가 해답은 아니지만, 사람에 대한 두려움도 답이 아니다. 사람에 대한 두려움은 종종 지혜로 가장을 한다. 그러나 그렇지 않다. 예수님께서는 많은 것을 소유하지 않으셨지만, 옷 한 벌은 갖고 계셨다. 당대 최고의 것으로 말이다. 이것이 탁월함이다.

믿는 자로서 우리는 만족과 풍요의 생활 방식을 나타내 보여야 한다. 어쩌면 이상한 조합이라고 할 수 있겠지만, 둘은 하나님의 백성들을 향한 목적에 깊이 닻을 내리고 있다. 소유를 어떻게 다루느냐를 통해 평화를 찾을 수 없는 세상에 우리는 본보기가 되는 것이다. 세상이 얼마를 사고, 얼마를 주든지 상관없이 말이다. 우리는 두 가지 영역에서 진두지휘할 수 있다. 그것은 탁월함과 목적을 가지고 소유하는 것, 그리고 사람들을 회복하여 그리스도 안에서 정체성을 가지고 세계사의 흐름을 형성하도록 베푸는 것이다.

**투자**는 우리가 가진 것으로 하는 일과 상관된다. 예수님께서 비유로 주신 본보기를 따를 수 있는 곳이 투자다. 방금 나눈 비유에서 증대하는 것은 합법적일 뿐 아니라, 기대해야 하는 것임을 배웠다. 동시에 교회 내의 **도박심리**로부터 벗어나야 한다. 많은 이들이 하늘에서 풍요가 떨어지길 기도하고 소망한다. 그 결과, 사람들은 좋은 목적을 위해 돈을 쓰면 하나님께서 축복해 주실 것이라는 생각으로 '빨리 부자가 되자'라는 생각에 빠진다.

하나님께서는 큰 것을 구하는 우리의 기도에 씨앗의 형태로 응답해 주실 때가 많다. 다시 말해, 우리가 구한 떡갈나무가 아닌 도토리 한 알을 주시는 것이다. 이는 우리로 하여금 씨앗과 함께 자라나게 한다. 적절한 청지기의 태도에는 증대를 잘 관리하는 능력의 청지기로 발전시키는 과정이 수반된다. 복권 당첨은 최초의 대규모 소비 단계를 넘어서 지속되는 경우가 거의 없다. 선한 청지기의 태도는 누구라도 작게 시작해서 크게 마치도록 하는 것으로, 우리가 구한 떡갈나무를 받게 해준다.

단순히 증대를 위해 투자하지 말라. 투자에 가치관이 작용하게 하라. 장기적으로 생각하라. 다시 말해. 수익만을 바라보지 말라. 축복하고 증대시키고 싶은 것을 찾아보라. 투자를 관리하는 사람이 자신과 같은 가치관을 갖고 있지 않다면, 스스로 정당화할 수 없는 것에 투자하게 만들 수도 있음을 명심하라. 포르노처럼 말이다. 조사해 보고, 돈을 투자할 곳의 경계를 세우라.

마지막으로, 좋은 상담만 한 것은 없다. 하나님과 그분의 말씀을 바라보라. 성경에는 구하고 찾는 자를 위한 건강한 조언이 담겨 있다. 또한 이 분야의 전문가들 중 옳은 사람과 연결시켜 주시도록 하나님께 구하라. 가치관에 의해 움직이는 사람들을 찾으려고 하라. 그리고 나는 교회 성도들의 존경을 받고 있지만, 내게 투자에 대한 조언을 구하기를 원치 않는다. 나도 의견은 있지만 전문성이 없다. 이 분야에 대한 내 의견은 별로 가치가 없다. 성공의 기록이 있는 사람들과 연결되는 편이 훨씬 좋을 것 같다.

경건한 조언은 그 값을 따질 수가 없다. 하지만 시간이 지나면서 내가 주목하게 된 한 가지는 신자들이 때로 불경건한 조언을 하고, 비신자들이 오히려 경건한 조언을 한다는 점이다. 받은 조언을 하나님의 말씀 가운데 잘 살펴보라.

## 모든 것을 베푸는 아름다움

성경에서 가장 놀라운 이야기 중 하나는 예수님께 비싼 향유를 부음으로 궁극적 예배를 표현한 여인에 대한 것이다(눅 7:37-38 참조). 어떤 이들은 이것을 엄청난 자원의 허비라고 생각했는데, 그 중에는 예수님의 제자도 있었다(막 14:4, 요 12:4-5 참조). **영혼의 빈곤**은 항상 급진적 관대함을 경멸한다.

예수님께서는 이 여인이 너무나 위대한 투자를 하여, 그 희생의 이야기가 영원토록 회자될 것이라고 하셨다. 그녀는 1년치 수입에 달하는 향유를 드려, 예수님께 붓고 머리카락으로 닦아 드렸다(요 12:3 참조). 여기엔 하나님께서 주신 것에 대해 그녀가 보여주는 중요한 교훈이 있다. 그녀는 자신의 향유를 온전히 예수님께 바쳤지만, 그리고 아무것도 자신을 위해 떼어 두지 않았지만, 예수님과 같은 향기를 가지고 그 집을 걸어 나왔다.

하나님의 영광과 목적을 위해 주신 총애와 권세, 자원을 사용할 때, 우리는 자녀들이 축복받기를 좋아하시는 아버지의 마음에 기쁨을 드리는, 깊은 개인적 방식으로 유익을 얻는다. 우리는 풍성한 축복을 받아, **우리의 것을 소유한 채로** 예수님과 같은 향기를 내기 시작할 것이다. 가진 것을 잘 쓰는 것은 큰 시험이며, 이 과제를 잘 해낼 때 우리는 하나님께서 태초부터 예비하신 영향력 있는 자리에 서게 된다. 구약은 하나님의 백성이 "머리가 되고 꼬리가 되지 않을(신 28:13)" 것이라고 말씀한다.

자신들에게 축복을 주시는 분이 아닌 축복에 초점을 맞추는 경향 때문에 이스라엘은 그 자리를 오랫동안 지키지 못했다. 주님의 본을 따라 우리에게 주신 총애를 다른 이들의 유익을 위해서 씀으로, 이스라엘이 실패한 데서 성공할 수 있는 기회를 갖고 있다.

| 7장 |

# 아름다움의 능력

The
Power
That
Changes
The
World

지혜는 온 맘 다해 아름다움을 끌어안는다. 지혜는 아름다움이 하나님께로부터 오는 것임을 증언한다. 지혜는 창조의 날들에 하나님과 함께 있었다. 창조된 모든 것은 지혜의 영향력으로 창조되어, 탁월의 표현으로서 묘사할 수 없는 아름다움을 낳았다. 사막의 일출과 같은 정제된 색조에서부터 고산의 최고봉, 숲과 호수처럼 담대한 과시에 이르기까지 모두가 하나님의 아름다우심을 이야기한다. 아름다움은 아기의 미소에 있으며, 새들만 할 수 있는 노래 속에도 있다. 해변에 부딪히는, 끝없는 파도 소리에서도 찾을 수 있다. 아름다움은 우리가 눈을 두는 모든 곳에 있다. 생명 자체에 새겨져 있는 주님의 표시다.

얼마나 많은 사람들이 아름다움을 찾는 법을 잃어버렸다는 이유만으로 신경 쇠약을 앓는지 모르겠다. 나는 하나님께서 종종 아름다움을 감추시고, 구하는 자만 찾게 하신다는 것이 너무 좋다. 여기에는 우리 시대 과학자들이 발견한 은하계들부터 미시적 현상들까지 모든 것이 포함된다. 최고의 예술가이신 하나님께서는 모든 곳에 당신의 아름다움의 지문을 남겨 두셨다. 아름다움은 시간을 들여 찾는 자에게 말을 한다.

나는 정동석geodes이라고 불리는 돌을 매우 좋아한다. 이 돌은 보통 외면이 칙칙하다. 이 때문에 나는 정동석을 **부흥의 돌**이라고 부른다. 겉모습은 매력이 없지만, 깨어져 내면이 보이면 비범한 아름다움이 담겨 있는 것이다. 하나님의 위대한 역사 대부분이 그렇다. 첫눈에는 뭔가 공격적으로 보이지만, 그 움직임의 내막을 보면, 매우 아름답고 경이롭다. 하나님께서 만드신 것의 상당수가 그렇다. 모든 것은 다차원적으로 보인다. 심지어 아름다움도 층층이 발견되고 **교훈 위에 또 교훈이 있다**(사 28:10-13 참조).

아름다움은 지혜가 있는 모든 곳에 있다. 아름다움은 창조의 여러 단면을 정의하는 데에 일조했다. 인류가 다년간 창조 세계를 학대한 지금도 땅과 그 안의 모든 것들은 하나님의 경이를 가리키는 영광과 아름다움을 발하고 있다. 설계는 항상 설계자의 성품을 반영하게 마련이다.

지혜는 창조성, 탁월성, 청렴성 안에 있는 아름다움을 묘사한다. 청렴성은 아름다움과 관련이 있는 것으로 거의 간주되지 않는 영역이다. 그러나 성경은 우리가 **아름답고 거룩한 것으로** 주님을 예배해야 한다고 선포한다(대상 16:29, 시 96:9 참조). 성결, 즉 진정한 청렴성이 얼마나 놀라운지가 아름다움이라는 형태로 나타난다. 사실, 나는 모든 예술과 모든 창조적 표현이 하나님의 거룩하신 성품에 그 뿌리를 둔다고 믿는다. 그래서 부도덕, 증오, 탐욕을 확산시키는 데에 창조적 에너지를 사용하는 사람이 그처럼 안쓰러워 보이는 것이다. 이는 거룩하신 하나님의 성품에 뿌리를 둔 참된 창조성에 대한 전적인 위반이다. 하나님과 그분의 성품을 투영하지 않는 모든 창조적 표현은 진정한 아름다움의 왜곡이다. 성결은 아름답다.

## 성령 충만 개론

신자들은 너무나 쉽게 구약을 성경에서 더 이상 필요치 않은 부분이라고 격하시킨다. 실제로는 구약이 오늘날 우리가 믿고 체험하는 모든 것의 근간인데 말이다. 아름다움, 지혜, 성령 충만이라는 개념은 모두 신약에 등장하기도 전에 구약에 묘사되었다. 이것과 관련하여 가장 흥미로운 말씀 중 하나가 모세가 성막을 짓는 장면이다. 성막과 그 짓는 과정은 모두 하나님의 성품에 대한 많은 것들을 알려 준다. 이 이야기의 가장 눈부신 측면 중 하나는 모세가 성막 짓는 일을 누구에게 왜 맡기느냐다.

> 여호와께서 모세에게 말씀하여 이르시되 "내가 유다 지파 훌의 손자요 우리의 아들인 브살렐을 지명하여 부르고 하나님의 영을 그에게 충만하게 하여 지혜와 총명과 지식과 여러 가지 재주로 정교한 일을 연구하여 금과 은과 놋으로 만들게 하며 보석을 깎아 물리며 여러 가지 기술로 나무를 새겨 만들게 하리라."
>
> 출애굽기 31:1-5

이 본문은 여러 가지 이유로 나를 놀라게 한다. 탁월성, 창조성, 청렴성 등 온갖 영역의 지혜를 다 다루고 있는 것이다. **탁월성**은 브살렐의 기술적 은사에 나타난다. 원어로도 브살렐의 기술을 말씀하고 있다. 자신이 받은 은사를 잘 계발하였기 때문에 브살렐은 선택되었다. 그것을 통해 하나님을 영화롭게 한 것이다. **창조성**은 아름다움을 표현하는 데에 다양한 매체를 사용하는 능력을 통해 인정되었다. 다양한 영역에서 예술 작품들을 만들 수 있는 기술적 능력은 하나님께 그를 돋보이게 했다. 그는 집어 드는 악기는 뭐든 연주할 수 있는 음악가에 비견될 수 있을 것이다. 비범한 은사다. **청렴성**도 여기 있다. 브살렐은 **성령**으로 충만했다. 그는 자신이 짓는 것을 더럽히지 않을 정결한 그릇이었기에, 하나님의 임재가 거할 성막을 짓도록 선택받았다.

## 아름다움의 구원

저자 브라이언 잔드Brian Zahnd는 탁월한 책 〈아름다움이 세상을 구원하리라Beauty will save the world〉의 서문에서 교회사의 중요한 이야기를 들려준다. 1,000년 전, 블라디미르Vladmir 태공太公은 백성들을 연합시킬 새로운 종교를 찾고 있었다. 그는 종교가 없었지만, 영성이 사람들로 하여금 연대를 갖게 할 것임을 인식했다. 그는 주변국에 사절단을 보내, 그들의 종교와 그것이 백성들의 삶에 미치는 여파를 살피도록 했다. 기독교를 살피도록 보내진 특사는 비잔틴의 수도 콘스탄티노플로 갔다. 그는 이렇게 반응했다.

그렇게 우리는 콘스탄티노플로 갔고 그들은 자신들의 신을 예배하는 곳으로 인도했다. 우리는 그곳이 하늘인지 땅인지 알 수 없었다. 왜냐하면 지상에는 그러한 환상이나 아름다움이 없기 때문이다. 어찌 묘사해야 할지를 몰랐다. 우리가 아는 것은 하나님께서 사람들 가운데 거하신다는 것뿐이다. 우리는 그 아름다움을 잊을 수가 없다.³

이것이 아름다움의 능력에 대한 간증이다. 이 사절단의 말은 그리스도인이 하나님을 예배하는 것, 하나님을 높이기 위해 그들이 지은 것을 둘러싼 심미적 아름다움에 대한 반응이었다. 이 아름다움이 사절의 마음을 사로잡았다. 이 세대는 영향력이 있는 곳이면 어디든 아름다움을 창조할 자유가 있었기 때문에, 비신자들이 하나님께 끌렸다. 이런 창조적 표현의 은사가 하나님의 성품을 나타낸다. 그 때문에, 그것이 하나님을 계시하고 주님의 마음에 대해 사람들이 인식할 수 있는 결과를 낳는 것이다.

우리는 하나님께서 아름다움에 높은 가치를 두심을 기억해야 한다. 깨어진 자들의 구원을 말씀하실 때, 주님께서는 **재를 아름다움으로 바꾸신다고 약속하신다**(사 61:3 참조). 아름다움은 하나도 빠짐 없이 모든 면에서 구속받은 자들의 데스티니이다. 하나님께서 아름답다고 여기시는 것을 발견하면 우리 가운데 있는 주님의 역사에 대해 깊은 눈이 열려, 주변의 모든 사람들에게 부어 주시는 주님의 은혜에 대한 감사가 커질 것이다. 모든 신자가 관련되어 있는 미화美化의 과정을

---

3 브라이언 잔드, 〈아름다움이 세상을 구원하리라: 기독교의 매력과 신비의 재발견〉(레이크 매리, 플로리다: 카리스마 하우스, 2012), xiii.

기뻐할 수 있다는 것은 대단한 특권이다. 그것은 실제이며, 모든 사람을 아름다움으로 인도하시는 것이 하나님의 계획임을 예언하는 것이다. 그것은 각 사람의 과거, 현재, 소망 가득한 미래와 관련되어 있기 때문이다.

우리는 종종 예수님의 생활 방식이 아름다움을 거부하는 것이라고 착각한다. 단순화시키려는 노력은, 그리고 때로 예수님의 이름에 대해 무신경해지려는 노력은 상당한 값을 치르게 했다. 우리는 아름다움에 대한 기준을 낮춰, 주님에 대해 말로 표현할 수 없는 것들을 시각적으로 표현하는 법을 잃어버렸다.

## 하나님은 좋은 아버지

나는 사람들이 하나님께서 우리가 필요하셔서 아담과 하와를 지으셨다고 말하는 것을 들었다. 그것은 전혀 사실이 아니다. 아버지, 아들, 성령께서는 영원토록 아무런 필요가 없으신, 자족적인 존재셨다. 하나님께는 어떠한 필요도 없었고, 오로지 갈망과 원함이 있을 뿐이었다. 주님께서는 갈망의 능력을 먼저 아셨다. 모든 창조는 그분의 갈망으로 인해 존재하게 됐다. 거기에 우리도 포함된다. 하나님께서는 아름다움에 가치를 두고 갈망하신다.

완벽한 아름다움이 있던 에덴 동산에서조차 하나님께서는 한 가지 추가적인 창조적 표현을 위한 여지를 남겨 두셨다. 하나님께서는 이 최초의 부부에게 생육하고 번성하여, 땅을 정복하라는 책임을 주셨다(창 1:28 참조). 앞서 언급했듯 생육하라는 것은 자녀를 낳으라는 명령이 아니었다. 그것은 번성하라는 명령에 담긴 뜻이었다. 생육하라는 것은 아담과 하와가 생산성을 가져, 동산에 자취를 남김으로 하나님께서 찾고 계셨던 아름다움을 완성하라는 명령이었다. 하나님께서는 동산을 완전하게 하시는 데에 그들의 투입을 필요로 하지 않으셨다. 그것을 원하셨던 것이다. 이것이 주님의 마음, 당신께서 만드신 것에 당신의 자녀들이 온전한 표현을 하는 것 보기를 갈망하시는 아버지의 마음이다.

"네가 자기의 일에 능숙한 사람을 보았느냐? 이러한 사람은 왕 앞에 설 것이요(잠 22:29)." 그렇다. 이 성경 본문은 이 땅의 왕들에 대한 우리의 영향력을 말씀한다. 모든 영역에서 권세와 통치권을 가진 지도자들 말이다. 하지만 하나님께서 궁극의 왕이시다. 그분의 칭호는 만왕의 왕이다. 탁월성이라는 가치는 지상의 왕들에게 전해지기 훨씬 전에 하나님께 속한 것이었다. 아름다움은 탁월함의 표현이다. 다시 말해, 하나님께서는 아름다움에 극도로 높은 가치를 두신다.

하나님께서는 필요가 아닌 갈망으로 인해 창조를 하신다. 감사하게도, 우리의 필요를 돌보고도 남을 능력이 있으시다. 구속이 완벽한 예라고 하겠다. 우리는 죄 없는 누군가가 우리를 대신해 죽는 일이 필요했다. 죄에 대한 벌을 대신 받아 줄 존재 말이다. 이는 우리가 스스로 성취할 수 있는 일이 아니다. 예수님께서는 성육신하사 그 위치에 합당하게 되셨다. 죄 없는 삶을 사시고 우리 대신 죽으셨다. 빚을 갚으셨다. 하지만 그것은 하나님의 가정 속으로 우리를 입양하시는 것을 넘어서는, 하나의 목적을 **위한** 것이었다. 그 입양도 영광스러운 것이지만, 거기서 그치지 않는다. 하나님께는 위대한 갈망, 꿈, 열정과 원함이 있다. 그리고 원하시는 무엇이라도 만드실 수 있지만, 주님의 꿈은 우리의 동역 없이는 이뤄지지 않을 것들과 연결되어 있다. 우리가 이 과정 가운데 주님의 동역자다. 주님께 복종된 우리의 의지의 신성함이 그분의 목적을 아름답게 묘사한다. 주님의 성품은 당신께서 원하시는 바를 당신께서 만드신 세상에 풀어놓는 것이다.

우리는 하나님의 형상대로 창조되었으며, 갈망을 갖는 것도 우리 안에 있는 그분의 성품이다. 주님께서는 창조하시고, 세우시고, 회복하시고 꿈꾸신다. 그 결과, 우리는 갈망할 수 있는 주님의 능력을 갖도록 창조되었다. 이것은 당신을 닮도록 창조된 자들에게 주시는 독특하고 존귀한 은혜다. 우리에게 이 은사가 있는 것은, 주님께서 갈망을 채우시는 아버지이시기 때문이다. 주님께서는 당신을 찾는 자에게 상을 주시는 분이시다(히 11:6 참조).

하나님의 마음을 표현하고자 갈망하는, 능력으로 꿈꾸는 자들과 그들의 꿈을 채워 주기를 갈망하시는 아버지의 만남은 환상의 조합이다. 하지만 이 조합은 뭔가 특별하다. 하나님의 영광에 대한 지식을 강력하게 쏟아 부어, 인류의 의식 가운데 빠져 있는, 가장 위대한 단 하나의 진리를 인류에게 계시해 준다. 그것은 하나님께서 아버지시고, 선하시다는 진리다.

솔로몬의 생애는 모든 면에서 우리를 충족시키고 완전하게 해 주시는 아버지이신 하나님께 이렇게 접근할 때 가능해지는 일들을 여러 차원에서 묘사해 준다. 솔로몬은 자신이 받은 은혜를 주변 사람들을 위해 사용하는 데에 성공했다.

> **솔로몬이 여호와의 성전과 왕궁 건축하기를 마치며** 자기가 **이루기를 원하던 모든 것을** 마친 때에 여호와께서 전에 기브온에서 나타나심 같이 다시 솔로몬에게 나타나사
>
> 왕상 9:1-2

솔로몬이 마음에 가지고 있던 모든 부르짖음이 성취된 후에 하나님께서 다시 나타나셨다. 우리 생애 가운데 무엇이 옳고 가능한지에 대한 마음속의 타오르는 갈망을 높이는 데에 하나님과의 심오한 만남 같은 것은 없다. 단순한 질문을 해 보자. 생의 끝에 이르러 이런 이야기를 들으면 어떨까? **"마음에 임한 모든 것이 성취되었다."**

다시 말하지만, 이기적 자족감은 하나님께서 우리 자신을 창조적으로 표현하도록 부르시는 이러한 초대에 나타난 의도와 반대된다. 하나님께서 주신 이 기회를 가지고 성공할 수 있다면, 우리는 유형적이고 솔깃한 방식으로 사람들을 위해 하나님의 마음을 올바로 묘사하게 될 것이다. 하나님의 백성들의 성취된 갈망을 통해 나타난 바와 같이, 하나님의 성품을 완벽하게 표현하는 것을 상상해 보라. 예수님께서는 요한복음 14장에서 16장은 이에 대해 가르치셨다. 우리는 성취된 하나님의 성품과 뜻을 표현하는 갈망을 가짐으로 하나님과 동

역하게 된다.

하나님께 대한 가장 큰 오해 중 하나가 주님께서는 우리의 필요를 채워주실 뜻이 있지만, 원함은 그렇게 안 하신다는 것이다. 그러한 개념은 놀라운 하나님의 복음을 취하여 자기 중심적인 생활 방식으로 바꾼 자들에 대한 대응에서 온 것이다. 원하는 것을 얻기 위하여 하나님의 이름과 원리를 사용하는 사람들 말이다. 그것이 성경을 잘못 사용하는 비극이긴 하지만, 하나님께서 우리의 필요만을 돌보신다고 하는 개념도 마찬가지다. 주님께서는 우리에게 삼시세끼와 밤에 잠잘 곳을 보장해 주시는 고아원 원장님이 아니시다. 자녀들의 꿈에 관여함으로 자녀들을 기뻐하는 아버지시다. 주님께서는 당신의 성품 때문에 꿈과 갈망들을 성취하신다. 존재 자체가 그런 분이시다.

## 깜짝 놀랄 일

스바의 여왕은 솔로몬의 지혜를 보고 듣기 위해 엄청난 거리를 달려왔다. 나는 이것이 성경에서 가장 놀라우면서도 계시가 있는 이야기 중 하나라고 생각한다. 감동 받기를 바라며 온 여왕은 자신이 그 지혜의 반도 듣지 못했음을 인정하며 떠났다. 또한 그녀는 솔로몬의 집에 있는 종이 다른 어떤 곳에 있는 왕보다도 낫다는 결론을 내렸다. 대단한 소감 아닌가!

여왕은 자신이 갖고 있던 온갖 난제들을 솔로몬에게 가져왔다. 솔로몬이 제시한 답변들의 목록이 있었으면 좋겠다. 당대 지도자들의 머릿속에 있던 것들에서 크게 빗겨나지 않을 것이다. 여왕의 질문들은 창조, 인생의 목적, 하나님의 계획 가운데 모든 것이 어떻게 기능해야 하는가 등과 관련 있었을 것 같다. 또한 여왕의 마음 가운데엔 내가 전혀 생각하지 못한 질문들도 있었을 것이다. 하지만 솔로몬은 모든 질문을 너무나 편안하고 은혜롭게 대답하여, 여왕을 혼란스럽게 했다. 그의 대답에 혼란스러웠다니? 그렇다. 하지만 동시에 그를 감싼 생명의 능력에 경이감을 느꼈을 것이다.

이 여왕에게 두드러지게 나타난 것이 솔로몬의 위대하고 창조적인 천재성, 즉 지혜를 보여 주는 것들임은 흥미롭다. 이 이야기가 얼마나 큰 감동을 주는지 말로 할 수가 없다.

솔로몬이 그가 묻는 말에 다 대답하였으니 왕이 알지 못하여 대답하지 못한 것이 하나도 없었더라. 스바의 여왕이 솔로몬의 모든 지혜와 그 건축한 왕궁과 그 상의 식물과 그의 신하들의 좌석과 그의 시종들이 시립한 것과 그들의 관복과 술 관원들과 여호와의 성전에 올라가는 층계를 보고 크게 감동되어 왕께 말하되 "내가 내 나라에서 당신의 행위와 당신의 지혜에 대하여 들은 소문이 사실이로다. 내가 그 말들을 믿지 아니하였더니 이제 와서 친히 본즉 내게 말한 것은 절반도 못되니 당신의 지혜와 복이 내가 들은 소문보다 더하도다. 복되도다, 당신의 사람들이여. 복되도다, 당신의 이 신하들이여. 항상 당신 앞에 서서 당신의 지혜를 들음이로다. 당신의 하나님 여호와를 송축할지로다.

여호와께서 당신을 기뻐하사 이스라엘 왕위에 올리셨고 여호와께서 영원히 이스라엘을 사랑하시므로 당신을 세워 왕으로 삼아 정의와 공의를 행하게 하셨도다." 하고

열왕기상 10:3-9

이것은 창조성과 아름다움에 대한 중요한 본문이다. 솔로몬의 뛰어난 답변 외에도 스바의 여왕의 이목을 끌었다고 언급된 것들에 주목하라. 여왕은 **그의 집, 상 위의 음식, 신하들의 좌석, 시종들의 시립과 관복, 술 관원들과 여호와의 성전에 올라가는 층계**에서 지혜를 보았다.

이 목록이 성경에 없었다면, 많은 이들이 이런 것들이 여왕에게 하나님의 성품과 아름다우심에 대한 감동을 주는 요소였다고 이야기했을까 모르겠다. 하지만 그것들은 그런 역할을 했다. 우리가 심오하다고 여길 수 있는 것들은 이 목록에 포함되지 않았다. 자연과 생명의 목적, 행성들의 위치와 신비, 인체의 작용에 대한 솔로몬의 설명들은 하나님께서 성경 저작에 감동을 주실 때 중요하다고 여기신 목록에 포함되지 못했다. 오히려 집, 음식, 섬김, 옷, 시식자, 계단들이 하나님의 지혜를 증명하는 데에 사용되었다.

이것이 왜 그렇게 경탄할 만한 일인가? 왜냐하면 이것들은 삶의 일상적인 부분이기 때문이다. 하나님께서 인생의 가장 어려운 문제들에 대한 솔로몬의 심오한 답변을 이 목록에 포함시키셨다면, 우리 대부분은 도시와 나라를 변혁시키는 역할을 할 자격이 없을 것이다.

인생 가운데 우리가 맡은 역할이 충분히 크지 않다고 판단할 것이기 때문이다. 분명히 지혜로만 볼 수 있는 변혁의 또 다른 방법이 있는 것 같다. 그것은 때때로 신날 것 없는 일상에 나타나는 아름다움의 표현을 통한 것이다. 때로 세상이 찾고 있는 지혜는 **계단, 옷, 음식**에 있다. 이것이 세상이 듣고 판단할 수 있는 지혜의 언어다. 여기서 크게 놀라게 된다. 지혜의 손길을 입은 일상은 전도의 도구가 된다.

 내가 손을 대는 모든 것 가운데 탁월성의 삶을 살아가는 목세공인이라고 상상해 보자. 내 명성이 높아져 왕의 대리인이 연락을 취해 왕궁으로부터 하나님의 성전까지 이르는 계단을 건축해 달라는 요청을 해올 정도가 된다. 그때 나는 이 왕에게 설계를 보는 눈이 있음을 깨닫는다. 그가 자신의 마음속에 있는 그림을 이야기해 주는데, 참으로 아름답다. 왕명으로 계단 건축하는 일을 하나님의 선물로 받아들인다. 하는 일 가운데 우수함으로 그분을 드러내겠다는 헌신 때문에 하나님께서 나를 왕궁에서 높이셨기 때문이다. 그리고 이 건축 프로젝트가 끝난 후, 더 기쁜 소식이 들려온다고 생각해 보라. 다른 나라의 여왕이 내가 지은 계단을 보고 백성을 향한 하나님의 사랑을 확신하게 되는 것이다. 계단이 하나님의 사랑을 대언할 수 있다고 누가 생각이나 했겠는가? 이것은 놀라움을 넘어선다.

 왕의 술 관원이라고 생각해 보자. 분명 왕의 목숨이 나의 손에 달렸기 때문에, 직무를 심각하게 받아들일 것이다. 그런데 스바의 여왕이 이스라엘의 하나님을 확신하게 됐다고 상상해 보라. 내가 청렴성, 탁월성, 창조성을 가지고 그 일에 접근했기 때문에 말이다. 내 일이 주님께 드려졌다는 그 사실이 여왕을 엄청나게 감동시킬 정도로, 하나님의 임재를 그 상황 가운데로 끌어왔다.

어렸을 때부터 음식에 매료되었다고 상상해 보라. 맛의 궁합과 예술적인 장식에 대한 애정이 예루살렘 전체에 명성을 날리게 한다. 사람들이 나의 은사에 대해 이야기한다. 그런데 그때 왕이 탁월성에 헌신된 그 독특한 기술에 대해 듣고, 왕궁에서 일하도록 초청한다고 상상해 보자. 내가 준비하고 창조적 장식과 결합시켜, 여왕에게 하나님의 선하심에 대해 확신시켜 주었다면, 이것이야말로 놀랄 일 중의 놀랄 일 아니겠는가?

왕과의 만찬에서 모든 사람이 어디에 어떻게 앉아야 할지를 생각해내는 직무가 어떤 것일지 보통 사람들은 모른다. 이것이 나의 할 일이라고 생각해 보자. 내 안에 있는 탁월성은 다른 사람들이 놓치는 세세한 부분에 대한 시각을 준다. 왕을 위한 것이기 때문에, 나는 귀빈들의 위치, 탁자의 디자인과 배치에 가외의 생각을 들인다. 그런데 후에 좌석과 탁자 배치에 대한 나의 결정이 지혜가 얼마나 아름답고 하나님의 성품을 계시하는 명령으로 충만한지에 대해 여왕에게 알려 줬다면 기분이 어떻겠는가?

이와 같은 이야기들은 지혜 위에 세워진 공동체 안에서 매일 끝도 없이 반복된다. 생명에 대한 하나님의 설계는 놀랍고 승리하였으며, 모두에게 번영을 안겨 준다. 그리고 주님의 설계 안에서는 모두가 성공하고 번창할 수 있는 자리가 있다. 이것이 지혜의 아름다움이다. 마음속에서 느껴지고, **생명 안에서 다스리는** 자들의 삶 가운데 확인되며, 접촉되는 모든 것을 둘러싼 아름다움에 명백히 나타난다. 참된 아름다움은 강력하다. 남방에서 온 여왕의 마음을 사로잡을 정도다. 하나님의 도에 대해 훈련받지 못한 그녀의 마음을 솔로몬을, 지혜를 만나게까지 한다. 이것이 아름다움의 능력이다.

## 숨도 쉴 수 없고 말도 할 수 없는

스바의 여왕은 눈에 보인 것에만 경탄한 것이 아니었다. 성경은 그녀 안에 더 이상 **영**이 없었다고 말씀한다. 여기에서 영으로 번역된 단어는 **호흡**을 의미한다. 그녀는 숨도 쉴 수 없는 상태로 떠났다. 세상이 다시 한 번 할 말을 잃을 때가 왔다. 교회가 침묵하고, 심지어는 무지한 영역에 세상은 목소리를 내고 있다. 하지만 진정한 지혜는 모두의 이목을 사로잡는다. 반대론자들도 예외가 아니다. 내 친구이자 스태프인 대니 실크Danny Silk는 가족상담학 석사 과정을 하고 있었는데, 한 번은 낙태의 권리를 강력하게 지지하는 사회 복지사들로 가득한 곳에서 연설을 해야 했다. 상투적 문구와 통렬한 비판으로 토론을 이기려는 대신, 대니는 그 주제에 대한 하나님의 지혜를 표현하고자 했다. 그는 자신의 주장을 차분하되, 대단한 사고로 전달했다. 연설이 끝났을 때, 청중 전체가 그에게 기립 박수를 보냈다. **생명 안에서 다스린다는** 입장에서, 대니는 하나님의 마음으로부터 그들을 잘 섬겼다.

사회에 가치와 이상을 전하는 데 우리는 종종 스스로 최악의 적이 된다. 사회에 우리의 의견을 강제하는 정치적 영과 짝을 이루는 실수를 할 뿐 아니라, 지지자들로 구성된 통제된 청중 내에서 설교로 통하는 것을 가지고 사람들에게 우리가 옳음을 설득하려 한다. 그러한 접근법은 교회 밖에서는 통하지 않는다. 사실 그 방법이 통하지 않는다고 놀라는 것이 우습기까지 하다. 우리가 실제로 주변의 세상과 얼마나 단절되어 있는지를 말해 주는 것이다. 다른 이들을 잘 섬기면 고칠 수 있는 문제다. 우리 아버지는 다른 사람들의 발을 씻겨 주면 그들이 왜 그런 식으로 걷는지 알게 될 것이라고 말씀하시곤 했다. 사람들을 섬길 때 우리는 그들 삶 속의 "왜"를 만나게 된다.

이제 생각할 시간이다. 이는 우리의 이성으로 하나님을 사랑하는 방법이다. 하나님 나라의 영향력을 필요로 하는 사회의 각 부분이 이해할 수 있는 방법으로 진리를 전달할 길을 모색해야 한다. 개인적으로 나는 다양한 문화 가운데 참된 지혜를 가진 사람들이 해결하지 못할 문제는 많지 않다고 본다. 없을지도 모르겠다. 그리고 지혜가 단지 문제 해결을 위한 것이라고도 보지 않는다. 반대자들이 쌍수를 들고 환영할 수 있도록 소통할 수 있는 지혜를 말하는 것이다. 단순한 종교적 수사 이상의 것을 들었기 때문에 말이다. 진리는 진리이며, 반대의 시험을 견뎌 낼 것이다.

## 우리가 받은 초대

하나님께서는 욥을 토론으로 초대하신 적이 있다. 욥은 지혜롭게도 이를 거절했다. 하나님께서는 사람들에게 진리를 납득시킬 수 있음을 대단히 자신하신다. 함께 할 때 우리에겐 그리스도의 생각이 있고, 어떤 문제에 대해 하나님께서 어떻게 생각하시는지를 알 수가 있다. 진리를 표현하는 이 과제에 대한 하나님의 기름 부으심이 당신의 백성 위에 머물고 있다. 사람들은 지혜로 표현된 진리를 듣기를 고대한다. 특히 다른 이들을 높이는 맥락 가운데에서 전달되기를 말이다. 이것은 보기 드문 조합이다. 사회적 아름다움이 여기 있다.

사람들이 진리를 확신하는 가장 탁월한 방법은 성령에 의한 것이다. 하나님의 백성이 아버지께서 하고 계신 말씀을 할 때, 성령이 임한다. 성령을 표현하는 방법 중 하나는 지혜를 말하는 것이다. 그러면 듣는 사람들의 심령 가운데 역사하도록 그 분위기 속에 성령의 임재가 풀어진다. 이 때문에 지혜가 그토록 필요한 것인데, 지혜는 듣는 귀에 기초하고 있다. 하나님의 음성을 들을 수 있는 능력인 것이다. 그 능력은 주님의 말씀을 선포할 때, 변혁이 일어나게 한다.

우리는 하나님을 알고 그분의 계획과 목적을 이 땅에 나타낼 수 있는 세대가 되어야 한다. 사회를 섬기고 그들에게 해법을 제시하겠다는 마음을 통해 말이다. 하지만 그것을 넘어서, 우리가 속한 지역사회의 생활의 각 부분에 아름다움을 전하는 특권 속으로 들어가도록 부르심 받았다. 이것이 지금 우리에게 주신 초대다. 이것은 더 열등한 언약 아래서도 이뤄졌으니, 이제 살아 계신 하나님의 영이 내주하는 자들에게는 당연히 가능해야 한다.

| 8장 |

# 예수님의 설교

The
Power
That
Changes
The
World

내 친구 목회자가 한 번은 성도들 앞에서 이런 발표를 했다. "오늘 여러분은 생애 최고의 설교를 듣게 될 겁니다."

아침부터 설교자가 자신감이 좀 지나친 것 아닌가 하고 생각했던 사람들이 있었을 것이다. 하지만 그는 놀랍게도 그냥 마태복음 6장, 7장, 8장을 읽었다. 산상 수훈 혹은 산상 설교라고 불리는 부분이다. 예수님께서는 이 메시지를 모여 있는 큰 무리에게 전하셨다. 왜냐하면 병자들을 고치시고 너무나 깊이 사역을 하셔서, 이 사람들이 할 일은 전부 제쳐둔 채 언덕 위에서 예수님 말씀 듣는 데에 하루를 쓰려 했기 때문이었다. 주님의 말씀은 생명이었고, 그들은 생명을 향해 나아온 것이었다.

이 설교는 말로 형용할 수 없을 만큼 풍부하다. 예수님께서는 행복으로 나아가는 하나님의 나라의 방법을 풀어 주셨다. 갈등 해결 방법과 용서의 삶을 청중들에게 보여 주셨다. 오늘날 우리에게까지 영향을 미치는 기도의 본을 가르쳐 주셨다. 그것은 "하늘에서와 같이 이 땅에서도"다. 예수님께서는 산상 설교에서 삶 가운데 무엇이 가장 중요한가라는 계시를 풀어 주셨고, 그 결과 하나님의 나라를 먼저 구하는 것이 청중들에게는 유형적 실재가 되었다. 이것은 이스라엘 민족 전체에 있어 굉장히 의미심장한 것이었다. 그들은 오실 구원자, 왕, 메시아의 약속을 받아들였지만, 그분의 오심을 항상 미래의 사건으로 보았던 것이다. 수백 년간 그들은 이 사건을 위해 기도해 왔고 이제 이분의 말씀을 듣는 데에 시간을 보내고 있었다. 선지자들이 예언했던 그분일지 모른다는 생각에 말이다. 이 사건이 얼마나 잔치 분위기였는지 적절하게 표현하기란 어렵다. 다른 이들과는 전혀 다르게 말씀하시는 이분의 입에서 나오는 한 마디 한 마디에 기적, 하나님의 임재, 기쁨, 생명을 주는 법령으로 사람들의 마음이 충만해졌다.

## 소금의 역할

이 설교의 작은 부분을 떼어 살펴보자. 마태복음 5장 13절에서 14절은 예수님께서는 이렇게 말씀하신다.

너희는 세상의 소금이니 소금이 만일 그 맛을 잃으면 무엇으로 짜게 하리요? 후에는 아무 쓸 데 없어 다만 밖에 버려져 사람에게 밟힐 뿐이니라. 너희는 세상의 빛이라. 산 위에 있는 동네가 숨겨지지 못할 것이요.

예수님께서는 무리들에게 하나님 안에 있는 그들의 목적과 데스티니에 대해 예언하고 계신다. 이는 베드로를 **반석**이라고 부르셨을 때와 유사하다. 베드로의 삶이 그의 이름의 뜻처럼 **상한 갈대**(시몬)와 같았을 때 말이다. 그러니까 예수님께서는 이 무리가 전혀 이해하지 못할지라도, 그들의 잠재력 속으로 그들을 부르고 계신 것이었다. 하나님께서 위대한 무언가로 부르셨다는 사실만으로 그 위대함으로 들어가는 일은 가능해진다.

수십 년간, 나는 교회가 소금이라는 주제에 대해 가르쳐 왔다. 소금은 성경 시대에 고기를 보존하기 위해 사용되었기에, 이 비유를 보고 교회가 사회의 생명 가운데 어떤 효과를 가져야 하는지 이해하는 것은 어려운 일이 아니다. 우리의 영향력을 통해, 공의로운 가치의 표준을 보존하는 것이다. 이것이 진리임을 나도 믿지만, 이것은 암시된 진리 혹은 부차적 메시지다. 성경의 나머지 흐름에 비춰 봐도 틀림없는 개념이지만, 예수님께서 이 무리에게 전하신 주요한 교훈은 아니었던 것이다. 예수님께서는 소금이 **맛**이 있어야 가치가 있는 것이라고 가르치셨다. 예수님의 메시지 가운데 너무나 단순한 부분이지만, 나는 수십 년간 이를 지나쳐 왔다. 제도가 아닌 사람들의 무리로서 교회는 사회의 생명에 맛을 더해야 한다. 우리가 머리로 이해하기 가장 어려운 실제 중 하나는 죄인들이 예수님과 함께 있기를 좋아했는데 우리 대부분의 사람들과 함께 있으면 그다지 편안해하지 않는다는 것이다. 분명 예수님께서 죄가 문제가 아니라고 생각하신 것은 아니다. 주님께서는 결단코 그렇게 생각하셨고, 그 죄의 능력을 단번에 해결하고자 세상에 오셨다. 하지만 예수님께서는 죄의 능력에 오염되는 것을 두려워하지 않으셨다. 세상의 가장 깨어진 이들을 만지시는 데에 당신을 드리신 것은, 당신 안에 있는 생명이 당신께서 마주하실 어떠한 죄의 영향력보다 크다는 것을 아셨다는 뜻이다.

이러한 진리를 더 극단적으로 보여 주는 이야기 중 하나가 마가복음 5장 1절에서 20절로, 셀 수도 없이 많은 귀신들로 고통받고 있는 거라사 사람이 예수님께 달려와 발 앞에 엎드려 경배한 것이다. 놀랍지 않은가! 그 모든 귀신들은 한 사람이 예수님을 경배하는 걸 막을 수 없었다. 그렇다면 교회는 변명의 여지가 없다. 이 이야기가 보여주는 심오한 교훈은 이 사람이 예수님과 함께 있고자 달려갔다는 사실이다. 죄와 고통은 그를 막지 못했고, 오히려 더 주님께 가까이 가도록 했다.

이러한 이야기는 사복음서 전체에 자주 등장한다. 도둑질하던 세리가 예수님께 가까이 가고자 나무에 올라갔다가, 예수님을 집으로 초대할 수 있게 되었다. 이것은 모든 것을 아시는 분을 집으로 모시는, 용기 있는 초대였다. 특별히 이 사람이 속이기로 유명했기 때문에 더 그랬다.

예수님의 생명은 죄인들을 당신께로 이끄는 것이었다. 창녀와 귀신 들린 자, 문둥병자 등 사회에서 버림받은 자들이 주님의 임재 가운데 안전을 누렸다. 그리고 그 안전 속에서 그들은 오늘날까지도 많은 신자들로 하여금 이 무리의 사람들을 피하게 하는 바로 그 문제들로부터 자유를 얻었다.

바로 이 예수님께서 우리 모두에게 생명에 맛을 더해야 한다고 말씀하신 것이다. 소금은 음식에 맛을 더할 뿐 아니라, 기존의 맛을 강화하고 끌어낸다. 음식에 소금을 너무 많이 넣으면 안 되는 것도 사실이지만, 소금을 먹지 않는 사람들에게 심각한 건강상의 문제가 나타나는 것 역시 사실이다.

실질적인 예를 하나만 들면, 도시의 음악가들이 발표하는 창조적 음악 표현은 하나님의 백성들의 영향력을 인하여 더 강화되고 더 독

창적이어야 한다. 우리는 맛을 더해야 한다. 가치 기반의 영향력과 존재 기반의 영향력 모두를 가져야 한다. 신자들의 존재로 인해, 사업체들은 도시를 잘 섬기겠다는 구별된 초점과 접근법을 가져야 한다. 예수님을 따르는 자들이 사회의 정치 시스템 전반에 흩뿌려질 때, 정치인들은 참된 종의 역할을 맡아 소망과 약속을 제공해야 한다. 시민들의 기술과 독특한 은사들이 진작될 수 있도록 말이다.

예수님께서 말씀하신 맛과 관련된 영향력은 우리가 일들이 어떻게 진행되어야 하는지에 대한 통제권을 갖지도, 다른 이들에게 지시하지도 않았기에 전혀 결과를 언급하고 있지 않다. 그러한 도구에 의지할 때 우리는 철저히 실패한다. 성공은 부분적으로 우리가 섬기기 때문에 오는 것이다. 하지만 아주 실질적인 면에서는, 우리가 존재한다는 이유만으로 오는 것이다. 우리가 사회 내 다른 이들의 환경에서 존재를 확실히 할 때, 영향력은 나타나게 된다.

나는 우리가 사회 내의 시민들과 삶을 즐기고 사람들에게 우리가 진짜이며 실질적인 사람들임을 보여 줄 때, 영향력을 갖게 됨을 발견했다. 우리는 우리 안의 성령께서 가지실 영향력에 대해 더 큰 믿음과 확신을 가져야 한다. 그분께서 우리 주변에 영향을 미치실 것이다. 누룩이 빵 덩이 전체에 녹아드는 것과 같이 우리도 도시의 일들에 몰두해야 한다. 그 자리에 있어야 가장 큰 영향력을 갖게 되는 것이다.

그런데 이러한 접근이 효과적이려면, 회심하지 않은 사람들을 가치 있게 여겨야 한다. "아직 믿지 않는 자"라고 해서 가치 있게 여기지 않는다면, 그들과의 관계 가운데 존중은 없을 것이다. 진정 존중할 때 사람들을 각자의 사명에로 부를 수 있는데, 그것은 결국 그리스도 안에서만 발견이 되는 것이다.

이처럼 존중을 표한 가장 좋은 예는 이스라엘이 약속의 땅에 들어갔을 때다. 여호수아는 두 명의 정탐꾼을 여리고로 보냈고, 그들은 라합이라는 기생의 집에 머무르게 되었다. 라합은 그들을 잡으러 온 왕으로부터 숨겨 주었다. 그 친절함에 대한 대가로, 정탐꾼들은 라합에게 이스라엘이 여리고 성에 쳐들어올 때 안전을 보장해 주기로 합의했다. 흥미롭게도 라합은 그들에게 여리고 사람들이 이스라엘의 하나님께서 이스라엘 백성들을 홍해에서 이끌어 오셨다는 이야기를 듣고부터 두려워하고 있다고 이야기한다. 그것은 이보다 40년이나 앞선 일이었다.

라합에게 이러한 보호 행위는 하나님의 가정으로의 놀랄 만한 부르심이었다. 그녀는 또한 아브라함, 모세 등 믿음의 영웅들과 함께 히브리서 11장에서 위대한 믿음의 전당에 올려지는 영예를 누린다(31절 참조). 라합은 믿음을 통해 구원을 얻었는데, 그 믿음은 행함으로 증명된 것이었다(약 2:25 참조). 하지만 내가 정말 놀란 부분은 이스라엘 백성들 가운데 속하게 된 후 그녀가 여리고에 보내진 두 정탐꾼 중 하나라고도 알려진 살몬과 결혼하게 되었다는 것이다. 그렇게 함으로써 그녀는 다윗 왕의 고조 할머니가 되고 메시아의 가계에 속하게 된 것이다.

회심하기 전에 사람들을 존중함으로써 거룩한 데스티니에 이르게 되었다는 메시지 중 최고를 꼽으라면, 단연 라합의 이야기일 것이다.

그리고 예수님의 계보에는 모압 여인 룻과 다윗과 함께 간음을 저지른 밧세바도 포함되었다. 하나님께서만 치욕적 인생을 영예로운 삶으로 바꿔 놓으실 수 있다. 하나님께서만 소망을 필요로 하는 모두에게 소망을 주실 수 있다.

이러한 흐름에서 솔로몬이 지혜라는 남다른 은사를 받은 것에 대해 성경이 어떻게 주해하고 있는지를 보면 흥미롭다. 솔로몬의 부와 지혜의 광대함을 기록하실 때 하나님께서는 이런 정보도 담으셨다.

> 솔로몬의 지혜가 동쪽 모든 사람의 지혜와 애굽의 모든 지혜보다 뛰어난지라. 그는 모든 사람보다 지혜로워서 예스라 사람 에단과 마홀의 아들 헤만과 갈골과 다르다보다 나으므로 그의 이름이 사방 모든 나라에 들렸더라.
>
> 열왕기상 4:30-31

하나님께서는 솔로몬의 지혜가 다른 모든 사람보다 뛰어나다고 선포하시면서 동시에 에단, 헤만, 갈골, 다르다를 언급하신다. 이 사람들에 대해서는 알려진 바가 거의 없지만, 이들을 지혜로 인정받은 사람이라고 존중하신다. 하나님의 책에 이름이 언급된다는 것만으로도 이들에게는 영원한 영예의 증거가 된다. 하나님께서는 성경이 이집트와 동방의 사람들 가운데 존재했던 지혜도 인정함을 확실히 하신다.

하나님께서 다른 이들에게 허락하신 은혜의 혜택을 충분히 누리기 위해, 우리는 하나님께서 인정하신 바를 인정해야만 한다. 그 중 가장 흔치 않은 예가 사도행전 12장인데, 여기서는 헤롯이 감동적인 연설을 했다고 기록한다. 그의 말에 대한 사람들의 반응은 지나치다 싶을 정도였다. 사람들은 그의 목소리가 신의 음성이라고 외쳤다! 헤롯에게는 말로 사람들을 움직일 수 있는 능력이 있었다.

> 헤롯이 날을 택하여 왕복을 입고 단상에 앉아 백성에게 연설하니 백성들이 크게 부르되 "이것은 신의 소리요 사람의 소리가 아니라." 하거늘 **헤롯이 영광을 하나님께로 돌리지 아니하므로** 주의 사자가 곧 치니 벌레에게 먹혀 죽으니라.
>
> 21-23절

눈이 번쩍 뜨이는 이야기다. 하지만 많은 이들이 요지를 놓치고 있다. 말로 사람들을 감동시킬 수 있는 헤롯의 능력은 하나님께서 주신 은사였다. 그는 신이라 불림을 받았기 때문에 죽은 것이 아니었다. 사람들 앞에 **영광스러운** 순간을 주신 분이 하나님이심을 인정하지 않았기 때문에 죽었다. 그는 이 땅에서 무언가를 성취하도록 하나님의 기름 부으심을 받았다. 허나 스스로 그 공로를 차지하여 자신이 그 은사의 원천이었던 양 사람들의 숭배를 받자, 그는 고통스럽게 죽었다.

그러면 질문을 하게 된다. 회심을 하기 전의 사람들에게도 의미 있는 위치가 있는가? 믿지 않는 자가 어떻게 아름다운 노래를 만들 수 있는가? 적그리스도적인 삶을 살아가는 사람이 어떻게 굉장한 운동선수일 수 있는가? 구원도 받지 않은 정치인이 어떻게 감동적인 연설을 하고, 불신 사업가가 경제 제국을 건설할 수 있는가?

젊은 날에 나는 마귀가 영감을 주었기 때문이라고 생각했다. 하지만 그것은 마귀가 할 수 없는 일인 **창조**에 대해 그에게 공로를 돌리는 것이다. 그렇다면 어떻게 이 모든 것, 그리고 더한 것들이 가능할까? 왜냐하면 사람이 하나님의 형상대로 지어졌기 때문이다.

모든 사람이 하나님의 형상대로 지어졌음을 인정할 수 있다는 것은 특권이다. 최소한 두 가지 이유로 인해 모든 사람은 존중받아야 마땅하다. 첫째, 하나님의 형상대로 지어졌다는 것, 둘째, 사회에 이바지할 수 있도록 하나님께서 은사를 주셨다는 것.

그리스도께 자신의 삶을 드린 자들은 다른 차원의 존중을 받는다. 그것은 성령께서 내주하시는 것이다. "선지자의 이름으로 선지자를 영접하는 자는 선지자의 상을 받을 것이요 의인의 이름으로 의인을 영접하는 자는 의인의 상을 받을 것이요(마 10:41)." 누군가를 우리 삶 가운데 **받아들인다**는 것은 그가 가진 은사를 인정하며 성령께서 그를 통해 역사하시는 방식을 인정하는 것이다. 그것은 그 자체로 존중의 행위다.

사람들을 받아들이는 방식—그들의 존재와 그들이 가진 은사를 인정하는 것—도 우리의 삶 가운데 예치될 수 있는 것들을 결정한다. 주변 사람들에게, 믿든 아직 믿지 않든, 우리 삶 가운데 기여할 수 있는 무언가가 있다. 하지만 우리는 그들 안에서 하나님을 보지 못하여 그것을 놓친다. 아직 회심하지 않은 사람들과의 관계에서 대부분의 사람들에게 이것은 특별히 도전이 된다. 우리는 그들이 아직 회심하지 않은 상태라는 것을 넘어서는 시각을 갖지 못하는데, 이 때문에 그들의 삶에 하나님의 은혜가 미칠 것들로부터 유익을 누리지 못한다.

## 담대하라!

나는 담대한 복음 전도를 믿는다. 담대한 선포는 언제나 생명과 사역에 대한 존귀한 접근법이다. 이것은 **공공연한** 사역이라고 하는데, 성질상 대치적이다. 흔히 공격적으로 보이며, 대단한 담대함으로 표현된다. 하지만 **은밀한** 접근에도 위대한 가치가 있다. 예수님께서 하나님 나라를 말씀하실 때 칭하신 누룩과 같이 미묘한 것이다. 누룩이 조용히 빵 덩이 속으로 들어가면, 한 덩이 전체가 그 영향력 아래에 있게 된다. "또 비유로 말씀하시되, '천국은 마치 여자가 가루 서 말 속에 갖다 넣어 전부 부풀게 한 누룩과 같으니라(마 13:33).'" 종종 죄를 누룩에 비교하지만, 이 경우에 누룩은 하나님의 나라이다. 주님의 지배권의 명시적 영역 말이다.

우리 부부는 캘리포니아 주 위버빌Weaverville에 16년을 살았다. 그곳에서 우리는 마운틴 채플Mountain Chapel이라는 놀라운 교회의 목회를 했다. 그 긴 시간 동안 우리가 난방을 하는 유일한 수단은 장작 난로

였다. 나는 집에서 만든 빵을 좋아하는데, 빵 덩이가 보통 부풀어 오르는 식으로 부풀어 오르지 않는 경우가 많았다. 부엌이 너무 추웠기 때문이다. 아내는 빵을 가져다가 장작 난로 앞에 갖다 놓곤 했는데, 그러면 환경의 변화에 따라 누룩이 활성화되고 빵 덩이가 부풀어 오르는 것을 볼 수 있었다. 열은 누룩을 활성화시킨다.

우리 사회에서도 마찬가지다. 누룩이 심겨진 곳은—공의로운 자의 삶(하나님 나라)이든 인본주의의 누룩이든(헤롯), 종교의 누룩이든(바리새인들)—모두 곤란 혹은 기회의 열 안에서 분명해진다. 참된 지혜라는 맥락 가운데 하나님의 나라가 전해질 때, 사람들은 몇 번이라도 그것을 선택할 것이다. 지혜는 모두가 갈구하는 지속적이고 변혁적인 열매를 가져오기 때문이다. 그러므로 목표는 하나님의 백성들이 이 세상 시스템 곳곳에 흩어져, 주님께서 의도하신 영향력을 행사하는 것이다.

## 무미無味

예수님께서는 또한 맛 없는 소금에 대해서도 말씀하셨다. 그러한 소금은 목적을 완전히 상실하여 무가치해진 것이다. 나아가 아무 쓸데 없어 사람들에게 밟힌다고 말씀하셨다. 맛 없는 소금은 가치가 없다. 마태복음 5장 13절에서 **맛을 잃었다**고 번역된 헬라 단어는 실제로 "어리석게 하다"라는 뜻이다. 맛없는 소금이 어리석은 것이라면, 맛있는 소금은 어떨까? 여기에 암시된 진리는 소금의 맛이 지혜라는 것이다. 우리는 주변 세상에 맛을 더하여, 하나님의 지혜 안에 살 정도로 만들어야 하는 것이다. 생명 안에서 통치하고 도시의 기쁨과 유익을 위해 바치는 법을 배우는 만큼 우리가 손 대는 모든 것에 맛을 더하게 될 것이다.

맛없는 소금이 사람들에게 밟히는 그림이 지혜 없는 교회의 모습일 수도 있을까? 여러 시절의 교회 생활 가운데 왜 신자들이 밟히게 되는지를 설명해 줄 수 있을 것이다. 맛이 없는 상태로는 사회가 우리의 가치를 보지 못하기 때문이다.

예수님께서는 **모든 나라의 보배**(학 2:7 참조)이시다. 주님께서는 교회의 머리시며 우리는 그분의 몸이다. 예수님을 세상의 모든 나라가 갈망한다면, 당신의 몸 된 교회도 갈망의 대상이 되어야 함은 당연한 것 아닐까? 주님처럼 모든 상황 가운데 순결과 능력, 사랑, 소망으로 살면, 우리도 필요성이 있어진다. 갈망의 대상이 되는 것이다. 내 목표는 정치적 인기가 아니다. 내 목표는 예수님을 세상에 정확히 나타내는 것이다. 가장 큰 갈망과 필요의 대상이신 그 상태대로 말이다. **갈망**의 대상이라는 것은, 주님께서 죄인들의 친구였으며 그들이 그분과 함께 있기를 갈구했다는 것이다. **필요**의 대상이라는 것은, 주님께서 승리와 자유, 생명을 위해 사람들을 훈련하셨다는 것이다. 그것이 소금기 있는 삶이다. 그것이 생명 안에서 다스리는 지혜다.

## 유용성 혹은 필요성

나는 부모님의 어린 시절 이야기 듣는 걸 좋아했다. 어떻게 사셨고 어떤 독특한 경험들을 하셨는지를 듣는 게 좋았다. 부모님 이야기를 들으면 내 안에 탄력성이 생기는 것 같았고 동시에 나와 형제들에게는 그 재미있는 이야기를 들으며 웃을 수 있는 기회가 되었다. 우리 아버지는 대단한 운동 선수였다. 고등학교에서 미식축구를 하다가 발목에 부상을 입어, 매번 경기에 출전하기 전 통증 완화 주사를 맞으셔야 했다고 한다. 아버지를 계속 뛸 수 있게 하기 위해 필요한 처치에 대해 코치가 조금 좌절했었는지 어느 날 아버지에게 이렇게 말했단다. "너는 유용한데 필요하진 않아!"

우리가 사는 도시 가운데 교회의 역할은 무엇일까? 유용한데 필요치 않은가? 우리의 잠재력은 스스로 보기에 분명하지만, 사람들이 항상 우리를 필요하다고 보지 않는 현실은 인정해야 한다. 필요하게 되려면 어떤 변화가 있어야 하는지 자문해 봐야 한다. 이사야 62장 7절을 생각해 보자. "또 여호와께서 예루살렘을 세워 **세상에서 찬송**을 받게 하시기까지 그로 쉬지 못하시게 하라." 구속된 공동체인 우리가 세상에서 찬송을 받는다는 것이 어떤 모습일까?

성경에서 이것을 가장 잘 보여 주는 이야기 중 하나가 요셉과 가족들이 이집트에 살던 당시의 것이다. 이 이야기는 외부인으로 취급되는 한 사람이 나라에 어찌나 큰 영향력을 가졌는지, 나라가 그를 **필요하다고** 여길 정도가 되었음을 잘 보여준다. 이는 또한 용서와 화해에 대한 성경의 위대한 이야기들 중 하나다. 형제들이 그를 노예로 팔았지만, 그들은 요셉의 은사, 청렴, 비전으로 유익을 누렸다.

짧게 요약하자면, 요셉의 가족 전체가 결국 이집트에 살게 되었고, 요셉 덕에 총애를 받았다. 그 가족들은 파라오가 직접 큰 관심을 갖는 대상이 되었다. 물론 이 관심은 나라 전체로 흘러 내려갔다. 마치 요셉이 이 나라에 가져다준 선물 때문에 이 세계 지도자가 그의 가족에게 영예를 안겨 줄 책임을 지는 것 같다.

요셉의 아버지 야곱은 하나님께서 **이스라엘로** 이름을 바꿔 주셨다. 이스라엘이 죽자 요셉은 큰 상실감에 애통해했다. 요셉의 가족 중 이스라엘은 그의 평생 변함없이 지지를 보내 준 사람이었다. 성경은 그의 상실을 이렇게 묘사한다.

> 요셉이 그의 아버지 얼굴에 구푸려 울며 입맞추고 그 수종 드는 의원에게 명하여 아버지의 몸을 향으로 처리하게 하매 의원이 이스라엘에게 그대로 하되 사십 일이 걸렸으니 향으로 처리하는 데에는 이 날수가 걸림이며 애굽 사람들은 칠십 일 동안 그를 위하여 곡하였더라.
>
> 창세기 50:1-3

이 이야기의 가장 인상적인 부분은 요셉의 상실에 대한 파라오의 반응이다. 요셉과 그의 가족이 아버지를 위하여 애곡했을 뿐 아니라, 이집트 국가 전체가 그랬다. 그리고 이것을 70일 동안 행했다! 70일 동안 애곡하다니 어떻게 한 나라가 외부자의 상실에 그토록 심통한 반응을 보일 수 있는가? 그것은 야곱, 요셉과 그 가족들이 이 나라에 필요한 존재가 되었기 때문이다.

> 곡하는 기한이 지나매 요셉이 바로의 궁에 말하여 이르되 "내가 너희에게 은혜를 입었으면 원하건대 바로의 귀에 아뢰기를 우리 아버지가 나로 맹세하게 하여 이르되 '내가 죽거든 가나안 땅에 내가 파 놓은 묘실에 나를 장사하라' 하였나니 나로 올라가서 아버지를 장사하게 하소서. 내가 다시 오리이다 하라." 하였더니 바로가 이르되 "그가 네게 시킨 맹세대로 올라가서 네 아버지를 장사하라." 요셉이 자기 아버지를 장사하러 올라가니 바로의 모든 신하와 바로 궁의 원로들과 애굽 땅의 모든 원로와 요셉의 온 집과 그의 형제들과 그의 아버지의 집이 그와 함께 올라가고 그들의 어린 아이들과 양 떼와 소 떼만 고센 땅에 남겼으며
>
> 창세기 50:4-8

요셉은 아버지를 이집트(애굽)가 아닌 그의 고향 땅에 장사하기로 약속했다. 파라오(바로)는 그의 약속을 존중했을 뿐 아니라 자신의 종들 전부, 그의 집의 장로들 전부, 이집트 땅의 모든 장로들을 보내어 요셉의 애곡의 여정을 함께 하도록 했다. 파라오는 그가 홀로 있기를 원치 않았다. 세계 지도자가 자신의 참모진과 리더십 팀 전부를 보내 요셉이 아버지와 한 약속을 지킬 수 있도록 돕다니, 얼마나 놀라운 장면인가. 이것은 요셉의 지혜가 비종교인 지도자와 그의 나라 전체

에 어떠한 영향력을 가졌는지를 보여 주는 아름다운 이야기다.

파라오가 요셉에게 둔 가치는 전설적인 것이며, 역사를 통틀어 봐도 극도로 예외적이다. 이제 그러한 일이 다시 일어날 때이며, 우리 생애에도 가능하다고 믿는다. 이것은 자신들에게 커다란 영향력을 끼친 사람이 소천할 때 세상 사람들이 공감할 수 있는 감정이어야 한다. 잘 섬기고 하나님의 지혜를 증거하는 사람이 될 때, 우리는 하나님을 향한 욕구를 만들어 내게 되는 것이다.

## 빛이 되는 것

소금으로서 사회에 영향을 끼치고 생명에 맛을 더하는 것에 더하여, 또 **빛**으로 우리를 부르신다. 빛이 우리 안에 있고 우리로 말미암는다는 결론은 틀린 것이다. 이것은 우리의 회심이 갖는 중요성 가운데 대단히 흥미로운 부분이다. 왜냐하면 예수님께서 세상에 들어온 모두를 밝히시는 빛이심을 알기 때문이다(요 1:9 참조). 허나 주님께서는 당신을 따르는 모든 이들을 **빛**이라 부르신다. 우리는 그냥 그분의 존재를 투영하는 게 아니다. 하나님의 성품과 임재를 이 땅에 복사하는 것이다. 우리가 빛이다. 예수님께서는 앞서 본 마태복음 5장 말씀에서 이 이야기를 하신다. "너희는 세상의 빛이라. 산 위에 있는 동네가 숨겨지지 못할 것이요 (14절)."

나는 이 구절을 수십 년간 설교했는데 그럴 때마다 빛은 어둠 가운데 있는 것을 드러내 준다는 점을 강조했다. 다시 한 번 말하지만, 이제 나는 이것이 암시된 진리이며, 가치에 있어서 부차적인 것임을 안다. 예수님께서 빛이 되라고 말씀하신 것이 우리가 해석하는 것보다 훨씬 더 중요하다. 이 빛의 가치를 설명하기 위해 이렇게 말씀하셨다. "산 위에 있는 동네가 숨겨지지 못할 것이요."

내가 속한 사회에서 가장 많이 잊혀진 진리 가운데 하나는 하나님 나라의 생활 방식으로 사는 사람에게 사람들이 찾아오리라는 것이다. 이 말을 하는 배경은 항상 복음의 "가라"는 부분에 커다란 무게가 실려 왔다는 점이다. 그 결과로 우리는 전 세계에 선교사를 파송하여 후원하는 일에 참여해 왔는데, 이것은 내 생애 가장 큰 기쁨 중 하나다. 때로 우리가 줄 수 있는 더 중요한 선물은 하늘 나라에 가기까지 그 영원한 여파를 측정할 수가 없는 선물이다. 하늘에서 우리는 우리가 쓴 지폐 한 장 한 장의 효과를 추적해 볼 수 있을 것이다. 그러므로 "온 세상으로 가라"는 것은 내게 있어 극도로 중요하다.

하지만 그게 다가 아니다. 우리가 물을 마시기 위해 샘으로 가는 것과 마찬가지로, 열매를 따기 위해 나무로 가는 것과 마찬가지로, 피난처를 삼기 위해 건물 안에 들어가는 것과 마찬가지로 우리는 사람들이 찾아오는 무언가가 되어야 한다. 이것은 교회 예배에 대한 말이 아니다. 물론 사람들이 예배를 찾아오는 것이 아무리 놀라워 보여도 말이다. 내가 정말 하고자 하는 말은 생명 안에서 다스림을 통해 우리가 자신의 필요를 깨닫는 사람들에게 피난처 혹은 그늘을 제공하게 된다는 것이다. 이것이 예수님께서 뜻하신 바가 아닌가? 주님께서는 우리가 산 위에 있는 동네라고 하셨다. 우리는 사람들이 피난처와 만남을 찾아 오고 싶어 하는 공동체가 되어야 한다.

예수님께서 빛에 대해 말씀하신 것을 생각해 보라. 우리는 동네다. 동네는 움직이지 않는다. 이것은 온 세상에 복음을 전해야 하는 우리의 책임과 모순되지 않는다. 이것은 같은 동전의 뒷면으로, 이 복음이 우리 안에 역사하는 반대 측면을 다루는 것이다. 밝게 빛나는 동네는 밖이 어두울 때만 그렇게 밝게 보인다. 여기 암시된 것은, 공동체 밖, 개인적 안전과 피난처 밖의 사람들이 멀리서 알아보고 도움을 받을 수 있을 것이라고 생각한다는 것이다. 사람들이 그 동네로 가서 개인적 필요를 충족시킬 수 있게 되는 것이다.

## 믿음으로의 여정

최근 가장 내 마음을 뒤흔든 말은, **제자들이 믿기 전에 속했다**는 것이다. 복음서를 읽어 나갈 때 우리는 그들이 정말 예수님이 누구신지를 알지 못했음을 반복적으로 볼 수 있다. 그럼에도 불구하고 주님의 말씀과 행동은 그들에게 강력한 영향을 미쳤다.

결국 우리는 베드로의 이러한 고백을 듣게 된다. "주는 그리스도시요 살아 계신 하나님의 아들이시니이다(마 16:16)." 최초의 열두 제자라는 중요한 역할을 감당하기 위해 부르심 받은 이들의 무리니까 이런 발언이 더 일찍 나왔을 것이라고 생각하게 마련이다. 확신컨대 지금 같으면 대부분의 사람들이 이 잠재적 제자들의 무리를 예수님보다 훨씬 심도 있게 심문하여, 예수님께서 영원한 하나님의 아들이라는 이 필수적이고 중요한 믿음에 동의하는지 확인하려 했을 것이다. 그런데 예수님께서는 그들을 받아들이시고 소속되도록 초청하셨다. 그리고 주님과 함께 하는 여정 가운데 그들은 믿음을 갖게 되었다. 그러니까 그들은 믿기 전에 속한 것이다.

오늘날 **우리**와 **그들** 사이의 선을 지우고 회심 전의 사람들을 존중하여 대했다면, 우리 사회가 어땠을까 생각해 본다. 결국 어떤 이들은 이 동네에 살게 될 테니 모든 여행자를 환영하는, 믿는 자의 공동체(산 위의 동네)는 어떤 모습이었을까? 우리와 함께 생명 안에서 다스리는 법을 배우는 사람들이 그 여정의 유일한 결론으로 그리스도를 만나게 되지 않을까 궁금해진다. 그들이 피난처를 찾았던 대상인 우리가, 그 영향력을 그들에게 미친다면 어떻게 될까?

## 선지자가 이것을 보았다!

1979년 5월의 어느 목요일 오후, 나는 마운틴 채플의 본당 뒤편에서 기도하며 걷다가, 하나님께서 약속하신 "더"를 구했다. 내 마음은 주님을 더 가지는 것 외에는 어떤 것으로도 전혀 만족할 수가 없어 아파하고 있었다. 종종 하던 일이었지만, 나는 성경을 읽으며 기도를 하고 있었다. 어떤 이유였는지 모르지만, 그날은 이사야 60장을 읽고 있었다. 읽던 중에 그 장의 말씀들이 살아 역사하기 시작했다. 나는 하나님의 말씀을 읽음으로 그분의 음성을 듣도록 배웠다. 당시는 그것이 이미 내 삶이 된 상태였다. 읽고 기도하는 것이 습관이었는데, 종종 말씀이 살아 역사하는 때가 있었다. 그 목요일 오후도 바로 그런 경우였다. 주님 앞에서 얼마나 시간을 보냈는지 기억은 나지 않지만, 그 오후에 있었던 일이 내 인생을 바꿔 놓았다.

하나님께서는 이사야서의 이 부분을 통해 전례 없는 방식으로 내게 말씀을 시작하셨다. 나는 새로운 차원의 교회의 역할을 보기 시작했다. 이 통찰력이 내 생에 커다란 영향력을 가질 것이라는 것을 금세 직감했다. 하나님 안에서 보낸 이 특별한 순간이 그날 이후 삶의 매일 가운데 영향을 미쳤다고 해도 과언이 아닐 것이다. 주님께서는 구체적으로 이사야 60장 1절에서 19절에 대해 말씀하셨는데, 지금은 세 절만 보기로 하자.

일어나라 빛을 발하라. 이는 네 빛이 이르렀고 여호와의 영광이 네 위에 임하였음이니라. 보라. 어둠이 땅을 덮을 것이며 캄캄함이 만민을 가리려니와 오직 여호와께서 네 위에 임하실 것이며 그의 영광이 네 위에 나타나리니 나라들은 네 빛으로, 왕들은 비치는 네 광명으로 나아오리라.

이사야 60:1-3

우리는 "일어나 빛을 발하라"는 명령을 받았다. 그 이유는 우리의 빛이 이미 임하였기 때문이다. 예수님께서 그 빛이시며, 다른 빛은 이르지 않는다. 이것은 **지금**에 적용되는 명령이다. 교회가 그런 약속 딸린 계명을 취하여 우리에게 책임이 없는 기간 속에 넣어 둔다면, 재앙이 될 것이다. 이것은 **지금** 우리에게 주어진 계명이다. 여러 단계에서 볼 때 아주 중요한 것이다.

예수님께서 산 위의 동네에 대해 가르치신 내용에 대한 예언의 구절이 있다면 바로 이것이다. 선지자는 **일어나**라고 명령할 뿐 아니라, 하나님의 말씀대로 행할 때 우리에게 어떤 일이 일어나는지를 묘사한다. 이것이 산 위의 동네가 아닌가? 이것은 열방을 제자 삼으라고 지시하셨을 때 주신 예수님의 위임과 일치한다. 각 민족 집단으로부터 몇 명의 회심자를 만들어 내라는 명령이 아니었다. 그것은 당연한 것이다. 이 명령은 세계 열방에 영향을 미치고 제자 삼기 위한 것이다. 이것이 언제 가능해졌는가? 빛이 임했을 때다.

빛 되신 예수 그리스도께서 이 땅에 오심으로 가능해진 것은 정말로 믿기 힘들 정도다. 주님께서는 빛을 비추시는 빛이시다. 예수님께서는 아버지의 영광의 광채시다(히 1:3 참조). 그리고 우리는 그리스도의 광채다. 이사야 선지자는 이 그림을 아주 명확하게 보여 준다. 우리가 빛으로부터 발산할 때 그리스도께서 우리 안에 나타나시는 만큼 열방을 끌어당길 것이다. 선지자는 거기서 그치지 않았다. 왕들도 그 빛으로 나아올 것이라고 말한다. 이것은 다시 한 번, 예수님께서 진실로 모든 나라가 갈망하는 대상이시며 우리가 주님께서 의도하신 모든 것이 될 때, 우리 역시 갈망할 만한 존재가 됨을 확증해 준다. 우리는 이 땅의 왕들과 산업, 정치, 기술, 의료 등 모든 영역의 지도자들이 갈구하는 것을 지니고 있다. 그것이 우리에게 있다. 우리 안에 박혀 있는 그것을 주님께서는 만져질 정도로 실질적이기까지 우리 밖으로 흘려 보내기를 원하신다.

유명해지거나 인기가 높아지기를 바라는 것이 아니다. 하나님께서 약속하시고 가능하게 하신, 문화와 사회에 대한 의도된 영향력을 갖게 되기를 바란다. 주님 앞에 갔을 때 열방을 당신께로 이끌 수 있는 능력을 우리 안에 두셨는데 생각을 잘못하여 그날을 놓쳤다는 것을 깨닫게 되고 싶지 않다. 주님께서는 당하신 고통의 상급으로 열국을 받기에 합당하시다.

## 한 번 있었던 일

역사 가운데 이사야 60장의 모델이 우리가 따를 수 있도록 나타났던 때를 알고 있다. 그것은 솔로몬의 통치 시기였다.

> 하나님이 솔로몬에게 지혜와 총명을 심히 많이 주시고 또 넓은 마음을 주시되 바닷가의 모래 같이 하시니… 사람들이 솔로몬의 지혜를 들으러 왔으니 이는 그의 지혜의 소문을 들은 천하 모든 왕들이 보낸 자들이더라.
>
> 열왕기상 4:29, 34

이것이 이사야가 말한 놀라운 약속의 성취에 가장 가깝게 다가간 모습이다. 물론 이사야의 예언이 솔로몬보다 이후에 임하긴 했지만 말이다. 아마도 솔로몬의 돌파는 하나님께서 애초에 의도하신 바의 맛보기에 불과했을 것이다. 엄밀히 따지면, 예언은 당대에 이뤄질 수가 없었다. 왜냐하면 빛 되신 예수님께서 아직 오지 않으셨기 때문이다. 하지만 이제 우리에겐 변명의 여지가 없다. 마지막 때가 이르렀는데 사회와 국가들 가운데 가장 큰 영향력을 미친 경우가 우리가 가진 언약보다 못한 구약 하에서 있었던 것이면 비극적일 것이다. **우리의 빛이 임하셨기** 때문에 더 그렇다!

이 땅의 사람들이 솔로몬의 발치에 앉으려 했다는 것은 너무나 이해가 된다. 하지만 왕들도 그의 영향력 하에 있고자 했다. 솔로몬의 존전에 있는 종이 다른 곳의 왕보다 낫다고 기록되어 있는데, 이는 그것을 직접 보여 주는 구절이다. 왕들은 자기애自己愛로 유명했다. 자신들만의 쾌락, 위안, 안전, 유산을 위하여 국부를 사용하는 일이 흔했다. 다른 왕의 발치에 앉는다는 것은 스스로를 낮추고 한동안 모든 것을 제쳐 두어야 함을 의미했다. 이것은 대부분의 사람들이 이해하기 어려운 희생이다. 하지만 솔로몬의 생애 중에는 매일 일어난 일이다. 결론은 이것이었다. 이 왕들에겐 명예보다 지혜를 향한 갈증이 더 컸던 것이다.

이것은 하나님께서 모든 지도자들의 심령에 넣어 두신 것이 무언가에 대한 아주 놀라운 계시다. 그것은 지혜에 대한 간청이다. 그것은 모든 왕들의 심령 속에 새겨져 있다. 지구상에서 가장 자기 중심적인 사람들도 그렇다는 말이다. 그들은 어쩌면 자신들이 소유하고 알고, 동일시하게 된 모든 것보다 값어치가 큰 보물이 있는 밭을 마주한 적이 없었을 것이다(마 13:44 참조). 어쩌면 그들이 봐야 하는 모든 것은 산 위의 동네일지 모른다. **하나님께서 지으시고 만드신 도시** 말이다(히 11:10 참조). 생명 안에서 다스릴 때 우리는 그 도시의 청사진을 나타내게 된다.

## 시간을 보라!

지금은 최적의 때다. 정부는 소란 속에 있고 도시는 길을 잃은 것처럼 혼란에 빠져 있다. 개인들은 일반적으로 소망이 없다. **생명 안에서 다스리는** 열쇠를 전방으로 끌어당기는 삶을 살기에 이보다 더 좋은 때는 없다. 이 열쇠는 참으로 사람들이 하나님 나라 복음의 충만한 효과 가운데 살도록 도와준다.

"묵시가 없으면 백성이 방자히 행하거니와 율법을 지키는 자는 복이 있느니라(잠 29:18)." 이러한 성질의 계시를 지니고 있을 때 우리는 인류를 창세기 1장 28절의 본래 위임으로 회복시키는 것이다. 곧 은사와 유산, 하나님께서 누구신지에 대한 발견으로 삶 가운데 **생육하고 생산하는 것이다.** 가계 안의 독특한 유산과 유업을 지닌 자녀를 낳음으로 **번성하는 것이다.** 그 자녀는 또 자녀를 낳을 것이다. 이렇게 하는 가운데 영, 혼, 육에 영향을 미쳐 가계 전체의 온전성, 안녕과 유업에 기여할 유산을 남기는 데에 일조할 것이다. 먼저 말할 수 없는 사랑의 아버지의 통치 아래 살아감으로, 그리고 이 땅에서 주님의 목적에 도움이 되지 않는 모든 열등한 것들을 거부함으로 **땅을 정복해야 한다.** 우리 아버지 하나님께서는 모두가 갈구하는 아버지시다. 그분을 실제로 보여 주고 나타내는 것은 우리 삶의 대단한 특권이다.

| 9장 |

# 바벨론을 사랑하라

The
Power
That
Changes
The
World

우리에게 주어진 가장 특이한 과제는 아마도 **바벨론**을 사랑하라는 말씀일 것이다. 바벨론을 사랑하라고 말하는 것 자체가 거의 신성모독처럼 들리기 때문이다. 바벨론은 본질적으로 세상의 모든 악과 적그리스도를 상징한다. 바벨론이라는 이름은 부도덕과 왜곡의 다른 말이다. 그러나 바벨론을 사랑하라는 이 명령에는 성경적 근거가 있다. 단지 우리가 그런 식으로 듣도록 초점을 맞추지 않아 온 것 뿐이다.

이 개념은 내가 주님과 가진 대단히 흥미로운 만남 중에 주어졌다. 이번 장의 주제가 탄생한 예레미야 29장을 읽고 있던 때였는데, 이사야 60장을 통해 주님을 만난 시기에도 그 일이 있었다. 예레미야 29장은 11절이 유명하다. "여호와의 말씀이니라. 너희를 향한 나의 생각을 내가 아나니 평안이요 재앙이 아니니라. 너희에게 미래와 희망을 주는 것이니라.'" 이 구절은 하나님의 마음을 분명히 보여 주기 때문에 읽어도 읽어도 질리지 않는 말씀이다. 정말 주님께서는 모두가 바라는 아버지시다. 하지만 나에게 도전이 된 것은 7절이었다. "너희는 내가 사로잡혀 가게 한 그 성읍의 평안을 구하고 그를 위하여 여호와께 기도하라. 이는 그 성읍이 평안함으로 너희도 평안할 것임이라." 여기에 나온 **평안**이라는 단어는 **안녕**, **건강**, **평화** 혹은 **번영**으로 번역될 수 있다. 이 명령이 분명히 지시하는 것은 우리가 사는 도시에 **번영, 안녕, 평화와 정신 및 감정의 건강**이 없으면 우리에게도 없다는 것이다. 그들이 가진 것만 우리도 가질 수 있다.

정말 정신이 번쩍 들지 않는가? **구하라**는 단어에도 특별한 강조가 있다. **주의 깊게 구하라**는 뜻이다. 무언가를 조사하고 깊이 추구하기 위해 도구를 사용하는 것을 암시한다. 우리는 쓸 수 있는 모든 도구를 사용하여 도시의 건강과 번영을 위해 힘써 기도하고 추구하도록 하나님께 위임받았다. 도시가 돌파구를 얻게 될 때, 우리도 하나님의 위임장을 가지고 열방을 섬기는 데 필요한 돌파구를 얻을 수 있을 것이다.

하나님께서 주신 위임을 성취하려면 엄청난 축복과 증대가 필요하다. 하지만 축복이 우리에게 주어지지 않는 이유가 도시들과 **함께** 하며 축복을 받으려 하는 대신 단지 도시들을 **위해** 축복을 구하기 때문은 아닐까? 우리는 도시들이 축복받기를 바라며 아파하는, 도시를 향한 사랑이 있어야 한다. 주님의 인애가 있어야만 도시들이 회개에 이를 수 있기 때문이다.

이것은 마치 사람들이 축복을 받으면 하나님을 필요로 하지 않을까 봐 두려워하는 것과 같다. 이러한 사고는 바뀌어야 한다. 이는 완전하신 아버지의 사랑에 대한 믿음이 너무나 적음을 보여 주는 것이다. 아버지의 사랑은 당신의 포용과 용서를 필요로 하는 탕자들을 충분히 감당할 수 있는 것이다. 로마서 2장 4절은 여전히 진리다. 주님의 인애가 회개로 인도한다.

목회 초기에 나의 가치관은 도전을 받아 새로 형성되었다. 그리고 예레미야 29장 7절을 통해 하나님께서는 내 안에 도시에 대해 **우리와 그들**이라는 접근법이 있음을 다루셨다. 기본적으로 내 사고방식은 도시 안에 두 종류의 사람들이 있다는 것이었다. 구원받은 자들과 그렇지 않은 자들. 신학적으로는 이것이 괜찮을 수 있지만, 우리 안에 우리가 사랑한다고 하는 도시와 접촉하는 능력을 망치는 태도를 만들어 낼 수 있다. 아무도 다른 사람의 프로젝트가 되길 원하지 않는다. 특별히 그 사람이 자신의 종교적 의무를 다할 수 있는 대상이 되도록 말이다. 우리는 그들을 프로젝트로 만들었다. 사역의 대상 말이다. 사람들에게 가치를 두고, 모든 이들의 종이 된다는 것은 전혀 다른 사고 방식이다.

## 생각하는 법 배우기

내게 있어 성경에서 가장 큰 영감을 주는 이야기 중 하나는 목동이 왕이 된 다윗의 생애다. 그는 평생에 임한 은혜의 너무나 심오한 일별—瞥을 하게 해 준다. 그가 옛 언약 하에 살았음을 생각할 때 더 감동적이다. 예배를 개혁하여 음악을 예배의 표현에 끌어들였고, 하나님의 임재를 다른 어떤 것보다 가치 있게 여기는 세대를 훈련시켰다. 사실, 예배에 대한 그의 본은 오늘날 신약 교회의 모델 혹은 원형이 되었다(암 9:11, 행 15:16-18 참조).

하나님을 향한 다윗의 마음은 전설적이다. 도덕적으로 깊은 실패를 겪은 후에도 그는 어떻게 깊은 회개를 하는지에 대한 본이 되었다. 분명 그는 흠이 없는 사람이 아니었다. 하지만 약함 가운데 하나님을 높이기 위해 모든 걸 걸었다. 다윗에 대해서는 온 힘을 다하여,

그리고 주님께 하듯 모든 일을 했다고 말할 수 있다. 인생 가운데 기념비적인 성공을 이루었다.

다윗은 흥미로운 연구 대상이다. 그의 은사의 조합은 극도로 다양했다. 음악가로서 그의 열정은 성경의 기준을 세웠지만, 동시에 위대한 전사로 여겨졌다. 그는 한 몸 안에 남성성과 다정함을 같이 품고 있었다. 엄청난 조합이다.

이 위대한 인물의 생애는 구약에서 찾을 수 있는 가장 분명한 은혜의 그림이다. 다윗은 십자가 이전 사람으로서 체험 가능한 것 중, 상상하기 어려운 수준의 그리스도 안의 실체를 보여 준다. 목동으로서 그는 아빠의 양들을 지키는 일을 했다. 광야에서 홀로 양 떼를 돌보며 그는 용감해지는 법을 배웠다. 양 떼를 훔치려 한 사자와 곰을 죽였다. 그의 용맹성은 자신에 대한 믿음이라기보다는 하나님께 대한 믿음의 표현이었으며, 목동으로서 보낸 시간은 대단한 열정의 사람이 되기 위한 훈련장과 같았다.

다윗 최대의 발견은 양이나 용기, 음악가로서의 세심한 기술과 전혀 상관이 없다. 그의 최대의 발견은 하나님의 임재에 대한 것이었다. 그는 하나님을 사랑했고 자신이 할 수 있는 모든 표현으로 그분을 높이고자 했다. 그가 발견한 위대한 것은 모두 자신의 찬양에 대한 하나님의 응답이었다. 다윗은 하나님의 임재가 자신의 찬양 안에 거할 수 있음을 깨달았다.

간단히 말해, 하나님께서는 다윗의 찬양 위에 당신의 보좌를 세우사, 다윗에게 당신을 진정 기쁘시게 하는 제사가 어떤 것인지 보여 주셨다. 이는 모든 것을 변화시켰다. 다윗은 하나님이 마음속에 원하시는 것이 결코 동물들의 피가 아니라, 복종하는 심령임을 알게 됐다. 이러한 마음의 복종이 왕이 된 뒤에 다윗이 성막 가운데 예배를 위해 세운 패턴이 되었다. 이 모든 것은 새 언약의 은혜 중심적 생활이었다. 어린 양의 피가 흘려지기 전에는 실제 언약궤나 하나님의 임재에 다가갈 수 없었기 때문이다. 허나 하나님께서는 다가올 것들을 예언적으로 맛볼 수 있도록 "시식"을 허락하셨다. 그리고 그 시식은 다윗에게만 허락되었다.

허나 다윗이 때가 되기 전에 새 언약을 지속적으로 묘사한 방식과 다르게, 그는 한 가지 면에서 아주 분명한 옛 언약의 사람이었다. 피를 흘린 사람이었던 것이다. 안타깝게도 어떤 이들은 하나님께 대한 헌신의 표시로서 불신자들에 대한 전쟁을 정당화하기 위해 다윗을 사용했다. 이것이 비극적인 것은, 한 때를 향한 하나님의 뜻이 반드시 다른 때에도 적용되는 것은 아니기 때문이다. 사실, 진리를 잘못 적용하면 거짓의 열매를 맺게 되는 경우가 흔하다. 교회의 평판은 이러한 오류를 인해 큰 타격을 입었다.

## 세워야 할 때

다윗은 하나님께 집을 지어 드리는 꿈을 꿨다. 하나님께는 사람이 만든 건물 안에서 거하셔야 할 필요가 없기에, 어떤 이들은 이것을 어리석다고 보지만 다윗은 건물로 하나님을 높이고 싶어 했다. 하나님께서는 그의 마음을 보시고 감동을 받으셨지만, 다윗에게 이 놀라운 성전을 짓도록 하지는 않으셨다. 그 대신, 그 아들 솔로몬에게 짓도록 하셨다.

> 이에 다윗 왕이 일어서서 이르되 "나의 형제들, 나의 백성들아 내 말을 들으라. 나는 여호와의 언약궤 곧 우리 하나님의 발판을 봉안할 성전을 건축할 마음이 있어서 건축할 재료를 준비하였으나 하나님이 내게 이르시되 '너는 전쟁을 많이 한 사람이라. 피를 많이 흘렸으니 내 이름을 위하여 성전을 건축하지 못하리라.' 하셨느니라."
>
> 역대상 28:2-3

다윗은 하나님께 집을 지어 드리려는 여정 가운데 정신이 번쩍 드는 발견을 하게 된다. 전쟁의 사람이라는 이유로 성전을 짓도록 허락하지 않으신 것이다. 하지만 하나님께서는 자재를 마련하여 건설 준비를 하는 것은 허락하셨다. 아들 솔로몬이 유리하게 출발할 수 있도록 말이다. 다윗은 이 건축 프로젝트에 대해 극도로 아낌 없이 쏟아 부은 것을 자신의 특권으로 여겼다. 이것은 예배의 행위다. 그는 자신이 세운 너그러움의 기준이 영원히 다른 이들에게도 기준이 되기를 기도했다. "우리 조상들 아브라함과 이삭과 이스라엘의 하나님 여호와여, 주께서 이것을 주의 백성의 심중에 영원히 두어 생각하게 하시고 그 마음을 준비하여 주께로 돌아오게 하시오며(대상 29:18)." 이 모든 것에 더하여, 다윗은 솔로몬에게 성전을 위한 정교한 계획을 주었다. 그것을 솔로몬은 실제로 사용했고 아꼈다.

나는 다윗이 성전을 짓지 못하도록 하신 것이 하나님께서 주신 벌이라고 생각했다. 마치 하나님께서 모세를 약속의 땅에 들어가지 못하게 하신 것처럼 말이다. 모세는 자신에게 주어진 순간을 거룩하게 여기지 않음으로, 명령을 했어야 할 때에 반석을 쳤다. 그래서 하나님께서는 그에게 약속된 땅에 들어가지 못하게 하셨다. 하지만 다윗은 경우가 다르다. 하나님께서 그를 전쟁의 사람으로 만드셨기 때문이다. 하나님께서 전쟁터에서 지휘하셨고 어떻게, 누구와 싸워야 할지 가르쳐 주셨다. 다윗은 강한 용사였다. 하나님께서 여호수아에게 약속하셨지만 그가 결코 얻을 수 없었던 땅들을 이스라엘을 위해 쟁취했다. 그런데 다윗은 하나님께서 하라고 하신 일을 했다는 이유로 성전을 지을 수 없게 된다. 분명 이것을 벌로 주셨을 리가 없다. 왜냐하면 하나님께서는 결코 비이성적인 아버지가 아니시기 때문이다. 오히려 여기서 중요한 원칙을 보여 주신다. 하나님께서는 피 흘림의 사역 위에 세워 가지 않으신다는 것이다.

내 기준으로 볼 때 많은 사역이 피 흘림의 사역에 해당된다. 세우고 소망을 일으키는 대신 부수고 무너뜨리는 데에 초점을 맞추는 것이다. 하지만 소망이 원동력일 때는 모든 것이 달라진다. 물론 장애물을 치우고 잘못된 것을 고치는 일을 하지 말아야 한다는 의미가 아니다. 단지 지속 가능한 것을 세우는 데에는 약속 위에 세워 갈 수 있는 소망이 동기가 되어야 한다는 것이다. 우리 교회에 출석하는 올리비아 슈프Olivia Shupe 자매는 언젠가 이런 말을 했다. "가장 큰 소망을 가진 사람이 항상 가장 큰 영향력을 가질 것이다."

수년간 나는 무언가를 세울 수 없어 보인다고 영원한 낙심 가운데 사는 사역 단체들을 수도 없이 보았다. 그들의 낙심은 자신들이 사역을 하는 방식을 되돌아보는 것이 아닌, 교회에 대해 직접적이고 거친 말들을 뱉게 했다. 그들이 낙심한 이유가 무얼까? 피 흘림이다. 문제에 대한 그들의 접근 방법은 거칠고 무기력하다. 하지만 하나님께서는 성전을 짓지 못하게 하심으로 다윗에게 벌을 주신 것이 아니었다. 당신께서 세워 가기에 적합하다고 보시는 사역의 성질을 계시해 주신 것이다. 피 흘림의 사역은 부적절한 기초를 놓는다.

### 성경적 살인?

제자들은 심지어 피 흘림의 사역을 해야 한다는 압박을 느껴 언쟁을 벌이기도 했다. 심지어 야고보와 요한은 예수님과 그분의 팀이 그 영토를 지나가지 못하게 한 사마리아인들에게 불이 떨어지기를 바랐다. 생각해 보라. 사역 중에 거절당했다는 데에 대한 해법으로 제자들이 마음속에 살인을 생각한 것이다. 내가 가장 많이 보는 성경인 뉴킹제임스역NKJV은 그들이 엘리야를 예로 들어 자신들의 접근법을 합리화했다고 한다. "주여, 우리가 엘리야와 똑같이 불을 명하여 하늘로부터 내려 저들을 멸하라 하기를 원하시나이까(눅 9:54)?"

예수님께서는 두 개의 다른 언약으로 상징되는 사역 간의 중요한 차이를 들어주셨다. "그러나 예수께서 뒤돌아 그들을 꾸짖으시사 이르되, '너희는 너희가 어떤 영으로 말미암는지 모른다. 인자는 사람의 생명을 멸하기 위해서가 아니라 구원하기 위해 왔음이니라(55-56절, NKJV).'"

다시 말해, 예수님께서는 이렇게 말씀하신 것이다. "그러한 기름 부음을 받으려면 다른 영을 찾아야 할 것이다. 왜냐하면 아버지께서 오늘날 하고 계신 일은 그런 것이 아니기 때문이다."

나는 많은 신자들이 예수님께서 대답하신 구절을 암송했으면 좋겠다. "**인자는 사람의 생명을 멸하기 위해서가 아니라 구원하기 위해 왔음이니라.**" 그러면 예수님과 전혀 상관없이, 예수님의 이름으로 행해지는 것들을 종결 짓는 데에 유익할 것이다.

피 흘림의 접근을 제외하고, 삶과 사역에 대해서는 기본적으로 두 개의 접근법이 있다. 둘 다 역사가 오래 되었으며 둘 다 오늘날 모델로 사용되고 있다. 하나는 엘리야로 대표되는 모델이다. 엘리야는 당대의 시스템에서 튀어나와 하나님이 없는 세상에 하나님의 예언의 말씀을 선포하며, 그들이 듣고 회개하기를 바랐다. 또 다른 접근법은 요셉과 같은 사람에게서 발견되는데, 그는 시스템 자체의 일부가 되어 내부로부터 변화를 일으키고자 사람들을 섬겼다.

이 두 모델을 더 면밀히 살펴보고자 하는데, 일단 우리의 책임을 어떻게 이행해야 하는가에 대해 나와 다르게 생각하는 이들을 망신시키는 것이 의도가 아님을 밝힌다. 여기서 한 특정 모델에 대해 주장을 하는 것처럼 보일 수는 있지만, 나는 이 문제에 관하여 양측에 모두 좋은 친구들을 많이 두고 있다. 최소한 우리가 하는 일, 우리가 의도적으로 하는 일을 할 때에 어떠한 선택 사항들이 있는지 온전히 이해하고 하게 되기를 바라며 문제를 제기하고자 한다. 두 접근법을 지지하는 성경적 기준이 모두 존재한다. 세상 기관 밖의 사역과 내부로부터 하는 사역.

구약을 통틀어 강력한 효과를 낸, 가장 흔한 형태의 사역은 엘리야의 모델이다. 당시에는 하나님께서 그것을 일정 기간 동안 명하시는 것이 가능했다. 구약 전체에서 사용된 이 모델은 또한 세례 요한의 모델이기도 하다. 오늘날 많은 설교가들도 사용하고 있다. 세례 요한은 "엘리야의 심령과 능력으로(눅 1:17)" 왔다.

그리고 또 예수님의 모델이 있다. 오늘날 복음 사역을 하는 많은 이들이 이 모델을 채택하고 있다. 분명 누구를 따를 것이냐 하면 우리는 예수님을 선택할 것이다. 그분께서만 하나님이시고, 요한도 그분이 빛이라고 했기 때문이다. 하지만 세례 요한과 예수님을 별도의 모델로 살펴보고자 한다. 두 사람이 삶과 사역에 대한 접근법이 전혀 달랐기 때문이다.

예수님께서 보여 주신 본은 또한 구약을 통틀어 여러 순간들에 묘사되었다. 요셉도 이 접근법을 취한 사람이었으며, 새 언약 하에서 펼쳐질 은혜의 삶의 모델이 되었다. 이 책의 성질을 생각할 때, 요셉의 접근법이기도 했던 예수님의 모델이 열방을 제자 삼는 우리의 과제를 성취하는 데에 가장 필수적이라고 느껴진다.

엘리야, 세례 요한의 모델이 틀렸다는 것이 아니다. 하지만 나는 그것이 우리가 살아가고 있는 새로운 때를 위해 세상을 준비시키는 데에 필요했던 것으로 본다. 이 두 개의 모델이 예수님께서 세례 요한을 대단히 높이시는 마태복음 11장에서 나온다고 본다.

이 세대를 무엇으로 비유할까? 비유하건대 "아이들이 장터에 앉아 제 동무를 불러 이르되 우리가 너희를 향하여 피리를 불어도 너희가 춤추지 않고 우리가 슬피 울어도 너희가 가슴을 치지 아니하였다." 함과 같도다. 요한이 와서 먹지도 않고 마시지도 아니하매 그들이 말하기를 "귀신이 들렸다." 하더니 인자는 와서 먹고 마시매 말하기를 "보라, 먹기를 탐하고 포도주를 즐기는 사람이요 세리와 죄인의 친구로다." 하니 지혜는 그 행한 일로 인하여 옳다 함을 얻느니라.

마태복음 11:16-19

예수님께서는 요한의 사역을 울며 애통하는 것에 비유하셨다. 당신의 사역은 춤을 불러일으키는 피리에 비유하셨다. 그리고는 둘의 관계 가운데 당신과 요한이 가진 초점의 차이를 묘사해 주신다. 요한은 사람을 사귀는 사람이 아니었다. 삶을 함께 살아가기 위해 무리의 사람들과 시간을 보내지 않았다. 예수님께서는 반대셨다. 사람들의 결혼식과 잔치 자리에 가서 드시고 마시셨으며, 한 번은 그러한 자리에서 물로 포도주를 만드시기까지 했다. 사람들의 집에 가서 시간을 보내셨다. 그들과 식사를 하시고, 사회에서 거절당한 이들과 종교적 특권층까지도 끌어 안으셨으며, 용서받지 못할 자들을 용서하셨다. 주님께서 이 비교를 심오한 선언으로 끝내시는 것을 볼 수 있다. 지혜는 그 행한 일로 인하여 옳다 함을 얻느니라.

지혜로 부르시는 것은 사람들과 관계하여 섞이고, 삶을 나누라고 하시는 부르심이다. 우리는 그들을 용서하고 화해해야 하는 한편, 우리 개인의 삶 가운데서는 공의로운 기준을 지켜야 한다. 이 모든 것은 예수님께서 본을 보이신 지혜로의 부르심이다. 그리고 지혜는 자녀를 낳는다. **지혜의 자녀들**이 이 접근의 열매다. 우리가 섬기는 이들은 변혁을 일으키는 데에 도움이 되는 자들이어야 한다. 이 일은 이 세대를 너무 더러워서 만지지 못하겠다거나, 섬기고 회복시키지 못하겠다고 생각하지 않을 때 가능하다. 그러면 변혁된 사람들이 변혁을 일으킬 것이다.

## 지혜는 듣는 것

솔로몬의 생애와 그가 지혜를 선택한 것을 연구하는 가운데 발견한 가장 놀라운 것 중 하나는 유일한 소원으로 듣는 귀를 선택했다는 점이다. 그는 하나님께서 지혜의 진짜 근원이시며, 그분의 음성을 듣는 것이 자신이 필요로 하는 이 은사에 연결되는 법임을 본능적으로 알았다. 이는 솔로몬 안에 지혜가 없었다는 뜻이 아니다. 단지 그의 모든 지혜의 원천이 하나님의 음성이라는 뜻이다.

많은 이들이 하나님의 음성을 들을 수 있는 자신의 능력을 절하한다. 그 능력이 없었다면 거듭날 수조차 없었음을 깨닫지 못하고서 말이다. 구원의 본질은 이것이다. 하나님께서 부르셨고 우리가 응답했다. 들음은 우리의 대화의 중심에 있다. 우리 모두가 더 잘 듣고 싶어한다고 말할 수 있지만, 약점에 초점을 맞추는 것은 결코 더 센 힘으로 이끌지 못한다. 내가 살아가고 있는 은혜를 인정함으로 주님을 높여, 이미 내게 주신 것 즉 듣는 귀에 대한 더 좋은 청지기가 되는 편이 낫다.

예수님께서는 이것을 강조하여 말씀하셨다. "내 양은 내 음성을 들으며(요 10:27)" 이것은 사실이다. 하나님의 음성을 듣는 것은 그리스도 안에서 새로 주어진 본성에 속한다. 우리가 믿을 것은 은사나 능력이 아니다. 우리가 들을 수 있을 정도로 크게 말씀하시는 것은 주님의 능력이다. 듣기 어려워하는 사람이 있으면 당연히 말하는 사람이 목소리를 높인다. 다른 사람들이 들을 수 있도록 하는 것은 우리의 책임이라고 여긴다. 분명 우리는 하나님께서 누구에게나 목소리를 들려주실 수 있을 뿐 아니라 사람들이 듣게 되기를 갈망하시는 분이심을 조금이라도 격하해서 생각해선 안 된다.

예수님께서는 당신의 양이 당신의 음성을 듣는다고 가르치셨다. 이것은 그리스도 안에서 우리 삶의 가장 필수적인 부분이다. 그분의 뜻을 알 다른 방법은 없다. 극단적으로 들릴 수도 있고, 성경이 우리 삶을 향한 하나님의 뜻을 선포하고 있다고 많은 이들이 이야기할 것이다. 맞는 말이다. 하지만 이것을 생각해 보라. 성경은 어떻게 생각하고 어떤 가치관을 가져야 하는지에 대해 아주 명료하게 지시한다. 도덕적 결정들은 성경 속에 아주 명확히 나온다. 또한 다른 지시의 영역들도 대단히 명확하게 나오는 것들이 있다. 그 결과, 우리는 그 상황 가운데 어떻게 해야 할지를 아는 것이다. 하지만 성경은 또한 서로 모순되는 것처럼 보이는 명령들로도 유명하다. 예컨대, 바울 사도가 예수님께서 위임하신 것처럼 온 세상에 복음을 전하러 가야 했을까? 아니면 예수님의 "온 세상"에 포함되어 있음에도 아시아에 가기를 피하고 마게도니아로 가야 했을까? 성령께서는 바울에게 그렇게 하라고 말씀하셨다.

우리는 하나님께서 두 마음을 품지 않으시며 헷갈리게 하지도 않으심을 안다. 허나 주님과의 지속적 관계 가운데 있어야만 어떻게 해야 할지에 대한 지시들을 기꺼이 주신다. 하나님의 뜻이 너무나 분명하여, 주님께서 내주하시는 관계가 없어도 행할 수 있다면, 많은 이들이 그 길을 택하리라 본다.

모순된 지시가 들어 있는, 내가 좋아하는 성경의 예를 보자. "미련한 자의 어리석은 것을 따라 대답하지 말라. 두렵건대 너도 그와 같을까 하노라. 미련한 자에게는 그의 어리석음을 따라 대답하라. 두렵건대 그가 스스로 지혜롭게 여길까 하노라(잠 26:4-5)." 어떻게 해야 하는 것인가? 미련한 자에게 대답을 해야 하는가, 말아야 하는가? 이 구절에는 지혜를 통해 생명 안에서 다스리는 법에 대해 두 가지가 명령되어 있다. 요점은 하나님의 음성 듣는 법과 해당 상황 가운데 그분의 임재를 인식하는 법을 배울 때에만 어떻게 해야 할지를 알 수 있다는 것이다.

또 하나의 눈이 번쩍 뜨이는 예를 보자. 하나님께서 아브라함에게 이삭을 바치라고 말씀하셨을 때다. 아브라함이 이삭을 베기 위해 칼을 뒤로 들었을 때, 하나님께서 멈추라고 하셨다. 아브라함이 하나님의 음성을 계속해서 듣고 있었음에 이삭이 기뻐했을 것이라고 확신한다. 우리가 하나님의 음성을 계속해서 듣지 않아 얼마나 많은 "약속의 자녀들(성취된 꿈들)"을 불필요하게 죽였을까? 우리는 하나님께서 이미 말씀하신 것들 때문에 그분께서 지금 하고 계신 말씀을 놓칠 수가 있다. 듣는 마음을 지킬 때 우리는 주님의 뜻을 구하는 가운데 대단히 안전해진다. 하나님과의 지속적 관계는 성령을 향한 유순함 가운데 분명히 나타난다. 그것은 지혜 가운데 사는 절대적 열쇠가 된다.

우리에게 들음은 필수적이다. 그것이 순간순간 어떤 접근법을 취할지를 알 수 있는 유일한 방법이다. 세례 요한이 택했던 엘리야의 모델이냐 요셉의 모델 혹은 예수님의 모델이냐. 둘 다 성경에 기초한 것이다. 엘리야나 요셉에 대한 것이 아니라 그들이 대표하는 사고의 학파에 대한 것이다. 엘리야와 같은 형태의 사역이 가장 필수적이라는 성경적 근거를 댈 수 있다. 또한 요셉과 같은 형태의 사역을 뒷받침하는 구절들을 댈 수 있다. 하지만 더 중요한 것은, 지금 이때에 성령께서 강조하시는 것이 무엇인가다. 여기서 양측 간에 커다란 논쟁의 가능성이 생기는데, 특정 접근법에 우리가 투자한 시간 때문일 경우가 많다. 그리고 그것은 이미 철이 지난 경우가 많다. 변화의 바람이 불고 있다.

## 우리가 따를 세 가지 예

섬김의 리더는 지금도 세상에서 가장 큰 영향력을 행사한다. 리더십 기술 개발에 대한 일부 지침들을 보면 웃음을 참을 수가 없다. 리더십이라는 주제에 대한 대부분의 수업과 책들은 가치가 있지만, 역사상 가장 위대한 리더 즉 만왕의 왕께서 우리에게 주신 원칙들을 무시한 경우가 많다. 예수님께서는 팔에 수건을 걸치시고 리더십을 가진 사람이 어떻게 해야 최대의 영향을 끼칠 수 있는지 본을 보이셨다.

이미 우리는 구약에서 요셉이 이집트의 세속적 시스템을 섬김으로 후에 예수님께서 사람으로 오사 우리 가운데 행하실 때 택하신 접근법의 본을 보였다고 이야기했다. 둘 다 시스템 자체에 속하였으며, 둘 다 내부에서부터 변화를 일으키기 위해 다른 이들을 섬겼다. 예수님께서 당연히 우리에게 최초이자 최고의 모본이 되시지만, 잠시 시간을 내어 우리가 따랐으면 좋을 다른 세 가지 예를 보기로 하자. 먼저 요셉을 조금 더 깊이 들여다보고 다니엘과 에스더도 보자. 이 세 사람의 삶은 하나님 나라의 누룩이 되어 하나님께서 우리를 어떤 환경에 두시든 퍼질 수 있음을 보여 준다.

### 요셉 – 다른 이의 꿈을 섬긴 사람

요셉은 꿈 꾸는 사람으로 알려져 있었지만, 그의 꿈은 다른 이의 꿈을 섬기고자 할 때까지 성취되지 않았다. 파라오의 꿈을 섬기는 역할을 통해 요셉은 어렸을 때 자신이 꾼 꿈들이 성취되는 것을 보기 시작했다. 그의 본은 섬김 중심의 사역이 갖는 능력을 보여 준다. 특히 다른 이들이 성공하도록 섬기는 리더십을 보여 주는 것이다.

온 세상의 지도자인 파라오에게 주어진 계시를 섬겼을 때, 요셉은 어려운 시기에 있는 이집트 전체를 혼자서 지켜 냈다. 그뿐만 아니라, 이스라엘이 성장하여 나라로 발전할 수 있는 안전과 축복의 자리를 만드는 데에 일조했다. 오늘날까지 이집트는 이스라엘 민족의 시작이 된 요셉과 그의 가족에게 자리를 만들어 주었기 때문에 하나님께 총애를 입고 있다.

하나님께서 요셉을 이집트에 배치하신 것은 악한 환경 가운데 두신 것이다. 요셉의 내면적 변화가 그의 외면도 강하게 만들어 그가 섬긴 사람들과 같이 되지 않고 저항할 수 있을 것임을 알고 계셨다. 다시 말해, 그는 주변 환경에 동화되지 않고 오히려 강력한 영향을 미칠 것을 아셨던 것이다. 그리고 요셉은 실제로 그랬다.

**다니엘-다른 삶을 산 사람**

이 여호와의 선지자는 여느 선지자들이 받은 어떤 과제보다도 특이한 것을 받았다. 다니엘은 생각이 너무도 뒤틀려 자신의 모습대로 만든 형상을 숭배하지 않는 자는 모두 죽이는 왕을 섬기라는 과제를 부여받았다. 다니엘은 이 느부갓네살 왕을 섬기라는 임무를 받았을 뿐 아니라, 당대의 마녀, 마법사, 강신론자들과 함께 취급되었다.

느부갓네살의 바벨론 나라는 부도덕, 우상 숭배 등 온갖 악행과 동의어였다. 하지만 바벨론 사람들은 동시에 탁월성과 창조성에 높은 가치를 두고 이지주의와 아름다움으로 둘러싸인, 월등한 사회를 개발하는 데에 헌신했다. 바벨론의 공중 정원은 고대 7대 불가사의로 유명하다. 이 세계에 다니엘을 심으셨던 것이다.

다니엘을 처음 돋보이게 한 결정은 식생활과 관련된 것이었다. 그는 왕의 음식을 먹음으로 부정하게 되기를 원치 않았다. 그의 감독은 그의 결정에 도전했지만, 다니엘과 친구들이 야채만 먹어서 건강을 해치지 않는지 실험을 하도록 허락했다. 하나님께서는 다니엘의 헌신을 높이사, 그로 하여금 더 건강하게 하셨다. 그리고 이것은 그의 결정을 안 자들에게 증거가 되었다(단 1:8-16 참조).

이것은 시스템 내부로부터의 변화를 위해 부르심을 받은 자들에게 대단히 큰 중요성을 갖는다. 삶과 사역에 대한 **바벨론 침략**의 접근을 할 때 가장 우려되는 것은 이 메시지에 아멘으로 화답하는 이들의 생활 방식 가운데 어떠한 차이도 볼 수 없는 경우가 많다는 사실이다. 다니엘은 그렇지 않았다. 바벨론 시스템 내부에서 일을 하고 있었지만, 그의 생활 방식은 달랐다.

다니엘이 합의한 부분은 심지어 더 놀랍기만 하다. 그는 이교적 이름 벨드사살로 이름을 바꾸도록 허락했다. 또한 바벨론 교육 제도 내에서 공부하는 것에 동의했다. 여기에는 오컬트 행위에 대한 공부도 포함되었을 것이다. 그는 하나님의 말씀에 대한 자신의 지식이 사고 습관과 신앙 체계를 안전히 지켜 줄 것으로 알았다. 또한 사람들이 자신을 뭐라고 부르든지 자신의 존재에 어떤 영향도 없을 것을 확신했다. 그는 이런 것들을 견뎌 냈지만, 자신의 개인 생활에 관해서는 확실히 선을 그었다. 나는 더 많은 이들이 이러한 생활 방식을 따르기를 원한다. 하나님께서 세상의 불경건한 시스템 속 깊고 깊은 곳에 더 많은 신자들이 심기도록 문을 여실 것이기 때문이다. 하지만 개인 생활 방식에는 차이가 있어야만 한다.

다니엘의 이야기 중에서 내가 가장 좋아하는 내용 중 하나는 그가 어려움에 빠진 왕을 어떻게 섬겼는가다. 느부갓네살은 자신의 삶에 임하는 하나님의 심판에 대한 꿈을 꿨다. 그는 이해할 수가 없어서 다니엘을 청하여 그것을 풀어 달라고 했다. 왜냐하면 "거룩하신 하나님의 영"이 그의 안에 있었기 때문이다(단 4:9). 거룩하지 않은 분위기에서 개인적 경건 생활을 지켜 가는 것은 항상 눈에 띄며, 보통 결국에는 인정을 받는다.

다니엘은 그 꿈이 자신의 왕에 반하는 것이었기에 해석을 알려 주고자 하지 않았다. 하지만 느부갓네살은 그가 들은 것을 말해야만 한다고 경고했다. 이것이 다니엘의 대답이었다. "내 주여, 그 꿈은 왕을 미워하는 자에게 응하며 그 해석은 왕의 대적에게 응하기를 원하나이다(단 4:19)!"

깜짝 놀랄 일이다! 얼마나 많은 선지자와 복음 사역자들이, 귀신 들린 이기주의자에게 내리는 하나님의 심판이 자신의 대적들에게 임했으면 좋겠다고 말하는가? 대부분은 그냥 이 악한 통치자에게 경고가 임했으며, 그에게 임할 심판의 기한이 한참 지났다고 상기시켜 주기만 했을 것이다. 비극적이다.

이 이야기는 우리가 살면서 가장 보기 드문 충성의 예를 나타내고 있다. 이 불경건한 왕에 대한 다니엘의 헌신은 자신이 섬기는 자의 순결이 아닌, 자신을 배치하신 그분께 근거한 것이었다. 하나님께서는 삶에서 죄악을 통해 죽음을 불러들인 자들을 변호하도록 이러한 환경에 우리를 두신다. 중보적이고 예언적인 역할로 **틈새 사이에 설** 때, 우리는 하나님의 심판이 사람들을 멸하도록 하지 아니하고 그들을 회개로 이끄는 도구가 될 수 있는, 안전의 분위기를 제공한다. 그들에게 죄가 없기 때문이 아니다. 우리 곁의 사람들이 참으로 우리를 사랑할 때 하나님의 훈육은 더 견디기 쉽기 때문이다.

느부갓네살의 생애 마지막 장면은 정말 이러한 접근법이 갖는 효과의 가장 강력한 증거를 보여 준다. 악한 왕의 화신이라 할 수 있는 이 사람은 전능하신 다니엘의 하나님 앞에 서서 모든 찬송과 존귀를 드린다(단 4:37 참조). 이러한 회심은 가히 성경 전체에서 가장 위대한 두 개의 회심 중 하나다. 다른 하나는 거라사 지방의 남자였다(막 5:1-15 참조).

### 에스더-"육욕적인" 나라의 자산을 사용한 사람

에스더 서에서 자신의 아름다움 때문에 왕비라는 자리에 이른 여성이 하나님의 백성을 구했다는 사실이 참 좋다. 에스더의 아름다움이 그저 외모의 아름다움에 그치지 않았을 것에는 의심의 여지가 없다. 에스더의 왕은 그 땅의 가장 아름다운 여성들을 누구라도 취할 수 있었다. 그 무리 중에 두드러지기 위해서 에스더는 아름다움과 은혜의 존귀한 조합이 필요했을 것이다. 이것이 내면과 외면의 참된 아름다움이다.

성경의 영웅들이 일각에서 "육욕적"이라고 볼 수 있는 자산을 하나님의 나라를 사용하였음은 꽤나 신선하게 다가온다. 바울 사도는 자신의 로마 시민권을 이용하여 하나님의 나라를 확장시켰다(행 16:37-40, 행 22:25-29 참조). 그는 지혜와 영적 통찰력에 있어 비교 대상이 없는 인물이었다. 하지만 여러 상황 가운데 그에게 가장 유용했던 것은 로마 시민으로서의 권리였다. 자연적인 도구를 사용하는 것은 영적이지 않은 게 아니다. 어떤 면에서 그것은 영성을 가장 잘 표현해 주는 것이다. 왜냐하면 우리가 살도록 주어진 두 영역, 자연계와 초자연계를 결합시키는 것이기 때문이다. 둘을 하나로 합쳐 강력한 변혁의 도구로 만드시는 것은 하나님이시다.

에스더는 자연적 미를 인해 자신에게 주어진 총애를 사용하도록 부르심 받았다. 아름다움과 총애를 통해 그녀는 질투 가득한 지도자 하만의 정신 나간 계략으로부터 하나님의 백성을 보존할 수 있었다. 삼촌 모르드개는 에스더 안에 용기가 피어나도록 도움을 주는 데에 적격이었다. 하지만 동시에 그녀에게 주어진 순간을 잘 활용하도록 조언과 지혜를 주었다.

모르드개는 이 왕비에게 성경에서 가장 위대한 발언을 한다. "네가 왕후의 자리를 얻은 것이 이 때를 위함이 아닌지 누가 알겠느냐(에 4:14)?"

고전이 된 에스더의 대답은 이것이었다. "죽으면 죽으리이다(16절)!"

이 두 마디는 우리의 목적을 달성하는 과제에 대한 심오한 응답으로, 역사에 길이 남았다. 우리에게도 이 세상 체제의 내부에서부터 사역할 용기와 담대함이 필요하지만, 용기는 지혜와 엮여 있어야 한다. 하나님께서 우리를 창조하신 목적에 걸맞은 순간에 충만한 영향력을 가지려면 말이다.

## 2인자

요셉, 다니엘, 에스더 중 누구도 한 나라를 맡지 않았다. 요셉은 다른 이의 꿈을 위대한 지혜로 섬겼기 때문에 그 자리에 이르렀다. 다니엘은 비교 불가의 청렴으로 무장된 예언적 은사를 가지고 섬겼다. 에스더는 내면과 외면의 아름다움을 통해 영향력을 얻었다. 여기에 삼촌의 조언이 더해져, 특출한 지혜로 기능했다. 에스더는 사명의 여인이라는 표시를 해 주는 은혜를 지니고 있었다.

이 세 사람의 생애에서 배우는 교훈은 특정 환경에서 하나님 나라의 영향력이 임하도록 하기 위해 우리가 기업, 국가, 학교 등 단체를 경영할 필요가 없다는 것이다. 너무나 많은 경우, 우리는 영향력을 갖기 위해서는 리더가 되어야 한다고 생각한다. 그리고 리더십 위치에 이르는 것을 목표로 삼는다.

나는 우리 안에 있는 이러한 통제권에 대한 열정 때문에 이 영역에 현재 리더로 있는 이들에 대한 옹호가 생겼다고 본다. 그러나 방금 본, 세 명의 영향력 있는 사람들이 탁월했던 이유는 주어진 역할 가운데 충성심, 청렴성으로 잘 섬겼고 기능했기 때문이다.

하나님의 나라는 진실로 누룩과 같다. 잘 섬기는 법을 아는 신자가 어떠한 환경에 들어갈 때, 하나님께서는 변혁을 일으키심으로 그 효과를 증명하신다.

| 10 장 |

# 선을 지우라

The
Power
That
Changes
The
World

복음의 능력에 대한 시각을 잃을 때 존중은 입에 발린 말이 된다. 허나 존중을 표하는 것은 필수적이다. 하나님께서도 그렇게 하신다. 하지만 아직 믿지 않는 자들이 죄 안에서 편안함을 느끼도록 하진 않으신다. 그들이 데스티니의 충만한 데로 향하도록 유도하기 위해 그렇게 하신다. 그것은 참된 회심의 체험이 있지 않고서는 불가능하기 때문이다. 도시들을 잘 섬기기 위해서는 전도 캠페인을 벌이는 것 이상의 조정을 해야 한다. 이것은 우리가 생각하는 방식에 영향을 미치고, 이어서 섬기는 방식에도 영향을 미칠 것이다.

이는 사람들을 어떻게 보는가로부터 시작된다. 하나님께서는 사랑 안에서 기드온을 **큰 용사**라고 부르셨다. 그는 미디안 족속으로부터 숨어 있었는데 말이다. 예수님께서는 베드로가 자신의 이름 뜻처럼 **상한 갈대**처럼 살고 있을 때 **반석**이라 부르셨다. 예수님께서는 사울이 그리스도를 고백하여 진실로 자원하는 그릇이 되기도 전에 **선택된 그릇**이라 부르셨다. 바울 사도는 고린도의 신자들을 **성도**라고 불렀다. 그들의 행동은 성스러운 데에 미치지 못했는데 말이다. 요점은, 하나님께서 아첨을 하지 않으시지만 긍정의 말씀으로 우리를 목적 가운데로 이끄신다는 것이다. 그 결과 우리의 개인적 믿음이 세워지게 된다. 우리는 믿음과 사랑이라는 이 존귀한 선물들이 없이는 주님께서 이끄시는 곳으로 갈 수가 없다.

## 열매를 맺는 이상 理想

요한복음 15장 1절에서 4절을 보면, 예수님께서 열매 맺는 삶에 대해 역사상 가장 명료한 지시를 하신다.

나는 참 포도나무요 내 아버지는 농부라. 무릇 내게 붙어 있어 열매를 맺지 아니하는 가지는 아버지께서 그것을 제거해 버리시고 무릇 열매를 맺는 가지는 더 열매를 맺게 하려 하여 그것을 깨끗하게 하시느니라. 너희는 내가 일러준 말로 이미 깨끗하여졌으니 내 안에 거하라. 나도 너희 안에 거하리라. 가지가 포도나무에 붙어 있지 아니하면 스스로 열매를 맺을 수 없음 같이 너희도 내 안에 있지 아니하면 그러하리라.

하나님께서는 모든 성장을 가지 치기로 상 주신다. 하나님의 음성을 계속해서 듣는 자가 되는 것은 계속해서 열매를 맺는 일에 필수적이다. 여기에 암시된 진리는 우리 삶의 좋은 부분, 주님의 영광을 위해 열매를 맺는 부분들에 가지를 쳐 내고 훈육을 해야 한다는 것이다. 가지 치기가 없다면 자연적으로 우리는 더 이상 하나님의 나라가 아닌 곳으로 발전하여 성장하게 될 것이다. 포도나무 가지를 들어 비유하심으로써 예수님께서는 이것을 분명하게 보여 주신다. 우리는 하나님의 나라를 위해 우리의 풍성함을 뛰어넘는 성장을 할 수가 있다. 이것은 진실로 놀라운 진리다. 내 식대로 표현을 해 보자면 이렇다. "교정이 없다면, 충분한 시간이 주어졌을 때 우리는 어떤 진리를 가지고도 거짓말과 똑같은 결과를 내도록 만들 수 있다."

극단적으로 들릴지 모르겠지만, 의미는 전달되었으리라 믿는다. 우리가 가는 길에는 지속적인 중도 교정이 요구된다. 우주선을 달에 발사하여 중도 교정이 없이 그곳에 착륙하게 하는 것은 불가능하다. 그러한 일을 담당하는 과학자들은 여정이 성공하려면 우주선의 진행을 지속적으로 지켜봐야만 함을 알고 있다. 그렇게 할 때에만, 달에 안전하게 도착하기를 바랄 수 있는 것이다. 그리고 우리가 하나님 나라까지의 여정에서 가야 하는 거리는 달까지의 거리보다 훨씬 멀다. 가지 치기의 형태로 나타나는 교정과 조정은 우리가 맡은 과제 가운데 성공하기 위해서 반드시 필요하다.

요한복음 15장 말씀은 삶의 풍성함에 대해 말씀하지만, 우리의 사고 습관에도 적용되는 원칙이라고 믿는다. 다시 말해, 사고에도 열매 맺는 방식이 있고 열매 맺지 못하는 방식이 있다는 것이다. 그리고 열매를 맺는 방식조차 지속적으로 하나님께 영광을 올려 드리기 위해서는 조정과 변화가 필요하다. 너무나 쉽게 우리가 경험한 진리에 기초하여 가정하다가 전혀 잘못된 결과에 이를 수 있다. 가정이 결코 하나님의 음성을 대체해선 안 된다.

로마서 12장 2절은 마음을 새롭게 하는 과정을 말씀하고 있다. 변화된 마음은 사람을 변화시킨다. 변화된 사람은 도시를 변화시킨다. 지금 우리 모두가 바라고 있는 것에는 더 나은 도구나 새로운 기독교적 상술이 필요한 것이 아니다. 새로운 마음이 요구되는 것이다. 거기가 시작점이다. 이러한 관점에서 우리는 주변의 세상에 영향을 미치지 못하도록 방해가 되는, 분리의 선을 긋는 데에 사용하는 세 가지 사고 방식을 다시 살펴봐야 한다.

## 어떤 선인가?

선은 분리한다. 어떤 분리는 좋을 수 있다. 예를 들어, 암의 성장과 몸의 나머지 부분을 나누는 것은 선의 좋은 분리다. 솜씨 좋은 외과 의사의 기술로 가능한 일이다. 하지만 어떤 선은 우리가 받은 과제를 잘 달성하지 못하도록 한다. 뒷받침하는 신학적 진리가 없어서가 아니라 잘못 적용되어, 하나님께서 주신 부르심 가운데 성공할 수 있는 기회로부터 우리를 분리시켰기 때문이다.

우리가 지워야 하는 세 개의 선을 이야기하려고 한다. 그것은 **우리와 그들** 사이의 선, **자연계와 초자연계** 사이의 선, 그리고 **세속과 신성** 사이의 선이다. 이 영역들에 우리가 긋는 선들에 주의를 기울여 보면 열방을 제자 삼으라고 하신 부르심에 있어서 더 효과적으로 일할 수 있다.

### 우리와 그들

옛 언약에서 넘어 온 것들 중 가장 안타까운 것은 우리의 존재가 죄인들과 그들의 죄로 인해 오염될 수 있다는 생각이다. 구약 전체는 의도적으로 죄의 심각성에 초점을 맞추고 있는데, 그것은 필수적인 계시다. 죄는 지금도 심각하고 엄청난 손상을 일으킬까? 물론 그렇다. 거기엔 변한 게 없다. 하지만 변한 것은, 하나님의 백성의 상태다. 성령께서 우리 안에 계시기 때문이다. 거기에 더하여, 성령의 본성은 많은 이들이 생각하는 것과 다르다. 그렇다. 성령께서는 거룩하시지만, 죄나 죄인을 겁내지 않으신다. 그분께서는 아버지께서 생각하시는 방법과 갖고 계신 가치관을 보여 주신다.

예컨대, 하나님께서는 애통에 끌리시며 애통하는 자를 위로하겠다고 약속하신다. 약한 자에게 끌리시며, 우리의 연약함 가운데 당신의 강하심을 드러내겠다고 약속하신다. 하지만 주님께서는 또 죄에 끌리신다. 죄가 더한 곳에 은혜가 훨씬 더한다고 말씀하신 것이다. 주님께서 끌리시는 것들 중에는 우리에게 거슬리는 것이 있다. 변화를 일으킬 수 있는 하나님의 능력을 믿으며 새로운 마음을 통해 이것들을 보면 세상의 시스템에 대한 우리의 접근법이 완전히 달라질 것이다.

구약과 신약이라는 두 언약은 죄와 죄인이라는 주제에 대해서 다른 어떤 주제보다 다른 입장을 취하고 있다. 구약에서 부정한 것을 만지면, 만진 사람이 부정해진다. 하나님께 드리려는 헌물에 부정한 것이 닿으면, 그 헌물이 부정해진다. 문둥병자를 만지면, 그의 문둥병으로 인해 만진 사람이 부정해지고 더럽혀진다.

예수님께서는 이 모든 것을 바꾸셨다. 당신께 나아온 모든 사람을 용서하신다고 말씀하셨을 뿐 아니라, 가장 어려운 사람들에게 접근하시는 방법을 보여 주셨다. 문둥병자를 만지셨을 때 예수님께서 부정해지신 것이 아니라 문둥병자가 정결해졌다! 이것은 삶과 사역에 임한 극적 변화의 표시였다. 옛 언약 하에서 우리는 죄인들로부터 떨어져 있어야지, 안 그러면 그들과 같이 될 수 있었다. 새 언약에서는 믿는 배우자가 집안 전체를 성화시킬 수 있다.

이것은 판도를 완전히 바꿔 놓았다. 그리고 지금 우리는 사랑과 공의의 능력이 죄의 능력과 죄인들의 영향보다 강함을 본다. 오염될까 두려워하며 사는 것이 아니라, 주변에 영향을 미치는 사람들이 된 것이다. 이것은 우리가 사역하는 방식, 삶에 접근하는 방식, 생각하는 방식에 상당한 영향을 미쳤다.

한때는 오염으로부터 떨어져 있는 것이 많은 이들이 주로 생각하는 부분이었다. 거리에 다니는 문둥병자들은 자신들의 출현을 공표하여 사람들에게 경고를 줘야 했다. 신명기 28장 28절의 말씀처럼 눈먼 자들은 하나님께 저주받은 것으로 간주되었다. 이 모든 인생의 병폐는 하나님**께로부터** 온 것으로 생각되었다. 그러니 우리가 누구라고 다르게 생각할 수 있겠는가?

이러한 사고는 어려운 사람들과 그들을 위한 해답을 마땅히 갖고 있어야 하는 사람들 즉 종교 지도자들 간에 더 큰 분리를 일으켰다. 그것은 예수님께서 모든 종교 특권층에게 제시하신, 실족케 하는 것들 중 하나였다. 그들이 생각한 하나님의 이미지에 모순되는 것이었기 때문이다. 예수님께서는 사람들의 문제에 응답하셨고, 또 생명 안에서 다스리고 환경이 우리를 통제하지 못하도록 하는 법을 보여 주셨다. 자유를 얻고 유지하는 방법을 보여 주셨다. 하나님의 저주를 받왔다고 생각된 자들의 눈을 열어주셨고, 하나님께서 보내셨다고 생각된 폭풍을 잠잠케 하셨다. 그리고 더 이상 오염을 두려워하지 않고 하나님을 제한하기를 두려워하는 믿음의 세대를 일으키고자 일하셨다(시 78:40-43 참조).

도시들에 접근할 때 **우리와 그들**을 없앰으로써 우리는 그들을 사역 프로젝트로 만드는 일을 중단할 수 있다. 아무도 다른 사람의 사역 과제가 되고자 하지 않을 것이다. 본인이 직접 진짜 사랑과 수용을 체험할 수 있는데 말이다. 그것이 하나님 나라의 진짜배기 표현이다. 사람들에 대해 오염이라는 관점의 접근을 없애는 법을 배우면서, 동시에 우리 개인의 삶 가운데 공의의 기준을 지키면 그들이 진정 누구인지를 볼 수 있게 된다. 하나님께서 그들을 어떤 존재로 만드셨는지 볼 수 있게 될 때 우리의 눈은 하나님께서 그들의 삶 가운데 주신 소명과 목적을 볼 수 있게 된다. 단지 현재 그들의 모습이 아닌 그들이 되어 갈 모습으로 대할 수 있는 것이다.

### 자연계와 초자연계

우리는 두 영역 즉 자연계와 초자연계 속에 산다. 하나님께는 오직 자연계 한 영역만 있다. 모든 것이 그분의 자연계 안에 있다. 새롭게 된 마음을 체험할 때, 우리는 주님의 시각을 통해 볼 수 있게 된다. 그것이 새롭게 된 마음이다. 즉 그리스도의 마음이다. 생각을 이렇게 변화시킬 때 자연적인 것들에 대한 초자연적 시각, 초자연적인 것들에 대한 자연적 시각이 생긴다. 이 조합은 우리에게 이 시대에 흔치 않은 현실성을 주고, 종교적 환경 내외의 여러 시나리오에 적합하도록 만들어 준다. 그것이 자연계와 초자연계를 갈라놓는 선을 지울 때 배우는 아름다움이다.

나는 개인적으로 지난 20년 동안 초자연적인 사실을 강조하는 경향이 있었다. 기독교계에 초자연적인 것이 너무 적다는 사실에 낙심했기 때문이다. 누구를 탓하기 위해서 하는 말이 아니다. 나는 나 스스로와 내가 예수님을 따르는 방식에 불만이 있었다. 나는 도덕적이었고 원칙을 가지고 살았으며, 주님을 예배하기를 좋아했고 말씀을 읽고 연구하기를 좋아했다. 그리고 사람들을 그리스도께로 이끄는 것을 아주 기뻐했다. 하지만 예수님께서 보여 주셨던 기적들이 내 삶에 일어나고 있지 않았다. 우리가 사랑하고 존경하던 선교사들과 오래 전 믿음의 영웅들, 혹은 큰 집회를 할 수 있는 이들의 삶 가운데서 그런 이야기를 듣는 것은 놀라웠다. 그러나 그것은 나의 체험이 아니었다. 기적은 내가 아는 보통 사람들 주변에 존재 하지 않았다.

그래서 나는 여기에 다 기록할 수 없을 정도로 긴 여정을 시작하게 되었다. 한 가지만 언급하자면 빈야드 운동의 존 윔버John Wimber가 병자를 치유하라는 위임에 접근하는 방식을 보면서 자유를 얻었다. 그것은 내가 따라 할 수 있을 정도로 간단하여, 결국 너무나 오랫동안 바라왔던 열매를 맺을 수 있었다. 나는 예수님을 그렇게 놀랍게 나타내 준 것에 대해 존 윔버와 빈야드 운동 전체에 감사한다. 그것은 전에도 그랬고 지금도 내가 따를 수 있는 모델이다.

교회로서 우리는 의도적으로 사람들의 육체 가운데 암과 다른 질병들이 멸해지는 것을 보는 데에 믿음과 추구의 초점을 두었다. 귀머거리가 듣게 되고 휠체어를 탄 사람이 일어나 걷고, 자폐증 아이가 회복되고 조울증 등 정신 질환이 치유되는 등 너무나 많은 일들이 있다. 우리는 하나님의 능력으로 만지심 받은 수천 명의 사람들이 예수님의 이름으로 치유와 기적을 체험하는 것을 보았다.

모두가 치유되었다고 말하고 싶다. 하지만 그렇진 않다. 예수님께 나아온 모두가 치유받았으며 아버지께서 예수님께 보내주신 모든 이들도 치유를 받았다. 그리스도께서는 완벽한 신학이시기 때문에, 우리가 따라 마땅한 유일한 본을 보이신다. 체험을 끼워 맞추기 위해 성경의 기준을 낮춰서는 안 된다. 오히려 성경의 기준에 맞도록 체험의 수준을 높이고자 할 것이다. 나는 내 부족을 어떻게라도 설명하려고 다른 기준을 만들기를 거부한다.

또한 우리는 도시에 변혁이 일어나기를 갈망해 왔다. 그 과정 중에 소위 도구 상자에 도구가 추가로 필요함을 알게 되었다. 우리는 자연적인 것에 가치를 두어야 한다. 앞서 말했듯, 우리의 사고를 바꿀 때 자연적인 것들에 대한 초자연적인 시각, 초자연적 영역에 대한 자연적 시각이 생긴다. 하나님의 나라 안에서 그 둘은 합력하고, 각 영역이 상호 보완하는 것이다.

이것을 보여 주는 성경의 예 가운데 내가 좋아하는 이야기는 이스라엘과 약속의 땅이다. 이스라엘 백성들은 광야에서 먹을 것을 위해 일하지 않았다. 하나님께서 초자연적으로 공급해 주셨다. 또한 옷이 해지지 않도록 해 주셨다. 낮에는 구름 기둥으로 광야의 고온으로부터 보호되었고 밤에는 불 기둥으로 추위로부터 보호받아, 상당한 편안까지 누릴 수 있었다. 하나님께서 그들을 돌보셨다. 광야에서 체험한 기적들이 그들을 살렸다. 약속의 땅에서 체험한 기적들은 하나님께서 유업으로 주시는 땅을 취할 수 있게 했다.

허나 기적들이 하나님과의 동행 가운데 우리를 지탱해 주는 놀라운 것인 만큼, 이스라엘 백성들은 이 기적적인 생활 방식을 약속의 땅에서 늘상 누린 것이 아니었다. 주님께서 이끌고 가신 그 땅에서 그들은 땅을 일궈 논과 밭을 만들고, 동물을 키우고 돌보아야 했다. 하나님의 축복이 자신들의 수고에 임하여 초자연적 효과를 갖게 하실 것을 알았던 것이다. 이는 그들이 전에 알지 못했던 축복의 영역으로 나아가게 해 줬다. 주님께 하듯 일을 함으로써 얻어진 결과 중 개인적인 것은 그들의 일과 관련된 충만한 흐름과 하나님께 입은 총애였다. 자연계와 초자연계를 결합시켜 하나의 생활 방식으로 만들기로 결정하신 것은 하나님이셨다. 그리고 이것이 새 언약 나라의 생활 방식에 본이 되었다.

### 세속과 신성

내가 아버지에게 진 수많은 빚 가운데 하나는 **모든 신자가 사역자**(혹은 제사장)라는 가르침이었다. 아버지는 1970년대 초반에 이 개념을 전해 줬다. 먼저는 예배의 특권이라는 것과 연관해서 전해 주었다. 이보다 앞선 시대에는, 전통을 따라 하나님에 대해 이야기하거나 중요한 영적 진리를 다룬 찬송가를 불렀다. 하지만 하나님께 노래하는 것은 주변에서 들어 보지 못한 일이었다.

이 변화는 우리를 새로운 여정으로 이끌었다. 아버지가 하나님께 해야 하는 사역과 사람에게 해야 하는 사역(교회와 아직 믿지 않는 자들을 대상으로)에 대해 나누었던 통찰을 잊을 수가 없다. 아버지가 안뜰과 바깥뜰에서의 사역에 대한 설교(에스겔 44장을 본문으로)를 마쳤을 때, 나는 주님께 머리를 숙여 이렇게 말했다. "이 한 가지를 가르치는 데에 제 평생을 쓰셔도 좋습니다." 내게 그만큼 큰 영향을 미쳤다. 평생을 변화시킬 말씀을 들었음을 알고 나는 이 진리에 대해 하나님과 언약을 맺어야겠다고 생각했다. 그것은 정말 모든 것을 변화시켰다.

이제 곧 보겠지만, 성경으로부터 임하는 계시에는 항상 여러 겹이 있다. 예배 가운데 제사장이라는 것은 주일 예배가 끝난 후에는 제사장이 아니라는 뜻이 아니다. 사실 하나님의 백성들은 일주일 내내 사역을 해야 함이 점점 더 분명해지고 있었다(엡 4:7-13 참조). 아버지가 이 생각을 처음 발표했을 때를 잊을 수가 없다. 전통에 갇혀 있는 사람들로부터 엄청난 비난을 불러왔다. 사람들은 일을 하라고 아버지를 고용했고, 자신들이 할 일은 출석하고 십일조 내고, 아버지를 응원하는 것이라고 생각했다.

성경의 어떠한 진리도 우리에게 그 자체로 임하지 않는다. 삶의 다른 영역에 도미노 효과를 일으키지 않고서 말이다. 하나님께서 당신의 말씀을 열어 주실 때, 우리가 전혀 괜찮다고 생각했던 다른 삶의 영역들에도 영향을 미치게 된다. 나는 하나님께서 전에 전혀 보지 못했던 것들을 볼 수 있게 해 주실 때가 너무나 좋다. 그리고 하나님께서 하시는 말씀에 "아멘" 하면 우리가 전혀 가능하다고 생각하지 않았던 방식으로 주님의 생명이 흘러 들어온다.

아버지가 이 생각을 나누셨을 때, **모두가 사역자**라는 이 진리는 우리 삶에 비범할 만큼 커다란 영향을 끼쳤다. 그리고 오늘날도 우리가 사람들의 삶 속에서, 그리고 도시에서 본 가장 큰 기적들 중에는 거기에 근거한 것들이 있다. 아버지가 이 원칙을 가르치셨을 때 처음 눈에 띈 것은 사람들에게 자신의 중요성이라는 개념이 자라기 시작했다는 것이었다. 신자의 의미는 반드시 다뤄져야 하는 것이다. 하나님께서는 우리 개인의 중요성에 대한 스스로의 자각을 키워 주고 싶어 하신다. 제자들이 예수님을 따랐을 때 그들은 누가 더 큰가를 가지고 다퉜다. 허나 예수님께서 크고자 하는 그들의 갈망을 고쳐 주지 않으셨음에 주목하라. 그저 한 아이를 그들 앞에 세우심으로 크다는 것을 재정의 해주셨다.

예수님과 시간을 보내는 사람들은 자연스럽게 주변 세상에 어떻게 영향을 미칠까를 생각하기 시작한다. 그것이 가장 아름다운 의의다. 하지만 섬김의 자세를 유지하지 않고 스스로의 중요성에 대한 이해 가운데 자라게 되면, **자격**이라는 위험한 땅으로 들어가게 될 것이다. 그러면 축복과 총애라는 빛을 받아내야 한다고 생각하기 시작한다. 다시 한번 말하지만, **종의 마음으로 다스리고 왕의 마음으로 섬기는** 것이 중요하다.

내가 어렸을 때, 우리 가족에겐 동네에서 다양한 책임을 맡고 있는 친구들이 많았다. 어떤 이들은 의사, 어떤 이들은 사업가, 어떤 이들은 학교 교사, 어떤 이들은 공무원이었다. 우리가 아는 사람들은 도시 전체의 셀 수 없이 많은 역할들을 감당하고 있었다. 아버지의 가르침으로 펼쳐지기 시작한 아름다움은 사람들이 어디에 있든 하나님께서 자신을 사용하실 수 있다고 생각하기 시작한 것이었다. 내가 어렸을 때는 하나님을 진정 열정 있게 사랑하는 사람은 누구든 목회자, 선교사 혹은 전도자가 되어야 한다고 흔히들 생각하던 때였다. 누구도 전혀 이견의 여지가 없었다. 하나님께 대한 남다른 열정이 있다면, 이국 땅으로 보내 섬기도록 하는 것이 보통이었다.

그것이 옳은 일일 경우도 있다고 믿는다. 그러나 내가 문제 삼는 것은 이 저변의 관념이다. 그러한 접근법은 우리 사회로부터 가장 영향력 있고 열정적인 사람들을 모두 제거해 버렸다. 열정은 열정을 낳는다. 그들을 멀리 보냄으로써 우리는 기업계, 교육계, 그리고 우리 문화의 여러 부분들로부터 열정의 누룩을 없애 버렸다. 얼마나 비극적이고, 전혀 불필요한 일인가! 하지만 **모두가 사역자**라는 생각으로, 하나님께서는 세속과 신성으로 분리된 우리의 생각을 쫓아오고 계셨다. 사역은 신성하고 교회 밖의 일은 속되다는 생각은 변화되어야 했다. 둘 사이에 우리가 항상 그어온 선은 지워져야 했다.

우리가 깨닫게 된 것은, 아프리카 선교사가 되도록 부르심을 받았다면 그렇게 하라는 것이다. 하라. 그리고 잘하라. 각자의 삶 가운데 있는 하나님의 부르심을 존중하고 축복할 것이다. 하지만 남캘리포니아에서 의사가 되도록 부르심을 받았다면, 그것은 선교사로의 부르심보다 전혀 못하지 않다. 부르심의 의의는 과제가 무엇인가에서 찾을 것이 아니다. 누가 우리를 부르셨는가에서 찾아야 한다.

외국 선교지로 부르심 받은 이들에게 표해야 할 존중심을 격하할 마음은 전혀 없다. 단지 자신의 삶에 주신 하나님의 목적에 **네**라고 반응한 모든 이들에 대한 존중심을 높여 주고 싶다. 어디서 섬기든지 말이다. 우리 삶에 임한 하나님의 부르심을 온전히 충족시키려면 변치 않는 믿음으로 살아야 하며 하나님과 사람들에 대한 사랑이 원동력이 되어야 한다. 구원을 받고자 여호와의 이름을 부르는 모든 사람은 어디에 있든 하나님의 소명을 성취해야 한다.

사도행전 19장을 보면, "비상한(새번역) 기적들이 교회 생활에 들어오는 것을 본다. 정상이 된 기적의 임재가 있었음을 가정한, 얼마나 놀라운 문구인가! 성령께서 이것이 어떤 기적들이었는지 우리가 깨닫기를 원하셨기 때문에, 바울 사도의 몸에서 취한 앞치마와 손수건을 병들고 고통받는 자에게 댔을 때, 치유와 구속을 받았다고 언급하셨다. 예수님의 사역 기간 중, 사람들은 그분의 옷자락만 만져도 치유가 되었다. 하지만 여기서 신자들은 하나님의 사람이 함께 하지 않은 상황에서도 천을 아픈 사람에게 갖다 대고 있었다.

이것이 여러 면에서 의의가 있지만, 한 가지 중요한 사실은 바울이 천막을 만드는 사람—**세속의** 직업—으로서 입었던 옷이었다는 것이다. 바울은 손을 더럽히고 땀을 흘리며 이것을 사용했다. 그것은 안수 기도를 하여 사람들이 치유받도록 한 천이 아니었다. 그렇게 했다는 것이 문제가 아니다. 우리도 그렇게 해 봤고, 하나님께서 그것을 존중하사 기적으로 응답하시는 것도 보았다. 하지만 골자는, 바울이 흔히

**세속적**이라 할 일을 하면서 입고 있던 옷을 하나님께서 사용하셨다는 것이다. 하나님께서는 자연적 수고를 가지고 초자연적 효과를 낼 수 있도록 하시는 유일한 분이시다.

## 절대성

신자의 삶에서 다른 모든 가치에 영향을 미치는 절대적 가치가 두 가지 있다. 첫 번째는 고린도전서 13장 즉 위대한 사랑의 장에 나온다. "그런즉 믿음, 소망, 사랑 이 세 가지는 항상 있을 것인데 그 중의 제일은 사랑이라(13절)." 사랑은 신자의 삶에 있어 하나님께서 주신 **최고의 소명**이다. 그저 동네에서 사랑의 투사로 있기만 해도 돈으로 결코 살 수 없는 영향력의 자리에 이르게 될 것이다. 사랑은 희생으로 측정되지만, 사랑을 우선시하기 위해 우리가 치러야 하는 값은 안중에도 들어오지 않을 정도로 크나큰 기쁨과 희열을 안겨다 준다. 사랑을 최우선으로 하면 결코 후회하지 않을 것이다.

히브리서 11장 6절에서 제자들을 위한 두 번째 절대적 가치를 볼 수 있다. "믿음이 없이는 하나님을 기쁘시게 하지 못하나니." 이 두 개의 존귀한 주제가 갈라디아서 5장 6절에서 하나로 합쳐진다. 믿음이 사랑을 통해 역사한다고 말씀하는 것이다. 직무를 세속되게 하는 것은 그 일의 내용이 아니다. 선교든 자동차 판매든 말이다. 우리가 하는 일을 하나님과 동역하지 않고, 하나님을 위해 스스로의 힘으로 할 때 직업은 세속적인 것이 된다. 모든 것은 믿음으로 해야 한다. 거기엔 우리의 직업도 포함된다. 조금 섬뜩한 이야기지만, 하는 일이 세속적으로 변해 버린 목회자와 선교사들도 있다. 더 이상 일에 있어 믿음을 필요로 하지 않는다는 면에서 말이다. 믿음은 스스로의 힘으로는 결코 갈 수 없는 책임의 자리에 우리를 데려가야 한다. 그렇지 않다면, 우리의 일은 세속적인 것으로 전락해 버린 것이다.

믿음은 맡은 일에 있어 신선하고 의존적이며, 첨단이 되도록 지켜 준다. 또한 믿음은 계속 발전하도록 하여, 주변에 커다란 영향력을 미칠 수 있는 창조성과 탁월성을 표출하게 해 준다.

믿음은 사랑을 통해 역사하기 때문에, 우리는 이것이 주변 사람들에게 영향을 미치는 데에 필요한 원투 펀치를 제공해 줌을 볼 수 있다. 사랑은 사람들이 원하고 얻으려 하는 것이다. 때로는 잘못된 곳에서, 잘못된 방식으로 말이다. 진짜 사랑은 생명을 변화시킨다. 그리고 우리에겐 우리의 회사와 동네, 가정에 사랑의 분위기를 세울 수 있는 특권이 있다. 희생으로 나타난 성경적 사랑의 기준을 높이 듦으로 말이다. 사랑엔 대가가 있지만, 그 보상은 영원한 것이다.

여러 가지 면에서 우리가 마음속에 긋는 이 선들—**우리와 그들, 자연계와 초자연계, 세속과 신성**—은 사람들을 복음에서 멀어지게 한다. 그러려는 의도는 없었겠지만, 슬프게도 그런 결과를 낳을 때가 많다. 그 때문에 우리는 보통 사람들이 그리스도를 영접하려면 교회 예배에 출석해야 한다고 생각했던 것이다. 그런 일이 일어나면 참 좋은 것이고 그런 일이 절대 멈추지 않기를 바란다. 그러나 이 선들을 지울 때 우리는 자유롭게 도시 곳곳에서 생명에 대한 일상 속 하나님 나라의 접근법을 나타내 보일 수 있게 된다. 그러면 도시 자체가 구원과 치유, 구속이 일어날 수 있는 성소가 되는 것이다.

하나님 나라 안의 생명은 진정 도시의 일반 시민들이 전에 본 것들과는 차원이 다르다. 이 선들을 지울 때 예수님과의 동행이라는 실제가 현저하게 드러나며, 그것은 설득력도 있고 따뜻하기도 하다. 그 결과는 충격적이다. 예수님께서 진정 갈망의 대상이 되신다. 하나님께서 모두가 갈구하는 아버지가 되신다. 하나님의 나라는 정말로 접촉하는 모두에게 영향력을 미치는 누룩과 같이 되는 것이다.

우리의 사고에 필요한 변화를 일으키기 위해서, 하나님께서 하시는 말씀이 역사하리라는 더 큰 믿음을 가져야 한다. 이 선들을 지우고 변화를 일으킬 때, 우리 삶의 체험을 통해 도시가 보고 맛볼 수 있는 것들에 영향이 일어날 것이다.

## 좋은 보고

우리가 도시의 지도자들로부터 받은 보고 중에 가장 보람이 있었던 것은 우리 교회 사람들이 성품과 책임감으로만 섬긴 것이 아니라, 실제로 회사 전체의 분위기에 영향을 미치고 소유주들에게 크나큰 성공을 가져다주었다는 이야기였다. 베델 초자연적 사역 학교 학생들과 베델교회 성도들은 도시를 위해 자원 봉사를 한다. 심지어 교회와 도시 간 연락책 역할을 할 사람을 채용하기도 했다. 우리가 맡은 일들을 관리하고 그것이 탁월하게 처리됨을 확인하도록 말이다. 그는 또한 우리가 하는 일이 필요한 일이며, 그것이 참으로 효과가 있는지를 확인시켜 주는 일도 한다.

우리 봉사단과 일해 온 도시 대표자는 사람들이 보여 준 청렴과 사랑, 섬기는 마음에 부끄러울 정도로 격찬을 한다. 봉사단은 부탁받은 이상의 것을 했으며 크나큰 기쁨으로, 모든 일을 사랑의 표현으로 한다. 바로 지난해에는 하나의 프로젝트를 통해 도시에 10억원 이상을 절약해 주었다. 이 정도 규모의 도시에서 그것은 상당한 금액이다.

어떤 것이 영적이고 어떤 것이 세속적인가에 대한 관점을 바꾸지 않고는, 도시를 잘 섬기는 데에 그러한 영향력을 발휘할 수가 있을지 의문이다. 이제 우리에겐 사회 전 영역에서 초자연적인 하나님과 함께 자연적인 노동을 하는 사람들이 있다. 하나님께서는 당신의 성품이 그들의 수고를 통해 나타날 수 있도록 축복하신다. 이렇게 도시를 사랑한다는 것은 놀라운 특권이자 영예다.

| 11장 |

# 마귀가 없으면 문제도 없다?

The
Power
That
Changes
The
World

솔로몬은 히람 왕에게 서신을 보내, 성전 건축을 위해 목재와 더 많은 금, 일꾼들을 보내 달라고 요청하였다. 히람은 지중해 최고의 중요 항구 도시 두로의 왕이자 솔로몬의 부친 다윗의 오랜 친구였다.

이 성전은 다윗이 전쟁의 사람이었기 때문에 지을 수 없었던 것이었다. 허나 그는 필요한 자재들을 대부분을 미리 준비해 두었을 뿐만 아니라 계획을 짜 두었다. 그는 역사상 가장 위대한 성전을 건축하는 데에 아들이 성공할 수 있도록 돕고자 그렇게 했다. 그 비용은 상상을 초월했다. 은과 금만 해도 오늘날 가치로 따지면 200조 원을 충분히 넘는다. 이는 7년 동안 이 프로젝트를 위해 일한 153,000명의 노동자들의 삯과 다른 자재들의 비용은 고려하지도 않은 것이다. 이 비용의 규모는 우리의 이해를 초월한다. 솔로몬이 히람에게 쓴 편지에는 여러 매력적인 점들이 있었는데, 그 중 건축비에 대한 것만큼 특별히 상상을 초월하는 한 가지가 있다.

당신도 알거니와 내 아버지 다윗이 사방의 전쟁으로 말미암아 그의 하나님 여호와의 이름을 위하여 성전을 건축하지 못하고 여호와께서 그의 원수들을 그의 발바닥 밑에 두시기를 기다렸나이다. 이제 내 하나님 여호와께서 내게 사방의 태평을 주시매 **원수도 없고 재앙도 없도다.** 여호와께서 내 아버지 다윗에게 하신 말씀에 "내가 너를 이어 네 자리에 오르게 할 네 아들 그가 내 이름을 위하여 성전을 건축하리라" 하신 대로 내가 내 하나님 여호와의 이름을 위하여 성전을 건축하려 하오니 당신은 명령을 내려 나를 위하여 레바논에서 백향목을 베어내게 하소서. 내 종과 당신의 종이 함께 할 것이요 또 내가 당신의 모든 말씀대로 당신의 종의 삯을 당신에게 드리리이다. 당신도 알거니와 우리 중에는 시돈 사람처럼 벌목을 잘하는 자가 없나이다.

열왕기상 5:3-6

이 당시에는 이스라엘 나라 전체가 부유했다. 성경은 말씀한다. "왕이 예루살렘에서 은금을 돌 같이 흔하게 하고 백향목을 평지의 뽕나무 같이 많게 하였더라(대하 1:15)." 그들은 은을 세려고 조차 하지 않았는데 솔로몬 당시에 은이 아무것도 아닌 걸로 여겨졌던 까닭이다(왕상 10:21 참조). 그것은 부가 어느 정도 모두에게 있었음을 암시한다. 이스라엘 백성들은 또한 예술적 기술과 삶에 대한 창조적 접근으로 유명했다.

이 모든 사실에도 불구하고, 하나님께서는 성전 건축에 있어 히람 왕과 그의 백성들이 관여하게 하셨다. 이것은 신앙 밖의 사람들의 도움과 지원에 대하여 내가 자라면서 배워 온 이상에 위반되는 것이다. 그리고 이것이 역사상 가장 거룩한 행사 중 하나인데, 가장 거룩한 곳을 만드는 일에 그러한 외부인이 끼어 있다. 아마도 이것은 "너희를 반대하지 않는 자는 너희를 위하는 자니라(눅 9:50)"고 하신 예수님 말씀의 또 다른 적용일 것이다. 또한 이것은 탁월성에 대한 하나님의 헌신을 증거해 주는 것이다. 시돈 사람들은 목재 관련 기술이 뛰어났다.

나는 하나님께서 아름다움과 탁월성에 대해 두시는 가치, 그리고 하나님께서 두시는 가치에 헌신한 사람들이 너무나 좋다. 정말로 허를 찌르는 것은 이러한 일들에 대한 하나님의 가치를 포용한 사람들이 때로는 하나님을 아직 모른다는 것이다. 그들 모두가 갈망해 왔던 것의 성취이신 분을 우리가 소개해 줄 수 있다면 얼마나 큰 특권이겠는가!

성전을 짓는 이 장면에서 하나님께서 거룩한 것을 너무나 압도적으로 임명하셔서 거룩하지 않은 것들이 오염시킬 수 없게 되는 은혜의 일별을 볼 수 있다. 이 일꾼들은 석공들 혹은 벌목자들, 혹은 금을 다루거나 자재 옮기는 일을 돕는 이들이었다. 그들은 솔로몬과 이스라엘에 놀라운 선물이 되었다. 나는 이렇게 의미 있는 것이 하나님의 백성들에 의해서만 건축되지 않았다는 사실이 너무 매력적이고 아름답다고 본다. 너무나 중요한 이 일에 다른 이들이 참여함으로써 기쁨과 개인적 정체성의 전환을 체험하게 되기를 하나님께서 원하셨을지도 모른다는 생각이 든다. 하나님의 집을 짓는 것처럼 중요한 일 가운데 하나님의 목적을 섬기도록 주신 총애를 통해 자신들을 어떤 존재로 지으셨는지를 발견하도록 하신다니, 너무나 하나님다우신 것이다.

이 이야기 중에서 가장 걱정스러운 부분은 솔로몬의 발언이다. "원수도 없고 재앙도 없도다." 여기서 **원수**라는 단어는 **사탄**이다. 솔로몬이 윤색潤色한 것이었을까? 아니면 이스라엘에 더 이상 마귀가 존재하지 않았다는 의미였을까? 아니면 마귀가 존재는 했지만, 더 이상 문제를 일으키지 않는다는 뜻이었을까? 그것도 아니면 전혀 다른 말을 한 것일까?

어떤 여파가 있을지 확실히 모르겠지만, 솔로몬이 후에 예수님 안에서 충만하게 나타날 것을 보여 주었음은 확신한다. 예수님께서는 마귀가 당신과 아무 상관이 없다고 말씀하셨다(요 14:30 참조). 예수님의 생애 가운데에는 마귀와 어떤 형태의 합의도 없었다. 물론 그것은 당연한 이야기다. 주님께서는 하나님의 흠 없는 어린 양이시다. 그러나 이러한 실제가 우리에게도 가능할까? 도시 규모로 가능한 일일까? 지혜와 그에 걸맞은 생명 안에서 다스리는 은혜가 사람들로 하여금 원수의 영향력으로부터 전혀 자유로운 삶을 살게 할 수 있을까?

만약 그렇다면, 이는 영적 세계에 대한 참된 지혜의 심오한 성질과 영향력을 드러내 준다. 원수의 영향력으로부터 자유롭게 사는 것은 가능할 뿐만 아니라 우리가 맡은 과제를 달성하는 데에 절대적으로 필요한 것이다. 예수님께서 본을 보이셨다. 먼저는 개인으로, 두 번째는 가정 단위로, 세 번째는 교회 식구들, 네 번째이자 마지막은 도시다. 마귀는 자신에게 자리를 내주지 않는 누구 안에서도 자리를 차지할 수 없다(엡 4:27 참조). 악한 계획 혹은 의도를 가짐으로, 아니면 두려움 가운데 행하거나 그의 거짓말을 믿게 될 때, 그와 합의를 하고 자리를 내주게 된다.

진리는 도시와 국가들 가운데 궁극의 표현으로 나타나게 되어 있다. 예수님께서는 사회 가운데 기대되고, 가능한 일들을 인하여 도시 이야기를 하셨다. 하나님의 계획 가운데 한 개인 안에서는 나타날 수 없고 공동체로서만 나타날 수 있는 것들이 너무나 많다. 솔로몬은 어떻게 보면 마귀에게 자리를 내주지 않았다는 면에서 예수님과 비슷한 체험을 했다. 솔로몬의 체험은 지속되지 않았지만 말이다. 하지만 이 이야기들은 격려와 믿음을 주어, 우리 생애 가운데서도 유사한 일들을 볼 수 있도록 쓰여진 것이다.

## 유업과 가속도

허물이 있었음에도 다윗은 임재에 기초한 공동체를 개발했다. 사람으로서 그의 리더십과 가치관은 하나님의 임재를 **정북**正北으로 만들었다. 그의 심령의 나침반은 모든 결정을 그것에 따라 내렸다. 이 모든 것은 당신의 백성 가운데 하나님의 얼굴이 나타나기를 바라는 것에 대한 초점과 연결되었다.

하늘의 일별은 역사 전반에 나타났고, 이 부분에 있어서는 다윗이 그 누구보다 더 명확하게 보았다. 하늘에서는 하나님께서 친히 계신 임재가 최고의 가치다.(구약에서 하나님의 임재를 언급할 때는 거의 예외 없이 그분의 얼굴에 대해 말씀한다. 예컨대 모세의 성막에는 그 임재의 빵 즉 진설병이 있었다. 그것은 문자적으로 그 얼굴의 빵이었던 것이다.) 하늘은 세상에 존재하는 그 무엇보다 주님의 얼굴을 가치 있게 여긴다. 어떤 것도 하나님 자신보다 크지 않다. 그분께서 하늘이시다. 그림자가 없을 정도로 말이다. 다시 말해, 주님께서는 모든 곳에 동시에 빛을 내시며 계신다. 그리고 하나님의 백성이 그러한 가치 체계를 포용할 때는 언제든, 하늘을 반영하는 것이다. "하늘에서와 같이 땅에서도"라는 기도가 부분적으로 성취되는 것이다.

다윗의 장막은 하나님의 얼굴 앞에서 하루 24시간 예배하는 것이었다. 이는 다윗의 마음에 중심 된 것이었으며, 궁극적으로는 이스라엘 나라의 중심이 되었다. 솔로몬은 이 가치를 물려받아, 개인적 모멘텀으로서 이 가치를 가지고 다스리기 시작했다. 하지만 솔로몬은 문제가 있었고, 그것은 잠언에 나타난 옥의 티가 되었다.

그 때까지 여호와의 이름을 위하여 성전을 아직 건축하지 아니하였으므로 백성들이 산당에서 제사하며 솔로몬이 여호와를 사랑하고 그의 아버지 다윗의 법도를 행하였으나 산당에서 제사하며 분향하더라.

열왕기상 3:2-3

하나님께서 보시는 솔로몬의 사랑은 한 가지만 빼고 전심을 다한 것이었다. 하나님께서 나에 대해 자랑을 하시는 것만큼 기쁜 일이 있을까 싶다. 주님께서는 솔로몬이 당신을 사랑했음과 당신의 법도를 따라 행하였음을 인정하셨다. 또한 하나님께서 나에 대해 말씀하시면서 솔로몬의 헌신—**그러나 산당에서 제사하며 분향하더라**—을 말씀하신 것처럼 평가를 추가하신다면 그보다 불안감을 주는 것은 없을 것이다. 정말 파괴적이다.

산당은 주변 모든 나라의 우상 숭배자들이 예배하던 곳이다. 산에 올라감으로 우리는 수고를 한다. 더 높은 고도로 향함으로 우리는 하나님께 가까이 나아간다. 이 두 가지 생각은 인간의 추론과 자기 의지를 나타낸다. 솔로몬이 하나님께 제사를 드리긴 했지만, 그것은 하나님의 지시를 벗어난 것이었으며 인간적 추론과 자기 의지를 따라서 한 것이었다. 그러한 일을 할 때 우리는 하나님을 예배하는 것이 아니라 **예배**를 예배하기가 쉽다. 하나님께서는 백성들에게 당신 앞에서—그 임재의 궤 앞에서—의 예배가 있어야 한다고 지시하셨다.

이 문제의 가장 두드러진 부분은 하나님께서 산당에 계시지 않았다는 것이다. 주님께서는 예루살렘에 있는 언약궤 안에, 그 위에, 그리고 주변에 계셨다. 다윗은 언약궤가 머문 그곳에 다윗의 장막이라 불리는 텐트를 세웠다. 이곳은 수십 년간 쉼 없이 하나님께 참된 예배가 드려지던 곳이었다. 예배의 문화 가운데 자란 솔로몬이 이미 심중에 알았던 바를 드러내 주는 말씀은 하나님께서 꿈으로 나타나신 이후에 그가 산당을 떠나 언약궤 앞으로 나아왔다는 것이다. "솔로몬이 깨어 보니 꿈이더라. 이에 예루살렘에 이르러 여호와의 언약궤 앞에 서서 번제와 감사의 제물을 드리고 모든 신하들을 위하여 잔치하였더라(왕상 3:15)."

솔로몬은 알았다. 아는 바에 따라 살지 않았을 뿐이다. 이것이 그의 통치의 기초에 간 금이었다. 하나님께서 말씀하셨을 때, 그는 본능적으로 하나님의 임재와 영광이 거하는 언약궤로 돌아가서 제물을 드렸다.

우리의 가장 큰 문제는 원칙을 따라 살고 하나님의 임재로 살지 않을 때 일어난다고 믿는다. 예수님께서는 끊임없이 임재로부터 사역하셨다. 한 번도 비둘기가 그분의 어깨에서 떠나지 않았다. 아버지의 음성을 항상 인식하며, 아버지께서 무슨 일을 하고 계신지를 항상 보고 계셨다. 다윗은 임재의 사람이었다. 솔로몬은 성령을 애정 있게 사랑하는 사람이 아닌 개념과 원칙의 사람이 되었다고 본다.

원칙은 필수적이다. 하나님께서 어떻게 생각하고 일하시며, 하나님의 나라가 어떻게 작용하는지를 배운 결과로 나타나는 것이다. 원칙은 우리의 사고 방식을 형성해야 하지만, 결코 주님을 대체하기 위한 것은 아니다. 무언가에 대한 이해가 주님이나 주님의 음성에 대한 의식을 대체해서는 결코 안 된다. 그런 데서 하나님의 뜻에 대해 외면적으로는 좋아 보이지만 과정은 파괴적인 가정들을 하는 것이다.

마침내 건축이 끝났을 때, 솔로몬은 성전을 갖게 되었다. 그러나 하나님께서는 어디 계셨던가? 예배가 어디 있었던가? 솔로몬은 아버지 다윗에게서 물려받은 24시간 예배와 중보의 접근을 계속할 수도 있었다. 하지만 그렇게 하지 않았다. 그 태만의 영역 하나가 그에게 말할 수 없는 대가를 치르게 했다.

성경은 이를 언급하지 않지만, 나는 사람들이 그렇게 하고 있었기 때문에 솔로몬이 산당에서 하나님께 제물 드리는 것에 대한 압박을 느끼지 않았을까 생각한다. 사울 왕도 통치의 한 시점에 그와 비슷한 가치에 이끌렸었다. 그는 사무엘에게 자신의 죄를 이렇게 설명했다. "백성이 내게서 흩어지는 것을…내가 보았으므로(삼상 13:11)" 사람에 대한 두려움은 지도자를 불구로 만든다. 도전적인 결정을 건네받았을 때, 내가 첫 번째로 우려하게 되는 것이 무엇인가? "아무개"가 어떻게 생각하는가인가? 솔로몬은 사람들이 산당에서 예배하는 것을 보고 아마도 호의를 얻고 싶어서 그들을 따랐을 것이다.

사람들의 칭찬에 의해 살지 않으면 사람들의 비판에 의해 죽지 않을 것이다. 모든 사람에게 존중과 존경을 표하는 것은 중요하지만, 순종은 오직 하나님께만 속해야 한다. 정부에 대한 순종조차 주님께 하듯 해야만 하는 것이다. 그것이 주님께서 주신 명령이기 때문이다.

## 평화의 사람

솔로몬은 인생을 향한 자신의 소명과 목적을 알고 자랐다. 그는 통치하기 위해 준비되었으며, 그의 통치는 예언적으로 정의되었다. 전쟁의 삶을 산 아버지 다윗과 달리 솔로몬은 평화 가운데 통치했다.

"보라, 한 아들이 네게서 나리니 그는 온순한 사람이라. 내가 그로 주변 모든 대적에게서 평온을 얻게 하리라. 그의 이름을 솔로몬이라 하리니 이는 내가 그의 생전에 평안과 안일함을 이스라엘에게 줄 것임이니라. 그가 내 이름을 위하여 성전을 건축할지라. 그는 내 아들이 되고 나는 그의 아버지가 되어 그 나라 왕위를 이스라엘 위에 굳게 세워 영원까지 이르게 하리라" 하셨나니

역대상 22:9-10

이것은 솔로몬이 태어나기도 전에 주님께서 다윗에게 하신 말씀이었다. 이 약속은 의심의 여지 없이 솔로몬이 양육된 방식과 자라는 동안 그의 평생에 선포된 말씀을 형성했다. 데스티니에 대한 인식

을 가지고 자녀를 키우는 것은 중요하다. 하지만 그들을 향해 우리가 가진 꿈들을 성취하도록 통제하거나 조종하려 하지 말아야 한다. 그들의 꿈은 하나님께서 주신 데스티니가 되어야 한다. 그리고 그 꿈조차도 우리의 해석에 좌우되지 말아야 한다. 성경은 **마땅히 행할 길**을 자녀에게 가르치라고 말씀한다(잠 22:6 참조). 이는 우리가 마땅히 행할 길과 반드시 같지 않을 수 있다. 다윗은 꿈이 있는 사람이었다. 그 결과, 그는 데스티니가 있는 아들을 키웠다. 꿈 없는 가정에서 양육되는 아이들에게 유감을 표한다.

여기서 아들이 지혜를 필요로 하며 여호와의 집을 지으라는 과제를 받았고, 절대적으로 용기를 가지고 살아야 한다는 것에 대한 다윗의 개인적 책임을 볼 수 있다.

이제 내 아들아, 여호와께서 너와 함께 계시기를 원하며 네가 형통하여 여호와께서 네게 대하여 말씀하신 대로 네 하나님 여호와의 성전을 건축하며 여호와께서 네게 지혜와 총명을 주사 네게 이스라엘을 다스리게 하시고 네 하나님 여호와의 율법을 지키게 하시기를 더욱 원하노라. 그 때에 네가 만일 여호와께서 모세를 통하여 이스라엘에게 명령하신 모든 규례와 법도를 삼가 행하면 형통하리니 강하고 담대하여 두려워하지 말고 놀라지 말지어다.

역대상 22:11-13

평화의 사람에게 용기가 필요하다는 것을 이상하게 볼 수도 있지만, 사실이다. 하나님께서 갖고 계신 평화를 유지하는 데에는 엄청난 용기가 요구된다. 솔로몬에게 여기서 모든 게 나빠지기 시작했을 수도 있다. 그는 평화를 조약으로 격하시켰고, 불법적인 것들로 낮추었다.

> 솔로몬이 애굽의 왕 바로와 더불어 혼인 관계를 맺어 그의 딸을 맞이하고 다윗 성에 데려다가 두고 자기의 왕궁과 여호와의 성전과 예루살렘 주위의 성의 공사가 끝나기를 기다리니라.
>
> 열왕기상 3:1

하나님께서 인도하시지 않은 이 조약과 혼인이 이스라엘 나라가 예배에 있어서 타협하게 되는 문을 열었다고 볼 수 있을까? 이 역사가 사람들로 하여금 산당에서 제물을 바치게 만든 것이었다. 이스라엘 백성들은 다른 신들을 경배하는 이방 여자들과 결혼할 수 없었다. 하나님께서는 그러한 결합을 하면 거짓 신들을 섬기게 되고 말 것이라고 이스라엘에 경고하셨다. 솔로몬은 분명 자신이 유혹을 감당할 수 있을 것이라고 생각했겠지만, 지혜도 그에게 임박한 실패를 막아주진 못했다. 특별히 그가 지혜를 사용할 생각이 없었기에 더 그랬을 것이다.

다윗이 왕이었을 동안에 예배에 있어 타협을 하도록 한 번이라도 허용했을까 의문이다. 솔로몬과 같은 그런 언급은 없다. 산당에서 예배하고 평화 유지를 위해 조약을 맺는 것은 모두 하나님 나라의 목적을 이루기 위해 하는 인간적 노력이다. 그것들은 소용이 없다. 최소한 영원한 가치와 목적이라는 측면에서는 그렇다.

## 낮은 기준의 승리

구약 시대에는 성령께서 아직 당신의 백성 가운데 거하고 계시지 않았기 때문에, 선을 향하여 영향을 받는 것보다는 악을 향하여 영향을 받기가 쉬웠다.(성령께서 사람들 안에 거하실 때는 사람들의 성품을 변화시키신다. 새로운 이 성품은 공의를 향하는 경향이 있다.) 평화의 나라를 세우기를 추구하는 솔로몬도 그랬다. 하지만 어떤 대가를 치르고라도 얻어지는 평화는 더 이상 평화가 아니다.

하나님께서 평화를 지으실 때, 그것은 평화의 왕자로 불리시는 분의 임재에 기초한 평화다. 그 평화에는 또한 군사적 효과도 있다. "평강의 하나님께서 속히 사탄을 너희 발 아래에서 상하게 하시리라(롬 16:20)." 하나님의 나라 밖의 평화는 무언가의 부재이지만, 하나님 나라 안의 평화는 누군가의 임재다.

솔로몬은 하나님께서 지시하시지 않은, 타협으로 이끌 조약들을 맺음으로써 더 열등한 형태의 평화를 이루고 있었다. 그는 자신의 통치가 성공이라는 증거로서 전쟁의 부재에 가치를 두었다. 그것은 거짓된 성공이었다.

여러 가지 면에서 솔로몬은 결코 참된 평화의 사람이 되지 못했다.

최소한 하나님의 나라적 측면에서는 그렇다. 그의 평화는 조약과 전쟁의 부재에 있었다. 그러나 그는 결코 아버지 다윗처럼 임재 지향적 사람이 되지 못했다. 다윗은 하나님의 임재로부터 살았다. 도덕적 실패 가운데에도 그는 이렇게 울부짖었다. "주의 성령을 내게서 거두지 마옵소서(시 51:11)." 그러나 솔로몬이 하나님을 예배한 사람이었다는 증거는 없다. 최소한 다윗과 같은 예배자는 아니었다. 아버지처럼 음악가가 되어야 하는 것은 아니었다. 그것은 모두에게 주어진 은사가 아니다. 그러나 모든 사람은 예배하는 사람이 되어야 한다.

총애와 권세 가운데 높이 올라갈수록 타협하는 결정을 내릴 때에 닥치는 결과는 더 파괴적이다. 솔로몬에게도 그랬다. 건물의 기초가 한쪽 면이 다른 쪽면보다 1cm 더 낮다고 생각해 보라. 이 건물이 1층이나 2층짜리라면 큰 문제가 아니다. 그러나 100층짜리 건물의 기초가 1cm 오류를 안고 있다면, 심각한 문제다. 건물이 기울어지면 건축 자재들에 감당할 수 없는 압박을 가하게 될 것이다. 지층의 그 자그마한 실수는 높이 올라갈수록 제곱에 제곱으로 불어난다. 모세가 약속의 땅에 들어갈 수 없었던 것이 그러한 이유였다. 그는 총애 받은 역할을 바로 대하지 않고 하나님께서 지시하신 대로 명령을 하는 것이 아니라 반석을 쳤던 것이다. 사도행전 5장에서 아나니아와 삽비라가 죽은 이유도 그것이었다. 성령께 거짓말을 한 것이다. 그때는 교회에 하나님의 영광의 임재가 너무나 강력하게 선포되어 어떠한 거짓된 행위도 하나님께서 짓고 계신 것 가운데 파괴적 결과를 냈던 것이다.

하나님 안에서 위대한 일들을 체험했지만 그 체험에 요구되는 수준의 헌신으로 이어가지 못했던 수많은 사람들의 이야기로 교회사는 가득하다. 그들은 때에 맞지 않는 죽음을 맞아야 했다. 특별히 솔로몬의 경우가 비극적인 것은, 그가 하나님의 백성들에게 거짓 신들의 숭배를 소개하여 이스라엘이 그로부터 회복하는 데에 여러 세대가 걸렸기 때문이다.

솔로몬 왕이 바로의 딸 외에 이방의 많은 여인을 사랑하였으니 곧 모압과 암몬과 에돔과 시돈과 헷 여인이라. 여호와께서 일찍이 이 여러 백성에 대하여 이스라엘 자손에게 말씀하시기를 "너희는 그들과 서로 통혼하지 말며 그들도 너희와 서로 통혼하게 하지 말라. 그들이 반드시 너희의 마음을 돌려 그들의 신들을 따르게 하리라" 하셨으나 솔로몬이 그들을 사랑하였더라. 왕은 후궁이 칠백 명이요 첩이 삼백 명이라. 그의 여인들이 왕의 마음을 돌아서게 하였더라. 솔로몬의 나이가 많을 때에 그의 여인들이 그의 마음을 돌려 다른 신들을 따르게 하였으므로 왕의 마음이 그의 아버지 다윗의 마음과 같지 아니하여 그의 하나님 여호와 앞에 온전하지 못하였으니 이는 시돈 사람의 여신 아스다롯을 따르고 암몬 사람의 가증한 밀곰을 따름이라. 솔로몬이 여호와의 눈앞에서 악을 행하여 그의 아버지 다윗이 여호와를 온전히 따름 같이 따르지 아니하고 모압의 가증한 그모스를 위하여 예루살렘 앞 산에 산당을 지었고 또 암몬 자손의 가증한 몰록을 위하여 그와 같이 하였으며 그가 또 그의 이방 여인들을 위하여 다 그와 같이 한지

라. 그들이 자기의 신들에게 분향하며 제사하였더라.

열왕기상 11:1-8

별것 아닌 것처럼 보인 타협을 인하여 망쳐진 수많은 인생을 나는 보았다. 젊은 아가씨가 멋진 남자와 결혼을 했는데, 그가 믿지 않는 사람이거나 하나님께 대해 자신과 같은 수준의 열정을 갖고 있지 않은 사람인 경우를 많이 보았다. 그럴 경우 여자가 남자를 닮는 것은 오래 걸리지 않는다. 낮은 기준이 승리한다.(남자에게도 마찬가지다. 그렇지만 내 경험상 여자만큼 자주는 아니다.)

솔로몬에게 있어, 이 모든 일은 산당에서 여호와를 예배하는 것으로 시작되었다. 그리고 결국 산당에서 거짓 신들을 예배하는 형태가 되었다. 이와 같은 이야기에서 가장 비극은 지도자만 홀로 타락하지 않는다는 것이다. 지도자의 영향력이 클수록, 그의 기만에 휩쓸려 넘어가는 사람들의 숫자도 많아진다. 리더십은 영예요 특권이지만, 잘못 사용되었을 때 그만큼 대가가 크다. 많은 것을 받았을 때는 더 높은 기준으로 심판받는다. "무릇 많이 받은 자에게는 많이 요구할 것이요(눅 12:48)." 하나님께로부터 온 솔로몬의 부, 명성, 능력, 총애는 삶에 대해 그에게 요구되는 기준을 상당하게 높였다. 이것이 축복의 높은 대가다. 하나님과의 동행 가운데 멀리 나아갈수록, 가지고 갈 것이 적을 수 있다.

## 축복을 받고도 살아남는 힘

솔로몬의 이야기 가운데 가장 내 마음을 아프게 하는 부분은 이것이다. "솔로몬이 마음을 돌려 이스라엘의 하나님 여호와를 떠나므로 여호와께서 그에게 진노하시니라. **여호와께서 일찍이 두 번이나 그에게 나타나시고**(왕상 11:9)." 하나님께서는 당신을 과시하지 않으신다. 사실, 우리가 갈급하고, 순종할 수 있는 만큼 당신을 드러내 주신다. 솔로몬에게 두 번 나타나셨을 때, 하나님께서는 거의 아무도 경험해 보지 못한 범주에 그를 두셨다. 그렇게 하심으로 여호와께서는 솔로몬이 사상의 위대한 개혁가요 설계가가 될 수 있게 하셨다. 그리고 솔로몬의 도시와 국가의 존재 이유를 위해 적용된 하나님의 계시를 개발하게 하셨다. 솔로몬은 위대했던 만큼 쓰러짐도 컸다.

여기 심각한 문제가 있다. 하나님께서 나타나사 축복해 주시고, 우리의 갈망을 충족시켜 주시고 삶에 대한 분명한 지시를 주시기를 바라지 않는 자가 어디 있는가? 솔로몬이 가졌던 이러한 총애와 축복을 원하지 않을 사람은 없다. 그러나 솔로몬에 대한 하나님의 가슴앓이도 엄청난 것이었을 것이다. 이것은 사상 최악의 배신이었다. 역사를 통틀어 얼마나 많은 사람들이 두 번은 고사하고, 한 번이라도 하나님께서 나타나신 것을 보았는가? 정말로 얼마 되지 않을 것이다. 그리고 아무도 솔로몬과 같은 총애와 축복을 받지 못했다.

그러니 축복받은 사람이 되는 것은 어떻겠는가? 이미 받은 축복보다 더 큰 축복을 받는 것 말이다. 하나님의 의도는 어떤 것일까? 나는 주님께서 우리를 훈육하사 당신의 축복이 우리를 죽이지 않게 하시리라고 확신한다. 우리의 삶을 총애와 축복으로 채워 주고자 하시는 주님의 갈망은 이 모든 것들에 대한 우리의 갈망을 합친 것보다 훨씬 크다! 그러나 남아 있는 문제는 이것이다. 우리가 총애를 견뎌 낼 수 있을까? 주님의 축복을 견뎌낼 수 있을까?

바울 사도는 빌립보서 4장 12절에서 13절은 이 문제에 대한 자신의 통찰을 나눠 준다. "나는 비천에 처할 줄도 알고 풍부에 처할 줄도 알아 모든 일 곧 배부름과 배고픔과 풍부와 궁핍에도 처할 줄 아는 일체의 비결을 배웠노라. 내게 능력 주시는 자 안에서 내가 모든 것을 할 수 있느니라."

바울의 통찰은 이것이다. 우리가 시련을 통과하고 부족을 마주할 때 필요한 힘은 축복이 넘쳐날 때 필요로 하는 힘과 동일한 것이다. 축복이 결코 하나님께 대한 신뢰를 대체해선 안 된다. 하지만 믿음과 공존하는 축복은 하나님께서만 주실 수 있는 증대의 발판이 된다. 여기엔 아무런 슬픔도 딸려 있지 않다(잠 10:22 참조).

축복이나 시련 중에도 하나님과 변함 없는 관계를 키워 가는 일은 우리가 신자로서 마주하는 가장 중요한 도전 중 하나다. 이 마지막 때에 이 문제들을 철저하게 다루지 않고는 어디에도 갈 수가 없다.

| 12 장 |

# 축복의 신학

THE
POWER
THAT
CHANGES
THE
WORLD

우리 앞엔 꽤나 큰 도전들이 놓여 있고, 그것들은 우리 믿음에 도전이 되는 문제들을 논할 때 가장 먼저 떠오르는 것들이 아닐 수 있다. 하지만 진리다. 이렇게 이야기할 수 있겠다. 우리는 사람들이 **하나님의 나라를 먼저 구할 때** 기뻐하지만, **모든 것들이 그들에게 더해졌을 때**는 항상 기뻐하지 못한다(마 6:33 참조). 우리는 사람들이 **하나님의 능하신 손 아래에서 겸손할 때** 좋아하지만, **때가 되어 하나님께서 그들을 높이실 때**는 항상 감동을 받지 못한다(벧전 5:6 참조). 우리는 **은밀하게 하나님께 드린** 사람들의 이야기를 너무나 좋아하지만, **하나님께서 그들에게 공개적으로 보상하실 때**는 그들의 청렴을 의심하게 된다(마 6:4 참조).

하나님께서 당신의 백성들에게 더하여 주시는 과정을 처리하지 못하면 우리는 하나님께서 데려가고자 하시는 어떤 곳에도 갈 수 없다. 모든 증대에는 하나님 나라 안에서의 목적이 있고, 우리는 하나님의 과정에 가치를 두거나 주님께서 높이시는 자를 축하하는 법을 배우지 않을 때 엄청난 대가를 치르게 된다. 질투는 종종 분별력이라는 가면을 쓰고 나타난다. 그 둘은 다른 것이다. 질투는 교회 내의 가장 파괴적인 힘 중 하나다. 질투는 혼 안에 있는 것으로, 우리가 진정한 번영에 이르지 못하도록 막는 것이다.

다른 사람의 축복과 증대의 때를 축하할 수 없다는 것은 종종 하나님께서 우리 삶 가운데 부어 주시기를 바랐던 상당한 것들을 받을 자격을 박탈시킨다. 다른 사람의 소유(돌파의 때)를 가지고 어떻게 하느냐가 우리 자신의 것을 언제 어떻게 받을 것인가를 결정 짓는다(눅 16:12 참조).

예수님께서는 왜 기뻐하는 자들과 함께 기뻐하라고 명하셨을까? 주님께서 그런 명령을 하셨다는 사실만 봐도 그것이 자연스럽게 되는 일이 아닌 것임을 알 수 있다. 우리의 돌파의 때가 아니기 때문이다. 기뻐하라고 명하셔야 했다면, 우리의 상황이 저절로 기쁘지 않기 때문인 것이다. 그러나 다른 사람의 증대와 축복의 때에 대해 좋은 마음을 갖는 것은, 우리 영혼에 건강을 줄 뿐 아니라, 청지기로서 맡은 모든 영역에 대한 더 큰 책임과 축복을 위해 우리를 대비시켜 준다.

## 의미

하나님의 시각에서 우리의 존재 의미를 찾는 것은 우리가 평생 받을 수 있는 가장 중요하고 흐뭇한 계시다. 그것은 우리를 자유롭게 하여, 주님께 대한 기쁨의 제물로서 삶을 살아갈 수 있게 한다. 그러나 자아 비판과 수치심을 가지고 스스로에 대해 생각함으로 "겸손"을 유지하는 데에 익숙한 이들에게는 겁이 나는 주제다. 일부 종교 지도자들은 그렇게 하면 사람들이 더 주님께 잘 순종할 수 있게 될 것이라는 생각에, 심지어 굴욕을 사용하는 데에 의지하여 사람들을 동조하게끔 한다. 많은 지도자들이 이러한 접근법을 전혀 가학적이라고 생각하지 않을 것 같다. 사람들이 하나님께 의지하도록 만드는 데에 필요한 방법이라고 생각한다. 다시 한번 말하지만, 결과는 수단을 정당화할 수 없다.

우리의 존재 의미를 배우는 것은 필수적이다. 예수님께서 다메섹 도상에서 사울에게 당신을 드러내셨을 때, 사울은 자신이 선택받은 목적을 보았다. 또한 그는 자신의 목적을 이루기 위해 어떠한 고통을 받아야 할 것인지도 보았다. 한 번은 누군가가 비전은 고통에 목적을 부여한다고 말했다. 분명 선택받은 사울에게는 해당이 되는 말이다. 사울의 의미는 그 계시의 일부였다. 그 계시가 사울에게 교만이나 독립심을 주지 않았음에 반드시 주목해야 한다. 의미를 올바르게 볼 때 믿음과 겸손이 생긴다.

우리의 의미는 우리를 부르신 분께 직접 연결되어 있다. 그것은 우리의 선함에 근거한 것이 아니다. 주님의 선하심에 근거한 것이다. 그분의 형상대로 지어진 것은 사실이지만, 우리의 의가 누더기와 같이 더럽다는 것도 사실이다. 모든 사람은 우리를 위해 궁극의 대가를 치러 줄 구원자를 필요로 한다. 우리가 하나님의 의라 불릴 수 있도록 말이다. 이것은 오로지 은혜로만 가능한, 상당한 변화다. 하나님께 대한 신뢰를 키우지 않고 우리는 항상 자격으로 향하게 된다. 그리고 자격은 믿음의 진정한 모퉁이돌인 은혜로부터 우리를 멀어지게 한다.

## 사람들에게 다가가는 방법

수년 전, 나는 목회하던 교회에서 사람들에게 다가가고 사역하는 방법을 크게 바꾸었다. 보통 나는 사람들이 자신의 뜻대로 행하면 죄를 지으리라는 가정으로 다가갔었다. 나는 스스로를 하나님께 대한 복종과 순종의 자리로 그들을 이끄는 데에 도움을 주는, 필요한 존재라고 여겼다. 일련의 사건들을 통해 접근법을 바꾸고 우리 교회 사람들이 거듭났다고 믿는 것처럼 행동해야 함이 분명해졌다. 처음 듣기엔 우스울 수도 있지만, 잠시 곱씹어 보라. 사람들이 진정 거듭났다면, 당연히 그들은 모든 것에 있어서 하나님께 순종하고자 하는 갈망이 있을 것이다. 그들의 본성이 변화되고, 마음 깊은 곳에는 하나님을 향한 열정과 갈망이 있을 것이다.

거듭난 사람들에게 여전히 죄를 지을 능력이 있음에는 의심의 여지가 없다. 그러나 내가 배운 것은, 사람들 안에 주의를 기울인 부분이 성장한다는 것이었다. 나는 하나님께서 그들에게 주신 본성에 주의를 기울이고, 심령 깊은 곳에 말하며 이미 하나님께 순종하려는 갈망이 있는 사람들로 바라보며 그들에게 호소하기로 결단했다.

이러한 사고 방식은 가장 먼저 나를 변화시켰다. 자칭 경찰이 되어 사람들의 태도를 순찰하고 다니는 것은 재미난 일이 아니다. 그리고 더 겁이 나는 것은 사람들의 의도를 감시하고 다니는 것이다.(사실 이 잘못된 인도 방식이 내 삶을 지배하지는 않았다. 그러나 이따금씩 그 추한 머리를 비집고 일어났기에, 단번에 죽여야만 했다.) 사람들을 죄로부터 떨어뜨려 놓으려고 애를 쓰는 대신 이제 그들이 하나님께서 주신 데스티니를 향하도록 만들어야 한다는 도전을 마주했다. 사람들은 내 안에 일어난 이러한 변화에 대해 더 듣고 싶은 갈급함과 하나님 중심적인 미래 안의 성취에 대한 소망, 그리고 주 예수 그리스도에 대한 단순한 헌신으로 반응했다. 깨달았든 못 깨달았든 간에 이것이 사람들이 듣기를 바라왔던 바로 그것이었다.

예수님께서는 여러 가지에 대해 우리와 다르게 생각하신다. 열두 제자들이 능력의 사역을 하는 데에 있어 그들의 성숙도를 넘어서 사용될까 두려워하지 않으셨다. 사역은 하나님 나라의 능력이 사람들을 만질 기회를 허락할 것이고, 그러면 열두 제자의 생각과 가치에 변화가 필요한 부분을 건드릴 것이었다. 당신을 따르는 자들이 교만, 우월감, 그리고 살인적 생각들로 반응했을 때 예수님께서는 이들을 언제 능력 안에서 풀어 주실 것인가에 대한 당신의 계획을 바꾸지 않으셨다(눅 9장 참조).

사실, 얼마 지나지 않아 추가로 70명의 제자들을 선택하사 기름 부으시고, 기적의 생활 방식을 위한 같은 은혜를 전수하셨다(눅 10장 초반 참조). 사람들이 어떤 면에서 부족했든지, 주님께서는 계속 하나님께서 그들에게 주신 데스티니를 향하여 지휘하셨다.

## 하나님의 뜻

많은 이들이 삶 가운데 어떤 일이 일어나도 하나님의 뜻이라고 생각한다. 이렇게 말하는 것이다. "하나님의 뜻이 아니었다면 그런 일은 없었을 거야." 그러한 사고 방식은 이 땅을 향한 하나님의 목적에 파괴적 영향을 갖는다. 하나님께서 어떤 일이 일어나는 것을 막지 않으셨기 때문에 그것이 그분의 뜻이거나 최소한 그것을 허용하셨다는 가정이다. 그러한 사고 방식, 그리고 그것을 표현하는 데에 사용되는 언어는 우리가 떠올릴 수 있는 어떤 것보다 우리의 심령을 불신으로 감염시켰다.

성경은 하나님께서 불의한 자의 죽음을 기뻐하지 않으시며 모든 사람이 회개에 이르기를 원하신다고 말씀한다(겔 18:23, 32, 벧후 3:9 참조). 그것이 주님의 뜻이다. 그와 다르게 일어나는 모든 것은 주님의 뜻이 아닌 이유로 일어난 일이다. 우리가 사는 현실은, 마주치는 문제들이 종종 아직 어떻게 해체해야 하는지 모르는 여러 가지로 둘러싸여 있다는 것이다. 악한 것에 하나님께로부터 왔다는 꼬리표를 붙이는 것은 하나님을 악하다고 하는 것이다. 그게 아니라, **미스터리 파일**이라고 하는 것을 계속 작성해야 한다. 악을 하나님께 돌리는 것보다는 그 편이 안전하다.

사람들이 흔히 범하는 논리의 오류는 어떤 일이 일어나든지 선하게 바꾸실 수 있는 하나님의 능력 덕분인 일이 본래 하나님으로 말미암았다고 잘못 해석하는 데에 있다. 예컨대 박해가 일어나면, 그것을 하나님의 뜻이라 볼 수 있을까? 그랬다면 평화가 충만한 삶을 사는 법에 대한 지시를 하지 않으셨을 것이다(딤전 2:1-4 참조). 하나님께서는 복음에 대한 반대를 당신의 역사와 핍박당한 개개인을 위한 승진 도구로 바꾸실 수 있음을 몇 번이고 증명하실 수 있다. 허나 이것을 가지고 박해가 처음부터 하나님의 뜻이었다고 잘못 생각해서는 안 된다.

질병이 하나님의 뜻이라면, 하나님께서는 왜 치유를 위한 믿음의 기도를 주셨을까? 일어나는 모든 일의 동기를 하나님께 돌리는 것은 생각과 삶에 있어 영적으로 게으른 것이다. 주님께서는 당신의 뜻을 드러내사 우리가 무엇을 위해 싸워야 할지 알게 하신다. 예수님께서는 왜 죽은 자들을 일으키셨을까? 모든 사람이 하나님의 때에 죽지 않았기 때문이었다. 예수님께서는 아버지께로부터 말미암지 않은 영적 세력이 배후에 있었기에 폭풍을 꾸짖으셨다. 하나님께서 폭풍을 보내셨고 예수님께서 그것을 꾸짖으셨다는 생각은 어리석다. 우리 인생은 이미 충분히 극적이라, 하늘 아버지께서 단순히 우리를 바쁘게 돌리기 위해서 더 드라마를 만들어내실 필요가 없다.

하나님께서는 우리를 전쟁터 한복판에 두시며 하나님의 나라가 "하늘에서와 같이 땅에서도" 이뤄지도록 하라는 임무를 주셨다. 예수님께서 전쟁과 전쟁의 소문이 있을 것이라고 하셨을 때는, 약속을 주신 것이 아니다. 당신의 마지막 때에 군대를 보내실 조건을 계시해 주신 것이었다. 왜 그리 많은 신자들이 하나님의 마지막 때 심판과 관련된 구절들은 그렇게도 인용을 잘하면서, 축복의 약속에 대해서는 전혀 모르는지 이해가 안 된다. 이렇게 일관성 없는 관점은 우리에게 엄청난 대가를 치르게 할 것이다. 어려운 일들을 잊어버려야 한다는 말이 아니다. 우리의 목적을 정의하도록 도와줄 몇 가지를 기억해야 한다는 것이다.

이사야 6장 1절에서 2절은 이것을 아주 잘 보여 주는 예다. "일어나라, 빛을 발하라…어둠이 땅을 덮을 것이며." 대조가 있다. 어두운 사건들 한가운데서 우리가 진정 있어야 할 곳을 찾게 된다. 그리고 거기서부터 우리는 열방에 충만한 영향력을 미친다.

## 나쁜 소식과 좋은 소식

나쁜 소식은 들었다. 이제 좋은 소식이 있다. 예수님께서 승리하신다는 것이다. 사실, 예수님께서는 이미 이기셨다. 우리는 승리를 위해 싸운다기보다 그리스도의 승리로부터 생명을 향하여 싸운다. 주님의 승리는 인류의 모든 적, 즉 죄, 사망, 무덤과 모든 어둠의 능력들에 대한 것이었다. 주님의 복음은 구원에 이르게 하는 하나님의 능력이다. 주님의 구원은 생명의 모든 부분을 어루만진다. 여기에는 도시와 나라들을 향한 하나님의 목적도 포함되어 있다.

확신하건대 종종 우리는 성경 속에서 우리의 믿음이 허락하는 것을 본다. 그리고 삶 가운데 실제로 변화를 일으킬 수 있는 복음의 능력에 대한 믿음이 너무나 적기에, 우리는 하나님의 영광스러운 약속들을 천년왕국 시대로 미루거나 하늘에 대한 묘사라고 간주한다. 그러나 이 약속들은 성경에 있는 것이며, 지금을 위한 것이라고 믿기에 충분한 이유가 있다. 그러니까 그냥 보고 지나가서는 안 된다는 것이다. 마지막 때에 대해 우리가 기억해야 할 예언의 말씀이 여기 있다.

그들이 와서 시온의 높은 곳에서 찬송하며 **여호와의 선하심** 곧 곡식과 새 포도주와 기름과 어린 양의 떼와 소의 떼를 얻고 크게 기뻐하리라. 그 심령은 물 댄 동산 같겠고 다시는 근심이 없으리로다 할지어다. "그 때에 처녀는 춤추며 즐거워하겠고 청년과 노인은 함께 즐거워하리니 내가 그들의 슬픔을 돌려서 즐겁게 하며 그들을 위로하여 그들의 근심으로부터 기쁨을 얻게 할 것임이라. 내가 기름으로 제사장들의 마음을 흡족하게 하며 **내 선함으로 내 백성을 만족하게 하리라**." 여호와의 말씀이니라.

예레미야 31:12-14(영어 확대번역성경)

사람들이 줄이어 하나님의 선하심으로 향해 갈 것이다. 또한 **만족할** 것이다. 그 말은 하나님의 선하심으로 아구까지 차서, 잠기고 완전히 만족하리라는 뜻이다. 이 구절은 제사장의 영혼 또한 압도적으로 채워지고 충족될 것이라고 말씀한다. 모든 신자가 여호와께 제사장임을 기억하라. 제사장의 영혼이 완전히 만족한다는 것은, 요한 삼서 1장 2절이 가리키는 번영에 대한 것인 것 같다. "사랑하는 자여, 네 영혼이 잘됨 같이 네가 범사에 잘되고 강건하기를 내가 간구하노라." 심령의 풍부함으로 말미암은 사역에는 항상 우리 모두를 향한 하나님의 의도가 있어 왔다. 우리 내면의 현실은 항상 외부의 현실에 영향을 미치고 정의하기 위한 것이다. 이 생각이 요한의 서신에 명확하게 드러난다.

여호와께 대한 경외심이라는 것은 최근 대단히 인기 없는 주제가 되었다. 사람들은 그것이 은혜 아래 있는 우리 삶에 모순되는 것이라고 말한다. 그 논리는 이해가 가지만, 그러한 논리가 성경의 증거를 반박할 수 있다고 생각지 않는다.

내가 그들을 내게 범한 그 모든 죄악에서 정하게 하며 그들이 내게 범하며 행한 모든 죄악을 사할 것이라. 이 성읍이 세계 열방 앞에서 나의 기쁜 이름이 될 것이며 찬송과 영광이 될 것이요 그들은 내가 이 백성에게 베푼 모든 복을 들을 것이요 **내가 이 성읍에 베푼 모든 복과 모든 평안으로 말미암아 두려워하며 떨리라.**

예레미야 33:8-9

성경이 우리의 논리를 형성해야지 그 반대가 되어선 안 된다. 하나님을 경외하는 것은 실제적이고 필요한 것이다. 주님께서는 내 아버지시요 영혼의 연인, 위로자시기만 한 것이 아니다. 전능하신 하나님이시다.

호세아의 이 구절은 가장 중요한 경외심이 어떤 것인지를 계시해 준다. "그 후에 이스라엘 자손이 돌아와서 그들의 하나님 여호와와 그들의 왕 다윗을 찾고 **마지막 날에는 여호와를 경외하므로 여호와와 그의 은총으로 나아가리라**(호 3:5)." 하나님의 선하심을 볼 때 그분을 경외하게 되는 것이다. 시편 기자는 시편 130편 3절에서 4절은 하나님의 용서를 설명한다. "여호와여, 주께서 죄악을 지켜보실진대 주여, 누가 서리이까? 그러나 사유하심이 주께 있음은 주를 경외하게 하심이니이다."

하나님의 선하심을 보는 것과 별개로 그분을 건강하게 두려워할 수는 없다고 생각한다. 그리고 그분을 두려워하지 않고는 그분의 선하심을 진실로 이해할 수 없다. 주님의 영광스러운 선하심으로 말미암는 용서는 하나님을 경외하는 길로 우리를 인도해 준다.

사실 나는 호세아의 이 구절에 충격을 받았다. 직장에서의 승진이나 도시에서의 총애, 영향력 있는 사람들에게 사랑받는 등 땅 위의 축복이 아직 믿지 않는 이들에게 임할 때, 그들은 스스로 그것을 얻어냈다고 생각할 수 있다. 그러나 얼마만한 축복이 임해야 그것을 가지고 하나님을 경외하게 될까? 나는 극단적이어야 할 것이라고 믿지만, 또한 주님께서는 우리 주변 사람들에 대한 당신의 사랑 때문에 우리에게 총애를 주신다고도 생각한다. 그리고 우리는 삶 가운데 임한 주님의 총애를 지켜보고 있는 이들에게 그 총애를 전달해야 한다.

### 누가 이스라엘인가?

나는 예언들 가운데 교회가 이스라엘을 대체했다고 믿는 대체 신학을 믿지 않는다. 그러한 극단은 하나님께 진정으로 중요한 것이 무엇인지를 아는 데에 있어서 우리를 무뎌지게 한다는 면에서 대가가 크다. 이스라엘 백성들은 주님의 언약 백성이다. 하지만 동시에 이스라엘의 이름으로 주어진 예언들 일부에 교회를 전혀 포함시키지 않는 이들이 너무나 많아 깊이 우려된다. 많은 이들에게 있어, 교회는 하나님께서 당신의 백성 이스라엘을 향한 위대한 계획을 펼쳐 나가시는 데에 잠시 쉬어 가는 정도로만 여긴다. 올리브 나무에 접붙여진 자들인데 전혀 고려하지 않고서 말이다(롬 11:17-20 참조). 그것 역시 건강하지 못한 극단이다.

성경은 교회가 거룩한 백성이며, 아브라함의 후손들이 약속의 자녀라고 말씀하는데, 이 약속은 구원의 약속을 가리킨다(벧전 2:9, 롬 9:6-8 참조). 대체 신학은 위험한 것이지만, 많은 이들이 예언서에 교회가 언급되었음을 보지 못한다는 것이 얼마나 큰 대가를 치르게 했을까 생각된다. 이러한 실수는 목적과 정체성에 대한 충만한 이해를 우리로부터 앗아 간다. **은행에 얼마가 들었는지 모른다면 찾아 쓸 수가 없다.** 다시 말해, 하나님의 계획 가운데 우리가 누구인지를 명확하게 이해하지 못하면 우리는 주님의 목적이 성취되는 데에 필요한 위험을 감수하려 하지 않을 것이다. 이 결핍은 우리에게 파괴적 영향을 미친다. 하나님께서 의도하신 변화를 낳는 방식으로 생각하지 못하도록 만드는 것이다.

이 예언과 교회의 관계를 생각해 보라. "**말일에 여호와의 전의 산이 모든 산 꼭대기에 굳게 설 것이요 모든 작은 산 위에 뛰어나리니 만방이 그리로 모여들 것이라**(사 2:2)." 산들은 흔히 정부와 능력의 상징으로 사용된다. 여기서도 그렇다면, 여호와의 전(교회)은 다른 모든 산들 혹은 능력들 위에 서게 될 것이다. 지배권이 아닌 영향력을 갖고서 말이다. 여기서 여호와의 전의 산은 다윗의 장막이 세워졌던 시온 산을 가리킨다. 높은 산이 아니었지만, 다른 모든 산들이 시온을 질투했다(시 68:16-18 참조). 이 산에는 언약궤가 있었고, 신자들의 예배 공동체가 있었다. 다른 모든 높은 곳에는 그 영광이 없었다. 그 결과 열방이 여호와께로 몰려들었다.

시온 산과 다윗의 장막은 신약의 교회를 묘사하는 데에 쓰인 용어들이므로, 이사야 2장의 이 구절은 지금 우리에게 적용되는 의미를 갖는다(히 12:22, 암 9:11, 행 15:16 참조). 동시에 이것은 참된 예배에 수반된 능력과 그것이 어떻게 어두운 영적 영향력을 없애 사람들로 하여금 분명하게 볼 수 있게 하는지를 계시해 준다. 그들이 그리스도께 이를 수 있도록 말이다(시 68:1-3 참조). 또한 이것은 다른 구절들에도 나타난다. 하나의 좋은 예가 이사야서에 나오는데, 사람들이 **찬양**이라 일컬어지는 **문들**을 지나가는데, 사실 이것은 다른 이들을 위해 길을 닦는 것이다(사 60:18, 62:10 참조).

우리가 본 이사야 2장 2절 말씀은 미가 4장 1절에도 반복된다. 중요하기 때문이다. 두 번 다, **말일에**(끝날에)라는 문구로 표시가 되어 있다. 마지막 때에 성령 강림을 말씀하는 것으로 유명한 요엘 2장을 믿으면서 열방에 대한 승리와 영향력을 약속하는 말씀을 거부한다면 일관성이 없는 모양이 될 것이다.

## 불타는 마음

나는 하나님의 백성들이 우리가 살아가는 때의 의미를 깨닫고 삶에 주어진 하나님의 부르심의 중요성을 볼 수 있기를 간절히 바란다. 나는 빛과 어둠이 땅 위에 있어 역설처럼 보이는 이사야서 60장을 인식하며 살고 있다.(개인적인 생각이지만, 빛과 어둠 가운데에는 전쟁이 없다. 빛이 임하면 어둠은 자동적으로 떠난다. 싸움이 없다. 빛은 그만큼 우월한 것이다.) 그러나 나는 마음에 나쁜 소식을 채워 넣고 그것이 예언적으로 깨어 있는 것이라고 부르기를 거부한다. 나는 하나님께서 하시는 일과 하고 계신 말씀으로만 마음을 채울 것이다. 가능한 모든 곳에서 복음이 충만한 능력으로 전해지는 것을 보고자 한다.

최근 나는 어느 도시를 방문하든지 성경 말씀 한 장을 가지고 메시지를 전하는 경우가 많았다. 내가 가진 유일한 메시지는 아니지만, 항상 방문 중에 최소한 한 번은 그 말씀을 전할 기회가 있기를 바란다. 한번은 내 안에 불타오르는 이 메시지를 가지고 여행을 갔다왔는데, 한 친구가 전화를 했다. 그는 내가 갔던 어느 곳에도 함께 가지 않았고 내가 이 장에 대해서 설교할 때 우리 본 교회 집회에도 참여하지 않았다. 그러나 그는 시편 67편이 내 주제 장이 될 것 같다고 말해 왔다.

나는 하나님께서 우리의 마음에 가장 불타오르는 것을 확증시켜 주실 때가 너무나 좋다. 바로 그러한 메시지를 이 땅에 전해야 하는 크나큰 책임이 우리에게 있는 것이다. 시편 67편 말씀은 이렇다.

> 하나님은 우리에게 은혜를 베푸사 복을 주시고 그의 얼굴 빛을 우리에게 비추사(셀라)
> 주의 도를 땅 위에, 주의 구원을 모든 나라에게 알리소서.

하나님이여, 민족들이 주를 찬송하게 하시며 모든 민족들이 주를 찬송하게 하소서.

온 백성은 기쁘고 즐겁게 노래할지니 주는 민족들을 공평히 심판하시며

땅 위의 나라들을 다스리실 것임이니이다(셀라)

하나님이여, 민족들이 주를 찬송하게 하시며 모든 민족으로 주를 찬송하게 하소서.

땅이 그의 소산을 내어 주었으니 하나님 곧 우리 하나님이 우리에게 복을 주시리로다.

하나님이 우리에게 복을 주시리니 땅의 모든 끝이 하나님을 경외하리로다.

이것은 성경에서 가장 개혁적인 시편일 수도 있다. 우리 삶 가운데 임하는 하나님의 만지심의 효과와 그것이 세계 열방에 미치는 영향을 계시해 주고 있다. 이 말씀을 한 절 한 절 살펴 오늘 우리에게 주시는 예언적 의미를 알아야 한다.

### 1-2절

시편 기자는 축복과 하나님의 얼굴(총애)이 자신의 삶에 비추기를 기도하며 시작한다. "하나님은 우리에게 은혜를 베푸사 복을 주시고 그의 얼굴 빛을 우리에게 비추사(셀라). 주의 도를 땅 위에, 주의 구원을 모든 나라에게 알리소서." 그렇게 함으로써 기자는 자신이 스스로

에게 임하는 하나님의 임재를 인식함 없이 하나님의 축복받기를 원하지 않는다는 심오한 조건을 단다.

어떤 이들은 축복을 위해 기도하지 않는 것이 더 성숙하고 영적이라고 생각한다. 그것은 진리가 아니다. 축복으로 충만한 삶을 위해 기도하지 않는다는 것은 절대로 어리석고 이기적인 것이다. 그리고 거기에는 대가가 따르기도 한다. 하나님께서 누구신지를 열방에 계시해 주는 그것을 제해 버리기 때문이다. 예수님께서 사람들에게 주신 일차적 계시는 하나님께서 우리 아버지시라는 것이었다. 우리가 축복받는 것을 보지 못해도, 우리는 사람들이 대신 우리의 설교를 통해 하나님께서 어떤 분이신지 알게 될 것이라고 짐작한다. 그러나 믿지 않는 이들이 설교를 들을 기회는 거의 없다.

그래서 시편 기자는 축복을 통해서 하나님의 도가 이 땅 위에 알려진다고 기록한다. 주님의 도는 그분의 성품이다. 마지막 때에 풀어질 위대한 계시는 주님의 성품에 대한 계시다. 사람들은 주님께서 어떤 분이신지를 모른다. 아무런 개념이 없는 것이다. 전혀 모른다. 그러니까 우리의 설교뿐만 아니라, 우리의 삶이 그분께서 어떤 분이신지에 대한 메시지를 지녀야 한다. 축복과 하나님의 은사를 삶 가운데 지닐 때, 우리는 먼저 우리에게 은사를 주신 분의 성품을 계시해 준다. 축복이 설교를 하는 것이다! 축복은 목소리를 갖고 있다.

이 두 구절에 대한 결론이 충격적이다. 열방에 구원이 임하는 것이다. 이것이 우리 모두가 갈망하는 것 아닌가? 하나님의 말씀이 그 방법을 여기 말씀해 주고 있다. 인생에 임한 여호와의 축복의 DNA 안에는 그 축복의 근원을 알아 구원을 찾으라는 초대장이 들어 있다. 주님의 인자는 참된 회개로 인도한다. 우리는 사람들에게 하나님과의 만남을 빚지고 있다. 그러므로 성령으로 충만하라. 또한 우리는 사람들에게 축복된 삶의 모습을 빚지고 있다. 우리 삶에 임한 사랑의 아버지의 손을 볼 수 있도록 하라.

### 3-4절

시편 67편의 다음 구절들은 열방 민족들에게 예배자가 되라고 보내는 호출이다. "하나님이여, 민족들이 주를 찬송하게 하시며 모든 민족들이 주를 찬송하게 하소서. 온 백성은 기쁘고 즐겁게 노래할지니 주는 민족들을 공평히 심판하시며 땅 위의 나라들을 다스리실 것임이니이다(셀라)." 우리는 항상 우리가 예배하는 대상과 같이 되기 때문에 이보다 더 큰 것은 없다. 우리는 주님의 존귀하심을 인해 하나님을 예배하지만, 그 예배는 우리를 주님의 영광에 노출시켜 본질상의 변화를 일으킨다.

2절에서는 열방에 찾아오는 구원의 가능성을 말씀하고 3절에서 4절은 열방이 하나님을 섬기는 모습을 보여 준다. 이 변화는 열방에 기쁨을 주고 마침내 정의를 가져다준다. 하나님께서는 심판자시다. 그분의 심판은 두려워할 것이 아니다. 사실, 이 경우에 주님의 심판은 그들이 그토록 기뻐하는 이유가 된다. 심판이 선한 것은 항상 누군가의 무죄를 입증해 주기 때문이다. 주님께 속할 때 예수님의 피가 우리를 덮어 준다. 아버지께서는 당신의 완벽한 아들 예수 그리스도 안에 있는 우리를 보신다. 그러므로 심판은 우리에게 그릇된 영향을 미치려 하고, 그리스도 안에 있는 우리의 자리에 도전하는 모든 것에 임한다. 심판은 악한 영적 세력에 조준된 것이다. 지옥은 어둠의 세력들을 위한 영원한 고통의 자리로서 창조되었다. 이것이 우리 모두가 기뻐할 심판이다. 또한 하나님의 심판이 온 열방에 선한 영향을 미칠 것 또한 좋은 것이다.

### 5-6절

열방에 영향을 미치는 하나님의 심판에 이은 구절들을 보면 하나님의 백성이 다시 한 번 주님께 찬양을 돌리고 있다. "하나님이여 민족들이 주를 찬송하게 하시며 모든 민족으로 주를 찬송하게 하소서. 땅이 그의 소산을 내어 주었으니 하나님 곧 우리 하나님이 우리에게 복을 주시리로다." 하지만 이번에는 또 다른 일이 일어나는데, 그것은 일어나기 위해 우리의 평생 동안 기다려 온 일이다. 온 땅이 합력하여 우리에게 소산을 더해 준다.

원수가 우리에게 믿도록 하려는 것처럼 땅은 못 쓰게 되지 않았고 자원은 고갈되지 않았다. 하나님께서는 최후를 위해 가장 좋은 것을 남겨 두셨다. 피조물은 축복을 잘 감당할 수 있는 세대가 일어나, 열방을 유업으로 주님께 가져다드리기를 기다려 왔다. 땅이 이 세대에게 그 소산을 내어 줄 것이다. 땅에는 지금까지 취한 것보다 훨씬 많은 것이 매장되어 있다. 다가올 날들 가운데 우리는 이것을 깨닫게 될 것이다.

> 피조물이 고대하는 바는 하나님의 아들들이 나타나는 것이니 피조물이 허무한 데 굴복하는 것은 자기 뜻이 아니요 오직 굴복하게 하시는 이로 말미암음이라. 그 바라는 것은 피조물도 썩어짐의 종 노릇 한 데서 해방되어 하나님의 자녀들의 영광의 자유에 이르는 것이니라. 피조물이 다 이제까지 함께 탄식하며 함께 고통을 겪고 있는 것을 우리가 아느니라.
>
> 로마서 8:19-22

이 구절이 온 땅이 기다리는 것을 묘사하는 말씀일 수 있을까? 나는 그렇다고 믿는다. 자신들이 누구며 왜 이곳에 있고, 어떤 일을 해야 하는지를 아는 세대가 나타날 것이다. 이들은 가장 훌륭한 왕족이다. 이 지식은 개인의 제국을 세우는 데에 쓰이지 않기 때문이다. 오히려 인간의 제국들이 하나님만을 향하도록 만드는 도구가 된다. 성경은 이 일이 있으리라고 여러 번 반복하여 말씀한다. 그런데 우리 생애에 일어나지 말란 법이 있는가?

### 7절

시편 67편은 기도도 없이, 심지어 찬송의 노래도 없이 끝난다. 담대한 신앙의 선포로 마치는 것이다. "하나님이 우리에게 복을 주시리니 땅의 모든 끝이 하나님을 경외하리로다."

이것은 열방이 구원받고 하나님께서 지켜 주시고 신원해 주심에 기뻐하며, 주님께서 이 축복을 이제 자신들의 삶 가운데 주시는 변혁이 일어난다는 고백이다. 땅까지도 그들이 받은 과제에 합력하며 그 정체성에 반응한다.

## 왕족은 베푸는 것

솔로몬의 생애 가운데 이 축복의 신학이라는 장에서 작용하는 한 가지가 있다. 스바의 여왕에게 그가 미쳤던 영향을 논하는 성경의 간단한 구절이다. "솔로몬 왕이 왕의 규례대로 스바의 여왕에게 물건을 준 것 외에 또 그의 소원대로 구하는 것을 주니 그가 그의 신하들과 함께 본국으로 돌아갔더라(왕상 10:13)."

왕족의 관대함은 우리가 스스로의 정체성을 발견하고, 왜 우리가 여기 있으며 하나님의 시각에서 왕족이 어떤 모습인지를 알아 갈 때 점점 더 중요해질 것이라고 본다. 솔로몬은 무엇도 여왕이 어렵다고 해서 주지 않았다. 필요를 채우기 위해 주는 것은 가장 쉬운 선물이다. 하나님의 명령과 그 영원한 결과를 볼 수 있는 이들에게는 사역을 후원하기 위해 주는 것도 쉬운 일이다.

하지만 왕족의 관대함은 가장 보기 드문 형태의 베풂으로, 어떤 면에서는 가장 중요한 것이다. 왜냐하면 영예로부터, 변화된 삶으로부터 말미암기 때문이다. 이러한 베풂은 내가 어떤 사람에게 베푸는지를 깨닫기 때문에 가능한 것이다. 그러므로 내 선물은 영예의 선물인 것이다. 그리고 그것은 나 자신이 누구인지를 아는 데서 나온다.

이러한 베풂은 사람을 내면에서부터 변화시킨다. 역사는 알렉산더 대왕에 대한 유명한 일화를 들려준다. 한 번은 그가 지나가다가 걸인을 보고 금전 여러 개를 주었다. 그가 금전을 주는 것을 누군가가 보고 왜 그러냐고 물었다. 동전이면 걸인의 필요를 채우기에 충분했으리라는 말이었다.

이에 알렉산더 대왕은 왕다운 매너로 대답했다. "동전이면 걸인의 필요를 채웠겠지만, 금전이 알렉산더의 베풂에 적합한 것이다."

다시 한 번 말하지만, 우리는 **종의 마음으로 다스리고 왕의 마음으로 섬겨야 한다.**

| 13장 |

# 깨어진 자들의 능력

THE
POWER
THAT
CHANGES
THE
WORLD

지혜는 본질상 변화를 일으키고, 깨닫든 못 깨닫든, 모든 사람들이 갈급해하는 것이다. 그러나 주변 사람들을 이 덕목에 걸맞게 섬기려면 지혜의 성질을 다뤄야 한다.

지혜는 크고 작은 문제에 대한 해답을 줄 때가 많다. 또 마음과 생각을 만족시키는 유일한 것이다. 본질상 지혜는 눈에 보이는 것 너머의 것을 보고, 당장의 필요 너머의 해답을 줄 수 있다. 임시변통의 해답은 항상 장거리를 달릴 수 있는 해답이 아니다. 그러나 지혜는 그렇지 않다. 지혜는 영원하다. 모든 신자가 지혜 가운데 행하고 생명 안에서 다스리고 쟁점들을 조정하는 메시지를 말하는 법에 대한 본을 보이도록 부르심 받았지만, 지혜는 사람들이 액면 그대로는 거부할 근본 시스템을 갖고 있다. 그 근본 시스템은 십자가다.

지혜 있는 자가 어디 있느냐? 서기관이 어디 있느냐? 이 세대에 변론가가 어디 있느냐? 하나님께서 이 세상의 지혜를 미련하게 하신 것이 아니냐? 하나님의 지혜에 있어서는 이 세상이 자기 지혜로 하나님을 알지 못하므로 하나님께서 전도의 미련한 것으로 믿는 자들을 구원하시기를 기뻐하셨도다. 유대인은 표적을 구하고 헬라인은 지혜를 찾으나 우리는 십자가에 못 박힌 그리스도를 전하니 유대인에게는 거리끼는 것이요 이방인에게는 미련한 것이로되 오직 부르심을 받은 자들에게는 유대인이나 헬라인이나 그리스도는 하나님의 능력이요 하나님의 지혜니라. 하나님의 어리석음이 사람보다 지혜롭고 하나님의 약하심이 사람보다 강하니라. 형제들아, 너희를 부르심을 보라. 육체를 따라 지혜로운 자가 많지 아니하며 능한 자가 많지 아니하며 문벌 좋은 자가 많지 아니하도다. 그러나 하나님께서 세상의 미련한 것들을 택하사 지혜 있는 자들을 부끄럽게 하려 하시고 세상의 약한 것들을 택하사 강한 것들을 부끄럽게 하려 하시며 하나님께서 세상의 천한 것들과 멸시 받는 것들과 없는 것들을 택하사 있는 것들을 폐하려 하시나니 이는 아무 육체도 하나님 앞에서 자랑하지 못하게 하려 하심이라. 너희는 하나님으로부터 나서 그리스도 예수 안에 있고 예수는 하나님으로부터 나와서 우리에게 지혜와 의로움과 거룩함과 구원함이 되셨으니 기록된 바 **"자랑하는 자는 주 안에서 자랑하라"** 함과 같게 하려 함이라.

고린도전서 1:20-31

십자가는 하나님의 지혜다. 자기 부인, 죽음, 겸손으로 낮아짐, 다른 이들을 선택함, 모든 이의 종이 됨. 이 모든 것들은 지혜의 표현이다. 그리고 지혜가 때로는 인생의 복잡한 문제들에 대한 해답을 주기도 하지만, **십자가의 도**를 걷는, 그리스도를 진심으로 따르는 자의 마음에서 싹틀 때가 많다. 하나님께서는 세상을 사랑하지 않는 자들을 찾고 계신다. 세상을 그들에게 위임하실 수 있도록 말이다(요일 2:15 참조).

십자가로 시작하는 지혜가 사람들이 구하는 것은 아니지만, 그들이 찾고 있는 것이긴 하다. 사람들은 종종 자신들의 이성을 만족시키는 답이 필요하다고 생각한다. 실제로 필요한 것은 그들의 전 존재에 신성한 질서를 세울 수 있는 것인데 말이다. 그들에겐 스스로의 목적을 성취할 수 있도록 따를 수 있는 목적과 본보기가 필요하다. 지혜로 기능할 때 우리는 그 목적에 부합된다.

모든 걸 알고 싶고 오늘날 모든 문제 있는 사람들의 구원자가 되고자 지혜를 원하는 자들은 이 선물을 가지고 제대로 기능할 준비가 되지 않은 것이다. 우리는 만주의 주 되신 하나님께 통치를 받고자 하는 만큼만 생명 안에서 다스리는 체험을 하게 된다.

십자가라는 근본 시스템으로부터 자랄 때, 지혜는 더 이상 인간의 이성을 통해 얻어지지 않는다. 하나님께서는 일시적 해답이자 장기적 재앙을 가져오는 이성을 우리에게서 없애 주시기 위해 우리 능력을 넘어서는 일에 관여되게 하실 때가 있다. 우리는 압도당할 때, 우리 안의 듣는 귀가 가동되고 하나님의 나라 안에서 발견되는 해답들에 연결될 수 있다.

## 심령이 가난한 자

다윗과 솔로몬은 예수님께서 산상수훈을 통해 가르치신 이 태도를 갖고 있었다. "심령이 가난한 자는 복이 있나니 천국이 그들의 것임이요(마 5:3)." 심령이 가난하다는 것은 자기 비판, 자기 저주 혹은 수치심에 몰두한다는 뜻이 아니다. 그건 어리석은 짓이다. 겸손해 보이기 위해 비하하는 사람들에게선 심령이 가난한 모습을 볼 수 없다. 사실 거짓 겸손은 우리가 주어진 데스티니에 다

다르지 못하게 한다. 그러나 참된 겸손은 그곳으로 이끌어 준다. 나는 항상 스스로를 끊임없이 질책하는 사람들에 대해선 조심스럽다. 왜냐하면 나를 팔아서 "네 이웃을 네 자신 같이 사랑하라(마 22:39)"는 말씀을 성취할지 모르기 때문이다. 스스로를 비난하는 사람이라면, 나 역시도 비난할 것이다.

다윗의 모토는 이것이었다. "여호와여 내 마음이 교만하지 아니하고 내 눈이 오만하지 아니하오며 **내가 큰 일과 감당하지 못할 놀라운 일을 하려고 힘쓰지 아니하나이다**(시 131:1)." 지구상에서 가장 능력 있는 사람이 삶에 대해 어떻게 접근했는지를 알려 주고 있다. 이 말은 자신의 능력이 어디서 오는지를 알고 스스로의 의미에 대해 전혀 오해가 없었던 사람 같다. 뛰어난 것이다. 우리 자신의 의미는 중요하지만, 그것을 잘 다루지 못하면 덫이 될 수도 있다. 바울은 우리가 스스로에 대해 마땅히 생각해야 할 것보다 높이 생각하지 말라며 이 덫에 대해 경고했다(롬 12:3 참조).

솔로몬은 참된 겸손으로 시작했다. 그는 이렇게 뛰어난 기도를 했다.

> 나의 하나님 여호와여, 주께서 종으로 종의 아버지 다윗을 대신하여 왕이 되게 하셨사오나 **종은 작은 아이라 출입할 줄을 알지 못하고 주께서 택하신 백성 가운데 있나이다. 그들은 큰 백성이라.** 수효가 많아서 셀 수도 없고 기록할 수도 없사오니
>
> 열왕기상 3:7-8

그는 자신에게 할당된 임무의 규모에 압도되었다. 우리 대부분은 하나님께서 감당할 수 없는 과제를 주실 때 기도를 더 잘하게 된다. 사실, 압도당하는 느낌이 없으면 삶을 통해 주님께서 가능하게 해주신 것들을 보지 못할지도 모른다. 닿을 수 없는 곳에 가능성이 있을 때 더 잘 신뢰하기 때문에, 기도도 잘하고 듣기도 더 잘하게 되는 것이다. 이것이 인간적으로는 가능하지 않은 비전을 가져야 할 가장 중요한 이유 중 하나다. 또한 예수님께서 제자들에게 병자를 위해 기도하라고 하지 않으시고 고치라고 명령하신 이유이기도 하다(마 10:8 참조). 하나님께서는 듣고자 하는 자들에게 불가능한 과제를 허락하시는 버릇이 있다. 그것은 더 큰 신뢰로의 초대다.

## 크리스마스

동방 박사들의 이야기는 성경에서 가장 흥미로운 이야기 중 하나다. 그들이 몇 명이었는지는 모른다. 그저 황금, 유향, 몰약이라는 세 가지 다른 선물을 예수님께 드렸다는 것을 알 뿐이다. 어떤 이들은 왕족이었다고 생각한다. 또 당대의 학자들이었다고 보는 이들도 있다. 어쨌든 그들은 마땅한 이유가 있어 "박사(지혜로운 사람들)"라고 불린 것이다. 그들은 아주 비범한 방식으로 지혜를 드러냈다.

그들은 유대인의 왕으로 나신 분을 단순히 예배하기 위해 거의 2년을 이동해 왔다. 지혜는 예배로 인도한다. 이 왕은 아기였기 때문에, 자신들을 위해 아무 것도 해줄 수 없는 분을 위해 찾아온 것이다. 나중에 예수님께서 병자들을 고치시고 죽은 자를 살리시며, 엄청난 무리를 침묵하게 만든 심오한 메시지들을 전하실 때, 사람들이 그분을 예배하러 왔으리라 생각할 수 있다. 사실 그런 일도 있었다. 그러나 동방 박사의 예배는 가장 순결한 것이었다. 그들은 비용을 들였고, 개인적으로 어떤 유익도 얻을 수 없었다. 지혜는 베풂으로 이끈다. 그들은 손을 열어 예배했다. 다시 말해, 하나님께 예물을 드린 것이다. 우리가 하나님께로부터 무언가를 살 수 없음은 사실이지만, 희생과 베풂 없이 우리 마음에 있는 모든 것을 얻을 수 없다는 것 역시 사실이다.

누가복음 16장 11절은 말씀한다. "너희가 만일 불의한 재물에도 충성하지 아니하면 누가 참된 것으로 너희에게 맡기겠느냐?" 이 구절은 돈을 사용하는 것이 하나님께서 우리 삶 가운데 풀어놓으실 참된 부에 영향을 미침을 분명히 알려 준다. 참된 부는 선한 청지기 됨에 대한 보상이지만, 그 보상은 더 많은 돈이 아니다. 오히려 우리 모두가 갈급해하는 것이다. 즉 예수님께서 주시는 영적 실체인 것이다. 이렇게 설명할 수 있겠다. 자연적 부로는 천 명에게 한 끼 식사를 살 수 있다. 참된 부로는 한 끼 식사를 배가시켜 천 명을 먹일 수 있다.

동방 박사들은 예수님을 찾은 뒤 그분께 예배하고 나서, 집으로 돌아와야 했다. 하나님께서는 꿈에 나타나사 헤롯이 명령했던 길로 돌아가지 말라고 그들에게 말씀하신다. 그들은 꿈을 순종한다. 지혜는 둘 사이에 차이가 있을 때 항상 사람보다 하나님을 순종한다.

## 하나님의 꿈은 무엇인가?

십 수년 전에 나는 종일 기도회가 열리고 있었던 한 교회의 벽에 서 있었던 기억이 난다. 나는 앞서 이메일을 주고받았던 마이크 목사님을 만난 상태였다. 그는 뉴욕 유티카Utica에서 좋은 교회를 목회하고 있었다.

마이크 목사님이 나에게 몸을 숙여 말했다. "목사님, 하나님께서 전적으로 목사님에게 속할 도시를 찾고 계십니다. 그리고 그 도시를 찾으시면 나라 전체에 도미노 효과를 일으킬 거예요."

나는 눈을 크게 뜨며 내가 사는 캘리포니아 레딩Redding이 그 도시라고 대답했다. 마이크 목사님도 자신의 도시에 대해 같은 믿음을 가지고 있다고 말했다. 물론 도시들이 줄을 잇는 레이스는 결코 아니었다. 하지만 항상 시간을 투자해야 하는 레이스였다.

30분쯤 지났을까 나는 방의 다른 한켠에 있었는데, 수년 동안 알고 지냈던 여인과 같은 줄의 의자에 앉아 있었다. 그녀는 예언자였다.

이 여인이 내게 걸어오더니 말했다. "목사님, 하나님께서 전적으로 목사님에게 속할 도시를 찾고 계십니다. 그리고 그 도시를 찾으시면 나라 전체에 도미노 효과를 일으킬 거예요."

30분 전에 마이크 목사님이 내게 한 말과 토씨 하나 안 틀리고 똑같은 내용이었다. 내 마음은 불타오르기 시작했다. 방금 하나님의 마음에 대한 일별을 받았기 때문이었.

이러한 사건들은 그냥 재미있다 할 우연이 아니다. 단순히 어려움에 처했을 때 우리가 전진할 수 있도록 용기를 북돋아 주는 말이 아닌 것이다. 이러한 말들은 하나님의 마음에 대한 심오한 선포로, 그 마음속에 있는 부르짖음을 충족시키기 위한 초대를 담고 있다. 그 이후로 나는 더 이상 똑같이 생각할 수 없었고, 이미 내 도시가 변화되는 것을 보기로 뜻을 굳혔다.

## 예수님의 신앙 고백

다른 누구를 고치시거나 죽은 사람을 살리시거나 어떠한 형태의 기적들을 일으키시기도 전에, 예수님께서는 이러한 신앙의 신경을 발표하셨다. 이러한 목적을 위하여 하나님의 영이 당신에게 임했다고 담대히 선포하셨다. 이것이 예수님의 신앙 고백이었다.

주 여호와의 영이 내게 내리셨으니 이는 여호와께서 내게 기름을 부으사 가난한 자에게 아름다운 소식을 전하게 하려 하심이라. 나를 보내사 마음이 상한 자를 고치며 포로 된 자에게 자유를, 갇힌 자에게 놓임을 선포하며 여호와의 은혜의 해와 우리 하나님의 보복의 날을 선포하여 모든 슬픈 자를 위로하되 무릇 시온에서 슬퍼하는 자에게 화관을 주어 그 재를 대신하여 기쁨의 기름으로 그 슬픔을 대신하며 찬송의 옷으로 그 근심을 대신하시고 그들이 의의 나무 곧 여호와께서 심으신 그 영광을 나타낼 자라 일컬음을 받게 하려 하심이라.

이사야 61:1-3

이 몇 구절을 통해 예수님께서는 아직 일어나지 않은 당신의 사역을 묘사하신다. 누가의 기록을 보면, 또한 당신께서 눈 먼 자의 눈을 여시리라 말씀하신다(눅 4:18 참조). 이후 3년 반 동안, 예수님께서는 아버지께서 주신 이 위임을 완벽하게 성취하신다. 다른 이들이 포기한 자들을 취하여 그들을 그리스도와 같은 성품에 안전하고 깊이 뿌리 내린 **의의 나무** 삼으셨다. 다른 이들의 죄로 인해 감옥에 있었던, 포로 된 자들이 풀려났다. 또한 자신들의 죄로 인해 감옥에 있었던, 갇힌 자들도 놓였다. 주님께서는 여호와의 은혜의 해 즉 희년을 선포하러 오셨다. 그것은 유대 문화 내에서 빚 가운데 있던 모두가 고대했던 해다. 모두가 용서를 받았고, 모두가 새롭게 시작할 수 있게 됐다. 예수님께서는 진실로 영, 혼, 육의 전인적 치유를 하셨다. 그리고 누가복음 4장 18절에서 19절에 그것을 발표하셨다.

그러나 우리가 자주 잊어버리는 부분이 있다. 그것은 도시들을 재건하는 데에 대한 일부 비밀을 담고 있다. 이사야 61장 4절을 보자. "**그들은 오래 황폐하였던 곳을 다시 쌓을 것이며** 옛부터 무너진 곳을 다시 일으킬 것이며 **황폐한 성읍** 곧 대대로 무너져 있던 것들을 중수할 것이며."

4절에서 **누구**에 대해 말씀하신 것인지 올바로 이해하려면, 우리는 1절에서 3절을 봐야 한다. 주님께서 이 구절들 가운데 말씀하시는 **주체**는 가난한 자, 마음이 상한 자, 포로된 자, 갇힌 자, 빚진 자, 정의를 필요로 하는 자, 애통하는 자, 큰 상실로 고통받는 자와 마음이 무거운 자들이다. 그래서 여기서 도시들을 재건하는 열쇠는 **깨어진 자들**이다. 깨어진 자들이 회복의 열쇠다. 깨어진 자들은 자기 자신의 회복에 대해 너무나 감사하기 때문에 최선을 다해 짓는다.

하나님께서는 마음이 깨어진 자들이 새롭고 신선한 방식으로 사회에 기여할 수 있을 정도로 모든 수준에서 완전히 회복시키고 싶어 하신다. 하나님의 마음은 사실 도시들을 재건하여 의도하신 영광스러운 모습으로 만들도록 부르신 팀의 일원이 될 이들을 향해 있다.

하나님께서 사회에서 거부당한 이들을 사용하사 그들에게 기름을 부으시고, 한 도시를 당신의 계시대로 회복시키는 목적을 위한 자원이 되도록 하신다니 얼마나 대단한 계획인가!

비밀은 깨어진 자들의 심령에 인쳐져 있다. 그들을 얼마나 가치 있게 여기느냐가 그들을 데스티니를 향하여 풀어놓는 것이다. 우리가 가장 작은 자를 가치 있게 여길 때, 하나님께서는 도시들의 충만한 회복을 가치 있게 여기신다. 깨어진 자들이 열쇠다.

하나님의 약속은 이사야 61장 5절에서 7절에도 이어진다.

외인은 서서 너희 양 떼를 칠 것이요 이방 사람은 너희 농부와 포도원 지기가 될 것이나 오직 너희는 여호와의 제사장이라 일컬음을 받을 것이라. 사람들이 너희를 우리 하나님의 봉사자라 할 것이며 너희가 이방 나라들의 재물을 먹으며 그들의 영광을 얻어 자랑할 것이니라. 너희가 수치 대신에 보상을 배나 얻으며 능욕 대신에 몫으로 말미암아 즐거워할 것이라. 그리하여 그들의 땅에서 갑절이나 얻고 영원한 기쁨이 있으리라.

이 예언이 지금 우리를 위한 것인지 어떻게 알까? 무엇보다 먼저, 예수님께서는 이 말씀을 교회 시대로 끌어오시며 1절에서 3절을 인용하셨다. 둘째, 6절은 우리가 여호와의 제사장이라 일컬음을 받을 것이라고 말씀한다. 그것이 의미심장한 이유는, 출애굽기 19장 6절과 이 구절 모두 "~할 것이라"며 이 일이 일어날 미래의 시점을 가리키고 있기 때문이다. 하지만 베드로전서 2장 9절은 "너희는 왕 같은 제사장"이라고 말씀한다. 현재 시제다! 모든 하나님의 백성—레위 지파만이 아니라—이 여호와의 제사장이라 일컬어질 때가 주님께서 완벽한 타이밍이 이르기까지 붙들어 두셨던 많은 약속들을 펼치실 때라고 보는 편이 안전한 것이다. 바로 지금이 모두가 기도하여 하나님께서 이 약속들 중 얼만큼을 우리 생애 가운데 허락하실 것인지를 구해야 할 완벽한 때라고 말하고 싶다. 이 약속들이 우리 생애에 가능해지도록 기도하는 것은 우리가 반드시 해야 할 가장 작은 일이다.

이사야 61장의 이 구절들은 우리가 번영을 체험하고 하나님께 제사장으로 섬기게 될 것이라고 덧붙인다. 동시에 그리스도를 따르기를 거부하는 자들이 가진 자원의 혜택을 입을 것이라고 한다. 이 모든 것은 하나님 나라의 확장이라는 목적을 위한 것이다. 이 계절이 임하면 갑절의 축복과 극도의 기쁨이 하나님의 백성들에게 함께 할 것이다. 이것이 우리 생애에 일어날 수 있는 일일까? 그렇다고 생각한다. 아버지 앞에 올려 드릴 가치가 있는 것이다.

　예수님께 임한 기름 부으심은 능력의 기름 부으심이었다. 깨어진 자들을 낫게 하여, 또 그들이 상한 도시들을 고칠 수 있게 하시려는 것이었다. 그리고 동일한 기름 부으심과 과제가 이제 우리에게 있다. 하나님께서는 도시를 사랑하시고 그들이 이 땅에서 그리스도의 구속 역사를 이루는 역할을 충만히 감당하게 되기를 원하시기 때문이다.

| 14 장 |

# 충만한 삶

The
Power
That
Changes
The
World

창세기 3장에서 죄가 등장한 이후, 여호와께서는 즉시로 구속 계획을 가동시키셨다. 여호와의 형상대로 지어진 존재들이 당신께 등을 돌리고 뱀을 순종했기 때문에, 한 사람의 완벽한 희생이 필요했다. 하나님의 아들 예수님께서는 사람으로서, 사람의 형상으로 오사 우리를 대신해 죽으셨다. 그러나 여호와의 목표는 사람들이 단순히 거듭나는 것이 아니었다. 그것이 아무리 영광스럽고 필요한 것이라도 말이다. 물론 그것이 당장의 목표였음에는 의심의 여지가 없지만, 우리의 회심은 또한 무언가를 향한 것이다. 하나님께서는 모든 살아 있는 사람이 **하나님의 충만으로 충만해지기를** 목표하신다. 이것은 성경 가운데 가장 이해하기 어려운 부분 중 하나다. 하지만 하나님의 궁극적 목표에 이르기 위해 우리는 먼저 거듭나야만 한다.

> **믿음으로 말미암아 그리스도께서 너희 마음에 계시게 하시옵고 너희가 사랑 가운데서 뿌리가 박히고 터가 굳어져서 능히 모든 성도와 함께 지식에 넘치는 그리스도의 사랑을 알고 그 너비와 길이와 높이와 깊이가 어떠함을 깨달아 하나님의 모든 충만하신 것으로 너희에게 충만하게 하시기를 구하노라.**
>
> 에베소서 3:17-19

예수님께서는 우리의 죄값을 치르고 우리 대신 죽으러 이 땅에 오셨다. **대속하기도** 하셨고 **대속의 값**이 되기도 하셨다. 죽음 이후 주님께서는 다시 살아나사 제자들에게 나타나셨으며, 이제 하늘과 땅의 모든 권세를 갖고 계신다고 선포하셨다.

> 예수께서 나아와 말씀하여 이르시되 "하늘과 땅의 모든 권세를 내게 주셨으니 그러므로 너희는 가서 모든 민족을 제자로 삼아 아버지와 아들과 성령의 이름으로 세례를 베풀고 내가 너희에게 분부한 모든 것을 가르쳐 지키게 하라. 볼지어다, 내가 세상 끝날까지 너희와 항상 함께 있으리라" 하시니라.
>
> 마태복음 28:18-20

이 본문은 지상명령이라 불린다. 여기서 주님의 제자들에게 주어진 것은 그들에게 주신 과제를 수행하는 데에 필요한 모든 권세다. 하지만 누가의 복음서를 보면, 예수님께서 그들에게 필요한 한 가지를 덧붙이신다. "볼지어다, 내가 내 아버지께서 약속하신 것을 너희에게 보내리니 너희는 **위로부터 능력으로** 입혀질 때까지 이 성에 머물라(눅 24:49)."

예수님께서 이 땅에 계신 동안 제자들은 주님께 받은 능력과 권세로 행했다(눅 9:1 참조). 그러나 죽으신 이후, 그들에겐 그들만의 위임과 기름 부으심이 필요했다. 그들은 더 이상 예수님께서 아버지께 받으신 개인적 과제에 의존해 있을 수 없었다. 마태복음 28장의 위임에서 그들은 권세를 받았다. 그러나 이제는 능력도 필요했다. 권세는 위임으로 주어진다. 자신의 임무에 복종하는 만큼 말이다. 능력은 만남을 통해 임한다. 그들은 하나님께서 디자인하신 만남을 갖고, 뜻하신 능력을 받기까지 예루살렘에 머물러야 했다. 이 일은 하나님께서 요엘 2장에 약속하신 바 당신의 영을 부어 주시리라 하신 대로 일어난 것이다. 사도행전 2장 4절은 말씀한다. "그들이 다 성령의 충만함을 받고 성령이 말하게 하심을 따라 다른 언어들로 말하기를 시작하니라."

하나님의 영으로 충만하다는 것은 아마도 우리가 이 생에서 가질 수 있는 최고의 특권일 것이다. 성령 충만은 성령을 맡기사, 우리 가운데 내주하게 하실 정도로 아버지께서 우리 안에서 하고 계신 일을 믿으신다는 증거다. 그리고 삶 가운데 지속적으로 일어나는 이 체험이 대단한 만큼, 주님께서는 우리 개인의 축복을 넘어서는 이 특권을 주는 것을 목표로 하신다. 이 만남을 통해 능력을 입혀 주시는 것이다. 능력은 사람이 하나님으로 충만해지는 목표이자 증거다. 능력은 기적과 인내를 위한 것인데, 둘은 모두 그리스도의 부활을 증거하기 위해 고안된 것이다.

## 하나님의 다중적 선물

진리는 다차원적이다. 우리의 이해와 생활 방식 속에 겹겹이 쌓여 간다. 진리는 하나님의 다중적 선물이다. 우리가 진리를 배우자마자, 하나님께서는 그것을 다른 각도에서 다시 한 번 배우게 하신다. 마치 양파 껍질과 같다. 한 겹 한 겹 벗기시며, 전혀 존재하지도 않는 줄 알았던 하나님 나라의 현실에 노출시켜 주신다. 나는 이것이 영원히 지속될 것임을 느낀다. 바울은 "이는 그리스도 예수 안에서 우리에게 자비하심으로써 그 은혜의 지극히 풍성함을 **오는 여러 세대에** 나타내려 하심이라(엡 2:7)"며 이것을 말했다.

   진리는 우리를 자유롭게 한다. 갈수록 점점 더 자유로워져 그것이 세포처럼 우리의 일부가 되기까지.(이렇게 다시 한 번 말씀이 우리 안에서 육신이 되시는 것이다.) 하나님의 말씀에 굴복하는 사람보다 더 자유로운 사람은 결코 없다. 하나님과 당신의 사람들이 완벽한 기쁨을 나누는 이것은 하나님의 목적에 복종된 인간의 의지가 아름답게 춤추는 상태다. 이 복종의 자리로부터 충만과 목적 안에서 살아가는 것이다. 누군가 말한 것처럼 자유는 원하는 것을 뭐든지 할 수 있는 게 아니라, 옳은 일을 할 수 있는 능력이다.

   하나님 말씀의 절대적 권세에 헌신되어 있다는 것은 시대의 지혜와 상관없이 필수적인 것이다. 이 세상의 지혜는 하나님께 어리석은 것이다. 성경의 절대적 진리를 받아들임으로써, 우리는 주님의 지식 안에서 성장해 가는 궁극적 여정을 포용하는 것이다. 진리는 절대적이지만, 이해 가운데 자라 가기 위해서는 "우리가 부분적으로 안다(고전 13:9)"는 사실을 인식해야만 한다. 우리가 지금 아는 대부분의 것들은 살아가는 과정 가운데 많은 조정을 거칠 것이고, 하나님께서는 그렇게 당신께서 이미 우리 안에 이뤄 놓으신 것들에 또 다른 면면을 더하실 것이다. 이 과정은 예수님께서 요한복음 15장 1절에서 3절에 말씀하신 가지 치기와 유사하다. 하나님께서 건강하여 열매 맺는 가지를 치시는 것이다. 이것은 형벌이 아니다. 계속해서 성장할 수 있도록 우리를 바른 위치에 두시겠다는 하나님의 헌신이다. 진리에는 그러한 효과가 있어, 하나님의 영광을 위해 삶 속에서, 그리고 삶을 통해 많은 열매를 맺게 한다.

나는 또한 이것을 예수님께서 마태복음 9장 17절에서 가르치셨던 가죽 부대의 비유에도 견준다. 부대가 새 것이면, 새 포도주가 늘어날 때에 같이 늘어날 것이다. 오래된 것이면 포도주가 늘어날 때 터져 못쓰게 될 것이다. 우리는 하나님의 말씀에 대한 헌신 가운데 굳게 서야 하지만, 하나님에 대한 계시가 더 많이 주어질수록 그분에 대한 체험도 더하여 주실 것을 안다는 면에서 유연해야 한다. 융통성이 없어지는 사람들은 하나님의 역사에 대한 신선한 계시와 이 땅의 목적을 담고 있는 하나님의 역사가 있을 때 쉽게 깨어진다.

이 약속은 에베소 교회에 주어졌다. "우리 주 예수 그리스도의 하나님, 영광의 아버지께서 **지혜와 계시의 영을 너희에게 주사 하나님을 알게 하시고**(엡 1:17)." 에베소 사람들은 전혀 고쳐야 할 것이 없다는 내용의 편지를 받은 유일한 사람들이었다. 그러니 모든 것을 가진 이들을 위해 어떻게 기도해야 할까? 하나님께서 그들에게 지혜와 계시의 영을 주사 하나님을 알게 하시기를 원한다고 기도해야 한다.

## 음성을 두려워함

출애굽기 20장을 보면, 이스라엘이 하나님의 음성을 두려워한다. 그 음성을 둘러싸고 벌어지는 모든 초자연적 사건들 때문이다. 오늘날은 하나님께 계시를 받는 것 자체를 두려워하는 사람들이 많다는 면에서 다르다. 스스로 받은 계시를 성경과 동급으로 만들까 우려하는 것이다. 역사상 신자들이 그러한 실수를 저지른 경우가 있었다. 그리고 이 그룹의 대부분은 성경을 열정적으로 사랑했다. 그러나 계시를 성경과 동격으로 만드는 기만으로부터 스스로를 보호하고자 하나님의 음성 듣기를 거부할 때, 그것 자체가 또 다른 기만이 되는 것이다. 오용할까 두려워 하나님께서 하실 말씀을 안 듣는다는 것은 핑계가 안 된다. 우리의 믿음조차 주님께서 우리를 구원으로 부르셨음을 들었다는 사실에 기반한 것이다. 거기에 우리가 반응한 것이다. 이것은 성경에 더한 것이 아니라, 우리 스스로의 회심이라는 기적을 통해 성경을 확증한 것이다.

예수님께서는 하나님 아버지께서 말씀하시는 것을 들은 대로만 말씀하셨다. 예수님께서 우리의 본이시니, 우리도 그분처럼 할 수 있고 하여야 한다. 그러나 예수님께서는 이렇게도 말씀하셨다. "내가 너희에게 이른 말은 영이요 생명이라(요 6:63)." 예수님께서 말씀하실 때 그 말씀은 영이 되었고, 성령께서는 말씀을 통해 생명을 주셨다. 아버지의 음성을 듣는 것은 예수님께서 하신 일을 하시는 데에 필수적이었다. 그리고 우리도 그와 같이 하라고 명하시며 이렇게 말씀하셨다.

"아버지께서 나를 보내신 것 같이 나도 너희를 보내노라(요 20:21)." 우리는 그분의 본을 따라야지, 지혜라는 이름으로 주님의 현저한 임재를 두려워하는 모습을 따라선 안 된다.

## 경계에 경계를

새로운 것을 계시하실 때, 하나님께서는 우리가 이미 배운 것의 맥락 가운데 그것을 넣어 주신다. 마치 반지 위에 다이아몬드를 세팅하는 보석 세공인처럼 말이다. 과거의 진리는 새로운 진리를 그 있어야 할 자리에 붙들어 주는 경우가 많다. 예컨대, 예수님께서 제자들에게 그들을 더 이상 종이라 부르지 아니하고 친구라 부르시겠노라 말씀하셨을 때, 그것은 완전히 새로운 개념이었다(요 15:15 참조). 그들은 예수님께서 뛰어나게 종의 본을 보이시는 것을 보았다. 아들의 궁극적 표상으로서 그분을 보았다. 주님께서는 하나님의 아들이시며, 또한 스스로 사람의 아들이라 칭하셨다. 그러나 이제 그들은 하나님과의 우정이라는 새로운 개념을 접하고 있었다. 이것은 정말 완전히 새로운 것이었다.

제자들이 이 시점까지 배운 것을 인식한다면 도움이 된다. 그들은 예수님을 따르기 위해 각자의 삶을 내려놓아야 한다고 배웠다. 또한 주님의 본을 통해 모든 이의 종이 된다는 것이 어떤 의미인지를 배웠다. 예수님께서는 스스로 제자들의 발을 씻으시고 수건으로 닦아 주셨다(요 13:3-5 참조). 그들은 가르침과 꾸짖음, 교정과 긍정의 말씀을 받았다. 좋은 종으로서 성공을 했다. 그것이 이 새로운 계시에 대한 배경이 된 것이다. 그들은 하나님의 친구가 되었다. 하나님과의 다정한 우정이라는 개념은 종으로서 우리가 체험한 흐름 가운데 주어진다. 종들은 주인이 무얼 하는지 모르지만 친구로서 우리는 하나님께서 무얼 생각하시고 행하시는지 알게 되는 것이다. 이것이 중요한 것은, 섬겨야 하는 우리의 책임이 하나님과의 우정으로 대체된다고 생각하면 그른 것이기 때문이다. 우정은 섬김이라는 맥락 가운데 끼워져 있다. 마치 반지에 다이아몬드를 세팅한 것처럼 말이다. 온 힘을 다해 하나님을 섬기는 것과 다정한 우정 가운데 그분께 가까이 나아가는 것은 긴장 관계 속에 있는 두 가지 가장 탁월한 실제다.

## 충만의 모양

구약과 신약은 성령으로 충만함에 대한 전혀 다른 그림들을 보여 준다. 이것이 모순일까? 아니면 하나님께서 디자인하신 반지에 세팅된 다이아몬드—두 가지 비범한 정의가 서로를 보완해 주고 완성하는—의 궁극적인 본일까? 분명 나는 후자라고 본다.

한 가지 주제가 성경에서 처음 언급될 때는 그 주제에 대한 정의가 내려지고, 나머지 성경은 그에 따르거나 의미를 덧붙인다. 그 첫 번째 언급은 마치 모든 다른 것을 측정하는 기준이 되는, 땅에 박힌 말뚝과 같다. 성령으로 충만하다는 것이 처음 언급된 것은 이 원칙을 가장 잘 보여준다. 올바로 다루면 이것은 변화를 일으키는 세대로 우리를 무장시켜 줄 것이다.

구약에서 성령으로 충만한 모습이 처음 언급된 것을 들여다보자. 광야에서 성막을 지어야 했을 때, 모세에겐 비범한 은사가 있는 사람이 필요했다. 하나님의 **충만한** 임재로부터 나아오는 사람 말이다.

> 여호와께서 모세에게 말씀하여 이르시되 "내가 유다 지파 훌의 손자요 우리의 아들인 브살렐을 지명하여 부르고 **하나님의 영을 그에게 충만하게 하여 지혜**와 총명과 지식과 여러 가지 재주로 **정교한 일을 연구**하여 금과 은과 놋으로 만들게 하며 보석을 깎아 물리며 여러 가지 기술로 나무를 새겨 만들게 하리라."
>
> 출애굽기 31:1-5

이 본문이 성령의 충만함으로 언급하는 모든 것들—지혜, 총명, 지식, 여러 가지 재주—은 잠언서 전반에 나오는 지혜의 표현과 연결된다. 우리 삶 속에서, 또 삶을 통해서 증거되는 지혜는 이 시대에 가장 필요한 것이다. 우리를 통해 보여지는 그러한 지혜는 하늘 아버지께서 어떤 분이신지를 알고자 하는 사람들의 부르짖음을 달래 줄 수 있는 방식으로 하나님의 성품을 표현해 준다.

신약은 예수님께서 당신의 영원히 거하실 곳을 짓고자 하신다고 말씀한다(마 16:18, 엡 2:19-22 참조). 그리고 그분의 임재의 **충만**으로부터 나아오는 은사를 가진 세대들과 함께 짓고 싶어 하신다.

**오직 성령이 너희에게 임하시면 너희가 권능을 받고** 예루살렘과 온 유대와 사마리아와 땅 끝까지 이르러 내 증인이 되리라 하시니라.

사도행전 1:8

오순절 날이 이미 이르매 그들이 다같이 한 곳에 모였더니 홀연히 하늘로부터 급하고 강한 바람 같은 소리가 있어 그들이 앉은 온 집에 가득하며 마치 불의 혀처럼 갈라지는 것들이 그들에게 보여 각 사람 위에 하나씩 임하여 있더니 **그들이 다 성령의 충만함을 받고** 성령이 말하게 하심을 따라 다른 언어들로 말하기를 시작하니라.

사도행전 2:1-4

하나님의 사람들 위에, 그리고 그들을 통해 이렇게 나타나실 때 지혜만으로는 이 땅에 공급할 수 없는 것을 가져온다. 그것은 삶의 불가능에 대한 해법들이다. 예수님께서는 아버지를 보여 주기 위해 오셨는데, 치유와 구속, 용서를 전하실 때마다 아버지의 일을 행함으로 당신의 성품을 알리셨다(요 10:37-38, 17:4 참조).

## 다른 흐름

나의 성장 배경은 복음의 능력적인 측면을 강조한다. 치유의 기적과 관련된 것을 자라면서 거의 보진 못했지만, 그것이 우리 신학의 일부였다. 우리는 가장 큰 기적 즉 구원을 꾸준히 보았고, 많은 이들의 삶이 완전히 변화되었다. 감사하게도 기적의 생활 방식을 따른 이들도 있었다. 오늘날 나는 기적이 과거보다 훨씬 더 정상이자 기대치에 이르렀음이 기쁘다. 이제 나는 사도행전 19장 11절("하나님께서 바울의 손을 빌어서 비상한 기적을 행하셨다."—새번역성경)에 언급된 것과 같은 **비상한 기적** 수준의 기름 부으심을 구하고 있다.

복음의 능력적 측면은 선택 사항이 아니다. 부활의 영이 내주하는 이에게 능력 없음은 변명의 여지가 없다. 하지만 비극적이게도 능력을 강조하는, 교회의 이런 흐름은 도시와 나라들에 대한 장기적 사역에 가치를 거의 두지 않았다. 너무나 많은 경우, 이 흐름은 은밀한 사역과 공공연한 사역을 맞바꿨다.

교회의 또 다른 흐름은 성령의 지혜라는 측면을 강조한다. 신자들이 다양한 직종에서 뛰어나게 섬기며, 도덕적 생활 방식의 놀라운 본을 보이면서 안정성과 동시에 자신들의 가계에 새겨진 장기적 목적을 나타낸다. 이러한 문화적 가치에 대한 흐름의 영향력은 아름답다. 하나님께서는 이런 부분을 강조하는 신자들을 사용하사 사람들의 기본적 필요를 돌보는 데에 헌신된, 다양한 구제 사역을 시작하게 하신다. 참으로 놀라운 일이다. 그러나 안타까운 것은, 능력에 대한 두려움 혹은 능력의 오용에 대한 두려움으로 이들이 지상 명령을 수행하는 데에 비효율적이 되었다는 점이다. 때로 이들은 공공연한 사역과 은밀한 사역을 맞바꿨다.

이 흐름들 중 어떤 것도 그들이 가야 할 길에서 온전히 성공하지 못했다. 이제 하나님의 임재의 최대치를 보이고 성령으로 충만해지는 능력을 통해 교잡수분交雜受粉을 할 때다. 우리는 더 이상 독특한 사상으로 대표되는 이 두 흐름을 지탱함으로 그리스도의 표현을 분리시켜 놓아선 안 된다.

지혜를 추구하는 이들은 능력이 있어야만 한다. 그렇지 않으면 영원과는 거의 관련이 없이 지금 이곳을 위한 해답을 제시하고 말 것이다. 또 예수님께서 우리에게 주신 본에 따라 다뤄야만 하는 진짜 마귀가 일으키는 고통의 문제에 대한 해답을 줄 수 없을 것이다. 우리의 목표는 지금 여기에서 더 나은 삶을 누리는 데에 그쳐선 안 된다. 우리의 목표에는 사회의 변혁이 포함되어야 한다. 그것이 온전하고 진짜라면 사람들의 심령을 만져야만 하는 것이다.

그러나 기적들은 제시할 수 있지만 도시와 나라들에 대한 장기적 헌신이 없는 이들도 지탱할 수 없다. 그러한 능력의 표현은 현존하는 문제들을 다루는 반짝 해법은 되겠지만, 문화 가운데 하나님의 도를 확립하는 데에는 거의 효력이 없다. 또한 하나님의 역사가 여러 세대에 걸쳐 지탱되게 하는 데에도 도움이 안 된다.

이제 이 두 흐름이 합쳐져 정말로 성령 충만한 것이 어떤 의미인지를 배워야 할 때다. 내 꿈은 이 흐름들이 성령의 강력한 부으심을 통해 합쳐지는 것을 보는 것이다. 하지만 이번에는 우리의 흐름에서 최선이라고 말하는 것 이상이어야 한다. 성경 전체에서 말씀하는 성령 충만한 모습에 대한 온전하고 완전한 표현이어야만 한다.

하나님의 마음속에는 사람들이 지혜와 능력을 모두 갖고 사는 모습이 있다고 믿는다. 이해, 지식 그리고 창조적 표현은 기적, 표적, 이사와 반대를 감내할 수 있는 초자연적 능력과 손을 잡아 참으로 성령 충만하다는 증거가 되어야 한다. 또한 능력이 지혜의 나타남에 어떻게 영향을 미치고, 지혜가 능력의 표출에 어떻게 영향을 미치는지를 보아야 한다. 그러면 세상이 본 적 없는 하나님의 마음과 성품에 대한, 부인할 수 없을 만큼 강력한 표현이 될 것이다. 갈 길을 잃은 기관들에 회복을 가져다줄 것이다. 그리고 인간의 몸과 마음에 대한 마귀의 역사를 맞설 수 있을 것이다. 이번에는 은사가 있는 개인, 혹은 특정 교파나 운동에 의해 나타나지 않을 것이다. 반대로 복종하는 한 세대를 통해 나타날 것이다. 이것은 꿈이 현실이 되는 것으로, 열방을 제자 삼으라 하신 불가능한 과제를 수행하는 데에 필요한 도구가 될 것이다.

이렇게 영계靈界에 영향을 미치는 지혜의 표현은 당신의 교회를 향한 하나님의 영원한 목적을 계시해 준다.

> 이는 이제 교회로 말미암아 하늘에 있는 통치자들과 권세들에게 하나님의 각종 지혜를 알게 하려 하심이니 곧 영원부터 우리 주 그리스도 예수 안에서 예정하신 뜻대로 하신 것이라
>
> 에베소서 3:10-11

이 주제는 아래 두 구절에서 강력하게 크레센도 되는데, 우리의 이성을 넘어서는 소망을 준다.

> 그 너비와 길이와 높이와 깊이가 어떠함을 깨달아 하나님의 모든 충만하신 것으로 너희에게 충만하게 하시기를 구하노라.
>
> 에베소서 3:19

> 우리 가운데서 역사하시는 능력대로 우리가 구하거나 생각하는 모든 것에 더 넘치도록 능히 하실 이에게 교회 안에서와 그리스도 예수 안에서 영광이 대대로 영원무궁하기를 원하노라. 아멘.
>
> 에베소서 3:20-21

우리는 **이해를 넘어서는 체험** 가운데 하나님의 사랑을 알 수 있고, 알아야 한다. 마음은 생각이 인도할 수 없는 곳으로 우리를 데려갈 수 있다. 그 결과물은 **당신의 충만함으로 충만**해지기까지 하나님과의 체험·관계가 우리를 열어주는 것이다. 이 충만에는 지혜와 능력이 모두 담겨 있다.

위 마지막 구절은 우리의 기도가 닿을 수 없는 곳까지(우리가 구하는 모든 것에 더 넘치도록) 그리고 우리의 생각이 닿는 곳을 너머(우리가 생각하는 모든 것에 더 넘치도록) 우리 안에서, 우리를 통하여 일하시겠다는 하나님의 헌신을 보여준다. 하나님께서 우리의 생애 동안 우리 안에서, 우리를 통하여 하고 싶어하시는 일은 스쳐 지나가는 꿈이었던 적도 없다. 우리의 모든 것을 넘어선다. 그러나 주님의 것을 넘어서진 않는다.

그러한 약속들을 끌어안을 때, 불가능 즉 열방을 제자 삼는 주님의 지상 명령에 참예하는 자들이 되는 데에 도움을 줄 초자연적 소망이 탄생된다.

## 궁극의 반지

구약과 신약 모두에서 인류는 하나님께서 어떤 분이신지를 보이기 위해 하나님과 동역한다. 이 책임이자 특권은 우리가 그분의 충만함으로 채워진 만큼만 가능하다. 반지에 다이아몬드를 세팅한 다이아몬드 반지의 비유는 성령으로 충만함이 어떤 의미인지를 가장 잘 보여 주는 예다. 신약에 계시된 능력(다이아몬드)은 구약에 계시된 **지혜**(세팅)라는 문맥 안에 붙들려 있다. 능력과 지혜로 충만함에 대하여서는 둘 중 하나가 아니라 둘 다여야 한다.

지혜와 능력의 생활 방식을 잘 해내면, 우리는 사람들을 그분께로 초대하고 그분과의 사랑의 언약 안으로 불러들이는 식으로 하나님의 성품과 사람들을 향한 그분의 열정을 표현하게 된다. 아주 실질적인 면에서, **이 궁극의 반지**—지혜라는 세팅 안에 전시되는 능력—가 하나님의 마음, 그리고 사람과 맺으신 하나님의 언약을 보여 주는 것이다. 이것이 우리 삶 가운데 적절하게 나타날 때, 마치 약혼 반지처럼 사람들을 하나님과의 관계 가운데로 초대한다. 앞서 창세기에서 약속하신 것처럼, 그리고 예수 그리스도를 통해 주어진 것처럼 말이다.

모든 인류가 마음으로 부르짖는 것은 하나님을 알고자 하는 것인데, **주님의 인애가 회개로 이끄는** 지혜와 능력을 통해 그분을 알릴 수 있는 특권이 우리에겐 있다. 이것이 우리의 위임이다. 순결과 사랑의 삶으로부터 흘러넘치는 지혜와 능력을 통해 주님께 영광을 돌리는 것. 이것이 예수님을 "대표한다"는 말의 의미이며 "하늘에서와 같이 땅에서도" 이뤄지려면 이렇게 지금 여기에 영원한 영향을 미쳐야 한다. 이것이 세상을 바꾸는 능력이다.

세상을 변화시키는 능력

지은이 빌 존슨
펴낸이 김혜자
옮긴이 고병현

1판 1쇄  2016년 1월 11일

등록번호 제16-2825호 | 등록일자 2002년 10월
발행처 다윗의 장막 | 주소 서울시 강남구 대치2동 982-10
전화 02)3452-0442 | 팩스 02)3452-4744
www.ydfc.com
www.tofdavid.com

값 13,000원
ISBN 978-89-92358-95-8 13230

* 잘못된 책은 바꿔 드립니다.
다윗의장막미디어는 영적 부흥과 영혼의 추수를 위해 책, CD, Tape, 영상물들의 매체를 통해
하나님 나라가 가정, 사업, 정부, 교육, 미디어, 예술, 교회로 확장되는 비전으로 나아가고 있습니다.